HEBREEUWS

WOORDENSCHAT

NEDERLANDS HEBREEUWS

De meest bruikbare woorden
Om uw woordenschat uit te breiden en
uw taalvaardigheid aan te scherpen

9000 woorden

Thematische woordenschat Nederlands-Hebreeuws - 9000 woorden

Door Andrey Taranov

Woordenlijsten van T&P Books zijn bedoeld om u woorden van een vreemde taal te helpen leren, onthouden, en bestudering. Dit woordenboek is ingedeeld in thema's en behandelt alle belangrijk terreinen van het dagelijkse leven, bedrijven, wetenschap, cultuur, etc.

Het proces van het leren van woorden met behulp van de op thema's gebaseerde aanpak van T&P Books biedt u de volgende voordelen:

- Correct gegroepeerde informatie is bepalend voor succes bij opeenvolgende stadia van het leren van woorden
- De beschikbaarheid van woorden die van dezelfde stam zijn maakt het mogelijk om woordgroepen te onthouden (in plaats van losse woorden)
- Kleine groepen van woorden faciliteren het proces van het aanmaken van associatieve verbindingen, die nodig zijn bij het consolideren van de woordenschat
- Het niveau van talenkennis kan worden ingeschat door het aantal geleerde woorden

T&P Books Publishing
www.tpbooks.com

ISBN: 978-1-78716-436-9

Dit boek is ook beschikbaar in e-boek formaat.
Gelieve www.tpbooks.com te bezoeken of de belangrijkste online boekwinkels.

HEBREEUWSE WOORDENSCHAT
nieuwe woorden leren

T&P Books woordenlijsten zijn bedoeld om u te helpen vreemde woorden te leren, te onthouden, en te bestuderen. De woordenschat bevat meer dan 9000 veel gebruikte woorden die thematisch geordend zijn.

- De woordenlijst bevat de meest gebruikte woorden
- Aanbevolen als aanvulling bij welke taalcursus dan ook
- Voldoet aan de behoeften van de beginnende en gevorderde student in vreemde talen
- Geschikt voor dagelijks gebruik, bestudering en zelftestactiviteiten
- Maakt het mogelijk om uw woordenschat te evalueren

Bijzondere kenmerken van de woordenschat

- De woorden zijn gerangschikt naar hun betekenis, niet volgens alfabet
- De woorden worden weergegeven in drie kolommen om bestudering en zelftesten te vergemakkelijken
- Woorden in groepen worden verdeeld in kleine blokken om het leerproces te vergemakkelijken
- De woordenschat biedt een handige en eenvoudige beschrijving van elk buitenlands woord

De woordenschat bevat 256 onderwerpen zoals:

Basisconcepten, getallen, kleuren, maanden, seizoenen, meeteenheden, kleding en accessoires, eten & voeding, restaurant, familieleden, verwanten, karakter, gevoelens, emoties, ziekten, stad, dorp, bezienswaardigheden, winkelen, geld, huis, thuis, kantoor, werken op kantoor, import & export, marketing, werk zoeken, sport, onderwijs, computer, internet, gereedschap, natuur, landen, nationaliteiten en meer ...

INHOUDSOPGAVE

UITSPRAAKGIDS

Naamletters	Letter	Hebreeuws voorbeeld	T&P fonetisch alfabet	Nederlands voorbeeld
Alef	א	אריה	[ɑ], [ɑ:]	acht
	א	אחד	[ɛ], [ɛ:]	zwemmen, existeren
	א	מָאָה	[']	glottisslag
Bet	ב	בית	[b]	hebben
Giemel	ג	גמל	[g]	goal, tango
Giemel+geresh	ג'	ג׳ונגל	[ʤ]	jeans, jungle
Dalet	ד	דג	[d]	Dank u, honderd
Hee	ה	הר	[h]	het, herhalen
Waw	ו	וסת	[v]	beloven, schrijven
Zajien	ז	זאב	[z]	zeven, zesde
Zajien+geresh	ז'	ז׳ורנל	[ʒ]	journalist, rouge
Chet	ח	חוט	[χ]	licht, school
Tet	ט	טוב	[t]	tomaat, taart
Jod	י	יום	[j]	New York, januari
Kaf	ך כ	בריש	[k]	kennen, kleur
Lamed	ל	לחם	[l]	delen, luchter
Mem	ם מ	מלך	[m]	morgen, etmaal
Noen	ן נ	גר	[n]	nemen, zonder
Samech	ס	סוס	[s]	spreken, kosten
Ajien	ע	עין	[ɑ], [ɑ:]	acht
	ע	תָשעים	[']	stemhebbende faryngale fricatief
Pee	ף פ	פיל	[p]	parallel, koper
Tsaddie	צ ץ	צעצוע	[ts]	niets, plaats
Tsaddie+geresh	צ'ץ'	צ׳ק	[ʧ]	Tsjechië, cello
Koef	ק	קוף	[k]	kennen, kleur
Reesj	ר	רכבת	[r]	gutturale R
Sjien	ש	שלחן, עָשרִים	[s], [ʃ]	spreken, shampoo
Taw	ת	תפוז	[t]	tomaat, taart

AFKORTINGEN
gebruikt in de woordenschat

Nederlandse afkortingen

abn	-	als bijvoeglijk naamwoord
bijv.	-	bijvoorbeeld
bn	-	bijvoeglijk naamwoord
bw	-	bijwoord
enk.	-	enkelvoud
enz.	-	enzovoort
form.	-	formele taal
inform.	-	informele taal
mann.	-	mannelijk
mil.	-	militair
mv.	-	meervoud
on.ww.	-	onovergankelijk werkwoord
ontelb.	-	ontelbaar
ov.	-	over
ov.ww.	-	overgankelijk werkwoord
telb.	-	telbaar
vn	-	voornaamwoord
vrouw.	-	vrouwelijk
vw	-	voegwoord
vz	-	voorzetsel
wisk.	-	wiskunde
ww	-	werkwoord

Nederlandse artikelen

de	-	gemeenschappelijk geslacht
de/het	-	gemeenschappelijk geslacht, onzijdig
het	-	onzijdig

Hebreeuwse afkortingen

ז	-	mannelijk
ז״ר	-	mannelijk meervoud
ז, נ	-	mannelijk, vrouwelijk
נ	-	vrouwelijk
נ״ר	-	vrouwelijk meervoud

BASISBEGRIPPEN

Basisbegrippen Deel 1

1. Voornaamwoorden

ik	ani	אֲנִי (ז, נ)
jij, je (mann.)	ata	אַתָה (ז)
jij, je (vrouw.)	at	אַת (נ)

hij	hu	הוּא (ז)
zij, ze	hi	הִיא (נ)

wij, we	a'naxnu	אֲנַחְנוּ (ז, נ)
jullie (mann.)	atem	אַתֶם (ז"ר)
jullie (vrouw.)	aten	אַתֶן (נ"ר)
U (form., enk.)	ata, at	אַתָה (ז), אַת (נ)
U (form., mv.)	atem, aten	אַתֶם (ז"ר), אַתֶן (נ"ר)
zij, ze	hem, hen	הֵם (ז"ר), הֵן (נ"ר)
zij, ze (mann.)	hem	הֵם (ז"ר)
zij, ze (vrouw.)	hen	הֵן (נ"ר)

2. Begroetingen. Begroetingen. Afscheid

Hallo! Dag!	ʃalom!	שָׁלוֹם!
Goedemorgen!	'boker tov!	בּוֹקֶר טוֹב!
Goedemiddag!	tsaha'rayim tovim!	צָהֳרַיִים טוֹבִים!
Goedenavond!	'erev tov!	עֶרֶב טוֹב!

gedag zeggen (groeten)	lomar ʃalom	לוֹמַר שָׁלוֹם
Hoi!	hai!	הַיי!
groeten (het)	ahlan	אַהְלַן
verwelkomen (ww)	lomar ʃalom	לוֹמַר שָׁלוֹם
Hoe gaat het?	ma ʃlomxa?	מַה שְׁלוֹמְךָ? (ז)
Hoe is het?	ma niʃma?	מַה נִשְׁמָע?
Is er nog nieuws?	ma xadaʃ?	מַה חָדָשׁ?

Dag! Tot ziens!	lehitra'ot!	לְהִתְרָאוֹת!
Doei!	bai!	בַּיי!
Tot snel! Tot ziens!	lehitra'ot bekarov!	לְהִתְרָאוֹת בְּקָרוֹב!
Vaarwel!	lehitra'ot!	לְהִתְרָאוֹת!
afscheid nemen (ww)	lomar lehitra'ot	לוֹמַר לְהִתְרָאוֹת
Tot kijk!	bai!	בַּיי!

Dank u!	toda!	תּוֹדָה!
Dank u wel!	toda raba!	תּוֹדָה רַבָּה!
Graag gedaan	bevakaʃa	בְּבַקָשָׁה

| Geen dank! | al lo davar | עַל לֹא דָּבָר |
| Geen moeite. | ein be'ad ma | אֵין בְּעַד מָה |

| Excuseer me, ... | sliχa! | סְלִיחָה! |
| excuseren (verontschuldigen) | lis'loaχ | לִסְלֹוחַ |

zich verontschuldigen	lehitnatsel	לְהִתְנַצֵּל
Mijn excuses.	ani mitnatsel, ani mitna'tselet	אֲנִי מִתְנַצֵּל (ז), אֲנִי מִתְנַצֶּלֶת (נ)
Het spijt me!	ani mitsta'er, ani mitsta''eret	אֲנִי מִצְטַעֵר (ז), אֲנִי מִצְטַעֶרֶת (נ)
vergeven (ww)	lis'loaχ	לִסְלֹוחַ
Maakt niet uit!	lo nora	לֹא נֹורָא
alsjeblieft	bevakaʃa	בְּבַקָּשָׁה

Vergeet het niet!	al tiʃkaχ!	אַל תִּשְׁכַּח! (ז)
Natuurlijk!	'betaχ!	בֶּטַח!
Natuurlijk niet!	'betaχ ʃelo!	בֶּטַח שֶׁלֹּא!
Akkoord!	okei!	אֹוקֵיי!
Zo is het genoeg!	maspik!	מַסְפִּיק!

3. Hoe aan te spreken

Excuseer me, ...	sliχa!	סְלִיחָה!
meneer	adon	אָדֹון
mevrouw	gvirti	גְּבִרְתִּי
juffrouw	'gveret	גֶּבֶרֶת
jongeman	baχur tsa'ir	בָּחוּר צָעִיר
jongen	'yeled	יֶלֶד
meisje	yalda	יַלְדָּה

4. Kardinale getallen. Deel 1

nul	'efes	אֶפֶס (ז)
een	eχad	אֶחָד (ז)
twee	'ʃtayim	שְׁתַּיִים (נ)
drie	ʃaloʃ	שָׁלֹוש (נ)
vier	arba	אַרְבַּע (נ)

vijf	χameʃ	חָמֵש (נ)
zes	ʃeʃ	שֵׁש (נ)
zeven	'ʃeva	שֶׁבַע (נ)
acht	'ʃmone	שְׁמֹונֶה (נ)
negen	'teʃa	תֵּשַׁע (נ)

tien	'eser	עֶשֶׂר (נ)
elf	aχat esre	אַחַת-עֶשְׂרֵה (נ)
twaalf	ʃteim esre	שְׁתֵּים-עֶשְׂרֵה (נ)
dertien	ʃloʃ esre	שְׁלֹוש-עֶשְׂרֵה (נ)
veertien	arba esre	אַרְבַּע-עֶשְׂרֵה (נ)

vijftien	χameʃ esre	חָמֵש-עֶשְׂרֵה (נ)
zestien	ʃeʃ esre	שֵׁש-עֶשְׂרֵה (נ)
zeventien	ʃva esre	שְׁבַע-עֶשְׂרֵה (נ)

achttien	ʃmone esre	שְׁמוֹנֶה־עֶשְׂרֵה (נ)
negentien	tʃa esre	תְּשַׁע־עֶשְׂרֵה (נ)
twintig	esrim	עֶשְׂרִים
eenentwintig	esrim ve'eχad	עֶשְׂרִים וְאֶחָד
tweeëntwintig	esrim u'ʃnayim	עֶשְׂרִים וּשְׁנַיִים
drieëntwintig	esrim uʃloʃa	עֶשְׂרִים וּשְׁלוֹשָׁה
dertig	ʃloʃim	שְׁלוֹשִׁים
eenendertig	ʃloʃim ve'eχad	שְׁלוֹשִׁים וְאֶחָד
tweeëndertig	ʃloʃim u'ʃnayim	שְׁלוֹשִׁים וּשְׁנַיִים
drieëndertig	ʃloʃim uʃloʃa	שְׁלוֹשִׁים וּשְׁלוֹשָׁה
veertig	arba'im	אַרְבָּעִים
eenenveertig	arba'im ve'eχad	אַרְבָּעִים וְאֶחָד
tweeënveertig	arba'im u'ʃnayim	אַרְבָּעִים וּשְׁנַיִים
drieënveertig	arba'im uʃloʃa	אַרְבָּעִים וּשְׁלוֹשָׁה
vijftig	χamiʃim	חֲמִישִׁים
eenenvijftig	χamiʃim ve'eχad	חֲמִישִׁים וְאֶחָד
tweeënvijftig	χamiʃim u'ʃnayim	חֲמִישִׁים וּשְׁנַיִים
drieënvijftig	χamiʃim uʃloʃa	חֲמִישִׁים וּשְׁלוֹשָׁה
zestig	ʃiʃim	שִׁישִׁים
eenenzestig	ʃiʃim ve'eχad	שִׁישִׁים וְאֶחָד
tweeënzestig	ʃiʃim u'ʃnayim	שִׁישִׁים וּשְׁנַיִים
drieënzestig	ʃiʃim uʃloʃa	שִׁישִׁים וּשְׁלוֹשָׁה
zeventig	ʃiv'im	שִׁבְעִים
eenenzeventig	ʃiv'im ve'eχad	שִׁבְעִים וְאֶחָד
tweeënzeventig	ʃiv'im u'ʃnayim	שִׁבְעִים וּשְׁנַיִים
drieënzeventig	ʃiv'im uʃloʃa	שִׁבְעִים וּשְׁלוֹשָׁה
tachtig	ʃmonim	שְׁמוֹנִים
eenentachtig	ʃmonim ve'eχad	שְׁמוֹנִים וְאֶחָד
tweeëntachtig	ʃmonim u'ʃnayim	שְׁמוֹנִים וּשְׁנַיִים
drieëntachtig	ʃmonim uʃloʃa	שְׁמוֹנִים וּשְׁלוֹשָׁה
negentig	tiʃim	תִּשְׁעִים
eenennegentig	tiʃim ve'eχad	תִּשְׁעִים וְאֶחָד
tweeënnegentig	tiʃim u'ʃayim	תִּשְׁעִים וּשְׁנַיִים
drieënnegentig	tiʃim uʃloʃa	תִּשְׁעִים וּשְׁלוֹשָׁה

5. Kardinale getallen. Deel 2

honderd	'me'a	מֵאָה (נ)
tweehonderd	ma'tayim	מָאתַיִים
driehonderd	ʃloʃ me'ot	שְׁלוֹשׁ מֵאוֹת (נ)
vierhonderd	arba me'ot	אַרְבַּע מֵאוֹת (נ)
vijfhonderd	χameʃ me'ot	חָמֵשׁ מֵאוֹת (נ)
zeshonderd	ʃeʃ me'ot	שֵׁשׁ מֵאוֹת (נ)
zevenhonderd	ʃva me'ot	שְׁבַע מֵאוֹת (נ)
achthonderd	ʃmone me'ot	שְׁמוֹנֶה מֵאוֹת (נ)

negenhonderd	tʃa me'ot	תְּשַׁע מֵאוֹת (נ)
duizend	'elef	אֶלֶף (ז)
tweeduizend	al'payim	אַלְפַּיִם (ז)
drieduizend	'ʃloʃet alafim	שְׁלוֹשֶׁת אֲלָפִים (ז)
tienduizend	a'seret alafim	עֲשֶׂרֶת אֲלָפִים (ז)
honderdduizend	'me'a 'elef	מֵאָה אֶלֶף (ז)
miljoen (het)	milyon	מִילְיוֹן (ז)
miljard (het)	milyard	מִילְיַארְד (ז)

6. Ordinale getallen

eerste (bn)	riʃon	רִאשׁוֹן
tweede (bn)	ʃeni	שֵׁנִי
derde (bn)	ʃliʃi	שְׁלִישִׁי
vierde (bn)	revi'i	רְבִיעִי
vijfde (bn)	χamiʃi	חֲמִישִׁי
zesde (bn)	ʃiʃi	שִׁישִׁי
zevende (bn)	ʃvi'i	שְׁבִיעִי
achtste (bn)	ʃmini	שְׁמִינִי
negende (bn)	tʃi'i	תְּשִׁיעִי
tiende (bn)	asiri	עֲשִׂירִי

7. Getallen. Breuken

breukgetal (het)	'ʃever	שֶׁבֶר (ז)
half	'χetsi	חֲצִי (ז)
een derde	ʃliʃ	שְׁלִישׁ (ז)
kwart	'reva	רֶבַע (ז)
een achtste	ʃminit	שְׁמִינִית (נ)
een tiende	asirit	עֲשִׂירִית (נ)
twee derde	ʃnei ʃliʃim	שְׁנֵי שְׁלִישִׁים (ז)
driekwart	'ʃloʃet riv'ei	שְׁלוֹשֶׁת רְבָעִי

8. Getallen. Eenvoudige berekeningen

aftrekking (de)	χisur	חִיסוּר (ז)
aftrekken (ww)	leχaser	לְחַסֵּר
deling (de)	χiluk	חִילּוּק (ז)
delen (ww)	leχalek	לְחַלֵּק
optelling (de)	χibur	חִיבּוּר (ז)
erbij optellen (bij elkaar voegen)	leχaber	לְחַבֵּר
optellen (ww)	leχaber	לְחַבֵּר
vermenigvuldiging (de)	'kefel	כֶּפֶל (ז)
vermenigvuldigen (ww)	lehaχpil	לְהַכְפִּיל

9. Getallen. Diversen

cijfer (het)	sifra	סִפְרָה (נ)
nummer (het)	mispar	מִסְפָּר (ז)
telwoord (het)	ʃem mispar	שֵׁם מִסְפָּר (ז)
minteken (het)	'minus	מִינוּס (ז)
plusteken (het)	plus	פּלוּס (ז)
formule (de)	nusχa	נוֹסְחָה (נ)

berekening (de)	χiʃuv	חִישׁוּב (ז)
tellen (ww)	lispor	לִסְפּוֹר
bijrekenen (ww)	leχaʃev	לְחַשֵׁב
vergelijken (ww)	lehaʃvot	לְהַשְׁווֹת

Hoeveel?	'kama?	כַּמָה?
som (de), totaal (het)	sχum	סְכוּם (ז)
uitkomst (de)	totsa'a	תוֹצָאָה (נ)
rest (de)	ʃe'erit	שְׁאֵרִית (נ)

enkele (bijv. ~ minuten)	'kama	כַּמָה
weinig (bw)	ktsat	קְצָת
weinig (telb.)	me'at	מְעַט
een beetje (ontelb.)	me'at	מְעַט
restant (het)	ʃe'ar	שְׁאָר (ז)
anderhalf	eχad va'χetsi	אֶחָד וָחֵצִי (ז)
dozijn (het)	tresar	תְּרֵיסָר (ז)

middendoor (bw)	'χetsi 'χetsi	חֲצִי חֲצִי
even (bw)	ʃave beʃave	שָׁווֶה בְּשָׁווֶה
helft (de)	'χetsi	חֲצִי (ז)
keer (de)	'pa'am	פַּעַם (נ)

10. De belangrijkste werkwoorden. Deel 1

aanbevelen (ww)	lehamlits	לְהַמְלִיץ
aandringen (ww)	lehit'akeʃ	לְהִתְעַקֵשׁ
aankomen (per auto, enz.)	leha'gi'a	לְהַגִיעַ
aanraken (ww)	la'ga'at	לָגַעַת
adviseren (ww)	leya'ets	לְייַעֵץ

afdalen (on.ww.)	la'redet	לָרֶדֶת
afslaan (naar rechts ~)	lifnot	לִפְנוֹת
antwoorden (ww)	la'anot	לַעֲנוֹת
bang zijn (ww)	lefaχed	לְפַחֵד
bedreigen	le'ayem	לְאַייֵם
(bijv. met een pistool)		

bedriegen (ww)	leramot	לְרַמוֹת
beëindigen (ww)	lesayem	לְסַייֵם
beginnen (ww)	lehatχil	לְהַתְחִיל
begrijpen (ww)	lehavin	לְהָבִין
beheren (managen)	lenahel	לְנַהֵל
beledigen	leha'aliv	לְהַעֲלִיב
(met scheldwoorden)		

beloven (ww)	lehav'tiax	לְהַבְטִיחַ
bereiden (koken)	levaʃel	לְבַשֵּׁל
bespreken (spreken over)	ladun	לָדוּן

bestellen (eten ~)	lehazmin	לְהַזְמִין
bestraffen (een stout kind ~)	leha'aniʃ	לְהַעֲנִישׁ
betalen (ww)	leʃalem	לְשַׁלֵּם
betekenen (beduiden)	lomar	לוֹמַר
betreuren (ww)	lehitsta'er	לְהִצְטַעֵר

bevallen (prettig vinden)	limtso xen be'ei'nayim	לִמְצֹא חֵן בְּעֵינַיִים
bevelen (mil.)	lifkod	לִפְקֹד
bevrijden (stad, enz.)	leʃaxrer	לְשַׁחְרֵר
bewaren (ww)	liʃmor	לִשְׁמֹר
bezitten (ww)	lihyot 'ba'al ʃel	לִהְיוֹת בַּעַל שֶׁל

bidden (praten met God)	lehitpalel	לְהִתְפַּלֵּל
binnengaan (een kamer ~)	lehikanes	לְהִיכָּנֵס
breken (ww)	liʃbor	לִשְׁבּוֹר
controleren (ww)	liʃlot	לִשְׁלֹט
creëren (ww)	litsor	לִיצֹר

deelnemen (ww)	lehiʃtatef	לְהִשְׁתַּתֵּף
denken (ww)	laxʃov	לַחְשׁוֹב
doden (ww)	laharog	לַהֲרֹג
doen (ww)	la'asot	לַעֲשׂוֹת
dorst hebben (ww)	lihyot tsame	לִהְיוֹת צָמֵא

11. De belangrijkste werkwoorden. Deel 2

een hint geven	lirmoz	לִרְמֹז
eisen (met klem vragen)	lidroʃ	לִדְרֹשׁ
excuseren (vergeven)	lis'loax	לִסְלֹחַ
existeren (bestaan)	lehitkayem	לְהִתְקַיֵּם
gaan (te voet)	la'lexet	לָלֶכֶת

gaan zitten (ww)	lehityaʃev	לְהִתְיַישֵּׁב
gaan zwemmen	lehitraxets	לְהִתְרַחֵץ
geven (ww)	latet	לָתֵת
glimlachen (ww)	lexayex	לְחַייֵךְ
goed raden (ww)	lenaxeʃ	לְנַחֵשׁ

| grappen maken (ww) | lehitba'deax | לְהִתְבַּדֵּחַ |
| graven (ww) | laxpor | לַחְפֹּר |

hebben (ww)	lehaxzik	לְהַחְזִיק
helpen (ww)	la'azor	לַעֲזֹר
herhalen (opnieuw zeggen)	laxazor al	לַחֲזֹר עַל
honger hebben (ww)	lihyot ra'ev	לִהְיוֹת רָעֵב

hopen (ww)	lekavot	לְקַווֹת
horen (waarnemen met het oor)	liʃ'mo'a	לִשְׁמֹעַ
huilen (wenen)	livkot	לִבְכּוֹת

| huren (huis, kamer) | liskor | לִשְׂכּוֹר |
| informeren (informatie geven) | leho'dia | לְהוֹדִיעַ |

instemmen (akkoord gaan)	lehaskim	לְהַסְכִּים
jagen (ww)	laṱsud	לָצוּד
kennen (kennis hebben van iemand)	lehakir et	לְהַכִּיר אֶת

| kiezen (ww) | livχor | לִבְחוֹר |
| klagen (ww) | lehitlonen | לְהִתְלוֹנֵן |

kosten (ww)	la'alot	לַעֲלוֹת
kunnen (ww)	yaχol	יָכוֹל
lachen (ww)	liṱsχok	לִצְחוֹק
laten vallen (ww)	lehapil	לְהַפִּיל
lezen (ww)	likro	לִקְרוֹא

liefhebben (ww)	le'ehov	לֶאֱהוֹב
lunchen (ww)	le'eχol aruχat ṱsaha'rayim	לֶאֱכוֹל אֲרוּחַת צָהֳרַיִם
nemen (ww)	la'kaχat	לָקַחַת
nodig zijn (ww)	lehidareʃ	לְהִידָרֵשׁ

12. De belangrijkste werkwoorden. Deel 3

onderschatten (ww)	leham'it be"ereχ	לְהַמְעִיט בְּעֶרְךְ
ondertekenen (ww)	laχtom	לַחְתּוֹם
ontbijten (ww)	le'eχol aruχat 'boker	לֶאֱכוֹל אֲרוּחַת בּוֹקֶר
openen (ww)	lif'toaχ	לִפְתּוֹחַ
ophouden (ww)	lehafsik	לְהַפְסִיק
opmerken (zien)	lasim lev	לָשִׂים לֵב

opscheppen (ww)	lehitravrev	לְהִתְרַבְרֵב
opschrijven (ww)	lirʃom	לִרְשׁוֹם
plannen (ww)	letaχnen	לְתַכְנֵן
prefereren (verkiezen)	leha'adif	לְהַעֲדִיף
proberen (trachten)	lenasot	לְנַסּוֹת
redden (ww)	lehatsil	לְהַצִּיל

rekenen op ...	lismoχ al	לִסְמוֹךְ עַל
rennen (ww)	laruṱs	לָרוּץ
reserveren (een hotelkamer ~)	lehazmin meroʃ	לְהַזְמִין מֵרֹאשׁ
roepen (om hulp)	likro	לִקְרוֹא
schieten (ww)	lirot	לִירוֹת
schreeuwen (ww)	liṱs'ok	לִצְעוֹק

schrijven (ww)	liχtov	לִכְתּוֹב
souperen (ww)	le'eχol aruχat 'erev	לֶאֱכוֹל אֲרוּחַת עֶרֶב
spelen (kinderen)	lesaχek	לְשַׂחֵק
spreken (ww)	ledaber	לְדַבֵּר
stelen (ww)	lignov	לִגְנוֹב
stoppen (pauzeren)	la'aṱsor	לַעֲצוֹר

| studeren (Nederlands ~) | lilmod | לִלְמוֹד |
| sturen (zenden) | liʃloaχ | לִשְׁלוֹחַ |

tellen (optellen)	lispor	לִסְפּוֹר
toebehoren ...	lehiʃtayeχ	לְהִשְׁתַּיֵּךְ
toestaan (ww)	leharʃot	לְהַרְשׁוֹת
tonen (ww)	lehar'ot	לְהַרְאוֹת

twijfelen (onzeker zijn)	lefakpek	לְפַקְפֵּק
uitgaan (ww)	latset	לָצֵאת
uitnodigen (ww)	lehazmin	לְהַזְמִין
uitspreken (ww)	levate	לְבַטֵּא
uitvaren tegen (ww)	linzof	לִנְזוֹף

13. De belangrijkste werkwoorden. Deel 4

vallen (ww)	lipol	לִיפּוֹל
vangen (ww)	litfos	לִתְפּוֹס
veranderen (anders maken)	leʃanot	לְשַׁנּוֹת
verbaasd zijn (ww)	lehitpale	לְהִתְפַּלֵּא
verbergen (ww)	lehastir	לְהַסְתִּיר

verdedigen (je land ~)	lehagen	לְהָגֵן
verenigen (ww)	le'aχed	לְאַחֵד
vergelijken (ww)	lehaʃvot	לְהַשְׁווֹת
vergeten (ww)	liʃ'koaχ	לִשְׁכּוֹחַ
vergeven (ww)	lis'loaχ	לִסְלוֹחַ

verklaren (uitleggen)	lehasbir	לְהַסְבִּיר
verkopen (per stuk ~)	limkor	לִמְכּוֹר
vermelden (praten over)	lehazkir	לְהַזְכִּיר
versieren (decoreren)	lekaʃet	לְקַשֵּׁט
vertalen (ww)	letargem	לְתַרְגֵּם

vertrouwen (ww)	liv'toaχ	לִבְטוֹחַ
vervolgen (ww)	lehamʃiχ	לְהַמְשִׁיךְ
verwarren (met elkaar ~)	lehitbalbel	לְהִתְבַּלְבֵּל
verzoeken (ww)	levakeʃ	לְבַקֵּשׁ
verzuimen (school, enz.)	lehaχsir	לְהַחְסִיר

vinden (ww)	limtso	לִמְצוֹא
vliegen (ww)	la'uf	לָעוּף
volgen (ww)	la'akov aχarei	לַעֲקוֹב אַחֲרֵי
voorstellen (ww)	leha'tsi'a	לְהַצִּיעַ
voorzien (verwachten)	laχazot	לַחֲזוֹת
vragen (ww)	liʃ'ol	לִשְׁאוֹל

waarnemen (ww)	litspot, lehaʃkif	לִצְפּוֹת, לְהַשְׁקִיף
waarschuwen (ww)	lehazhir	לְהַזְהִיר
wachten (ww)	lehamtin	לְהַמְתִּין
weerspreken (ww)	lehitnaged	לְהִתְנַגֵּד
weigeren (ww)	lesarev	לְסָרֵב

werken (ww)	la'avod	לַעֲבוֹד
weten (ww)	la'da'at	לָדַעַת
willen (verlangen)	lirtsot	לִרְצוֹת
zeggen (ww)	lomar	לוֹמַר

zich haasten (ww)	lemaher	לְמַהֵר
zich interesseren voor ...	lehit'anyen be...	...בְּ לְהִתְעַנְיֵן
zich vergissen (ww)	lit'ot	לִטְעוֹת
zich verontschuldigen	lehitnatsel	לְהִתְנַצֵּל
zien (ww)	lir'ot	לִרְאוֹת
zijn (ww)	lihyot	לִהְיוֹת
zoeken (ww)	leχapes	לְחַפֵּשׂ
zwemmen (ww)	lisχot	לִשְׂחוֹת
zwijgen (ww)	liʃtok	לִשְׁתּוֹק

14. Kleuren

kleur (de)	'tseva	צֶבַע (ז)
tint (de)	gavan	גָּוֶן (ז)
kleurnuance (de)	gavan	גָּוֶן (ז)
regenboog (de)	'keʃet	קֶשֶׁת (נ)
wit (bn)	lavan	לָבָן
zwart (bn)	ʃaχor	שָׁחוֹר
grijs (bn)	afor	אָפוֹר
groen (bn)	yarok	יָרוֹק
geel (bn)	tsahov	צָהוֹב
rood (bn)	adom	אָדוֹם
blauw (bn)	kaχol	כָּחֹל
lichtblauw (bn)	taχol	תְּכֵלֶת
roze (bn)	varod	וָרֹד
oranje (bn)	katom	כָּתֹם
violet (bn)	segol	סָגֹל
bruin (bn)	χum	חוּם
goud (bn)	zahov	זָהֹב
zilverkleurig (bn)	kasuf	כָּסוּף
beige (bn)	beʒ	בֶּז'
roomkleurig (bn)	be'tseva krem	בְּצֶבַע קְרֶם
turkoois (bn)	turkiz	טוּרְקִיז
kersrood (bn)	bordo	בּוֹרְדוֹ
lila (bn)	segol	סָגֹל
karmijnrood (bn)	patol	פָּטֹל
licht (bn)	bahir	בָּהִיר
donker (bn)	kehe	כֵּהֶה
fel (bn)	bohek	בּוֹהֵק
kleur-, kleurig (bn)	tsiv'oni	צִבְעוֹנִי
kleuren- (abn)	tsiv'oni	צִבְעוֹנִי
zwart-wit (bn)	ʃaχor lavan	שָׁחוֹר-לָבָן
eenkleurig (bn)	χad tsiv'i	חַד-צִבְעִי
veelkleurig (bn)	sasgoni	סַסְגוֹנִי

15. Vragen

Wie?	mi?	מִי?
Wat?	ma?	מָה?
Waar?	'eifo?	אֵיפֹה?
Waarheen?	le'an?	לְאָן?
Waar ... vandaan?	me''eifo?	מֵאֵיפֹה?
Wanneer?	matai?	מָתַי?
Waarom?	'lama?	לָמָה?
Waarom?	ma'du'a?	מַדּוּעַ?

Waarvoor dan ook?	biʃvil ma?	בִּשְׁבִיל מָה?
Hoe?	eiχ, keitsad?	כֵּיצַד? אֵיךְ?
Wat voor ...?	'eize?	אֵיזֶה?
Welk?	'eize?	אֵיזֶה?

Aan wie?	lemi?	לְמִי?
Over wie?	al mi?	עַל מִי?
Waarover?	al ma?	עַל מָה?
Met wie?	im mi?	עִם מִי?

Hoeveel?	'kama?	כַּמָּה?
Van wie?	ʃel mi?	שֶׁל מִי?

16. Voorzetsels

met (bijv. ~ beleg)	im	עִם
zonder (~ accent)	bli, lelo	בְּלִי, לְלֹא
naar (in de richting van)	le...	לְ...
over (praten ~)	al	עַל
voor (in tijd)	lifnei	לִפְנֵי
voor (aan de voorkant)	lifnei	לִפְנֵי

onder (lager dan)	mi'taχat le...	מִתַּחַת לְ...
boven (hoger dan)	me'al	מֵעַל
op (bovenop)	al	עַל
van (uit, afkomstig van)	mi, me	מֵ, מִ
van (gemaakt van)	mi, me	מֵ, מִ

over (bijv. ~ een uur)	toχ	תּוֹךְ
over (over de bovenkant)	'dereχ	דֶּרֶךְ

17. Functiewoorden. Bijwoorden. Deel 1

Waar?	'eifo?	אֵיפֹה?
hier (bw)	po, kan	פֹּה, כָּאן
daar (bw)	ʃam	שָׁם

ergens (bw)	'eifo ʃehu	אֵיפֹה שֶׁהוּא
nergens (bw)	beʃum makom	בְּשׁוּם מָקוֹם
bij ... (in de buurt)	leyad ...	לְיַד ...

bij het raam	leyad haxalon	לְיַד הַחַלּוֹן
Waarheen?	le'an?	לְאָן?
hierheen (bw)	'hena, lekan	הֵנָּה; לְכָאן
daarheen (bw)	leʃam	לְשָׁם
hiervandaan (bw)	mikan	מִכָּאן
daarvandaan (bw)	miʃam	מִשָּׁם
dichtbij (bw)	karov	קָרוֹב
ver (bw)	raxok	רָחוֹק
in de buurt (van ...)	leyad	לְיַד
vlakbij (bw)	karov	קָרוֹב
niet ver (bw)	lo raxok	לֹא רָחוֹק
linker (bn)	smali	שְׂמָאלִי
links (bw)	mismol	מִשְׂמֹאל
linksaf, naar links (bw)	'smola	שְׂמֹאלָה
rechter (bn)	yemani	יְמָנִי
rechts (bw)	miyamin	מִיָּמִין
rechtsaf, naar rechts (bw)	ya'mina	יָמִינָה
vooraan (bw)	mika'dima	מִקָּדִימָה
voorste (bn)	kidmi	קִדְמִי
vooruit (bw)	ka'dima	קָדִימָה
achter (bw)	me'axor	מֵאָחוֹר
van achteren (bw)	me'axor	מֵאָחוֹר
achteruit (naar achteren)	a'xora	אֲחוֹרָה
midden (het)	'emtsa	אֶמְצַע (ז)
in het midden (bw)	ba''emtsa	בָּאֶמְצַע
opzij (bw)	mehatsad	מֵהַצַּד
overal (bw)	bexol makom	בְּכָל מָקוֹם
omheen (bw)	misaviv	מִסָּבִיב
binnenuit (bw)	mibifnim	מִבִּפְנִים
naar ergens (bw)	le'an ʃehu	לְאָן שֶׁהוּא
rechtdoor (bw)	yaʃar	יָשָׁר
terug (bijv. ~ komen)	baxazara	בַּחֲזָרָה
ergens vandaan (bw)	me'ei ʃam	מֵאֵי שָׁם
ergens vandaan (bw) (en dit geld moet ~ komen)	me'ei ʃam	מֵאֵי שָׁם
ten eerste (bw)	reʃit	רֵאשִׁית
ten tweede (bw)	ʃenit	שֵׁנִית
ten derde (bw)	ʃliʃit	שְׁלִישִׁית
plotseling (bw)	pit'om	פִּתְאוֹם
in het begin (bw)	behatslaxa	בַּהַתְחָלָה
voor de eerste keer (bw)	lariʃona	לָרִאשׁוֹנָה
lang voor ... (bw)	zman rav lifnei ...	זְמַן רַב לִפְנֵי ...
opnieuw (bw)	mexadaʃ	מֵחָדָשׁ
voor eeuwig (bw)	letamid	לְתָמִיד

nooit (bw)	af 'pa'am, me'olam	מֵעוֹלָם, אַף פַּעַם
weer (bw)	ʃuv	שׁוּב
nu (bw)	aχʃav, ka'et	עַכְשָׁיו, כָּעֵת
vaak (bw)	le'itim krovot	לְעִיתִים קְרוֹבוֹת
toen (bw)	az	אָז
urgent (bw)	bidχifut	בְּדְחִיפוּת
meestal (bw)	be'dereχ klal	בְּדֶרֶךְ כְּלָל

trouwens, ... (tussen haakjes)	'dereχ 'agav	דֶּרֶךְ אַגַּב
mogelijk (bw)	efʃari	אֶפְשָׁרִי
waarschijnlijk (bw)	kanir'e	כַּנִּרְאֶה
misschien (bw)	ulai	אוּלַי
trouwens (bw)	χuts mize ...	חוּץ מִזֶּה ...
daarom ...	laχen	לָכֵן
in weerwil van ...	lamrot ...	לַמְרוֹת ...
dankzij ...	hodot le...	הוֹדוֹת לְ...

wat (vn)	ma	מָה
dat (vw)	ʃe	שֶׁ
iets (vn)	'maʃehu	מַשֶּׁהוּ
iets	'maʃehu	מַשֶּׁהוּ
niets (vn)	klum	כְּלוּם

wie (~ is daar?)	mi	מִי
iemand (een onbekende)	'miʃehu, 'miʃehi	מִישֶׁהוּ (ז), מִישֶׁהִי (נ)
iemand (een bepaald persoon)	'miʃehu, 'miʃehi	מִישֶׁהוּ (ז), מִישֶׁהִי (נ)

niemand (vn)	af eχad, af aχat	אַף אֶחָד (ז), אַף אַחַת (נ)
nergens (bw)	leʃum makom	לְשׁוּם מָקוֹם
niemands (bn)	lo ʃayaχ le'af eχad	לֹא שַׁיָּךְ לְאַף אֶחָד
iemands (bn)	ʃel 'miʃehu	שֶׁל מִישֶׁהוּ

zo (Ik ben ~ blij)	kol kaχ	כָּל־כָּךְ
ook (evenals)	gam	גַּם
alsook (eveneens)	gam	גַּם

18. Functiewoorden. Bijwoorden. Deel 2

Waarom?	ma'du'a?	מַדּוּעַ?
om een bepaalde reden	miʃum ma	מִשּׁוּם־מָה
omdat ...	miʃum ʃe	מִשּׁוּם שֶׁ
voor een bepaald doel	lematara 'kolʃehi	לְמַטָּרָה כָּלְשֶׁהִי

en (vw)	ve ...	וְ...
of (vw)	o	אוֹ
maar (vw)	aval, ulam	אֲבָל, אוּלָם
voor (vz)	biʃvil	בִּשְׁבִיל

te (~ veel mensen)	yoter midai	יוֹתֵר מְדַי
alleen (bw)	rak	רַק
precies (bw)	bediyuk	בְּדִיּוּק
ongeveer (~ 10 kg)	be''ereχ	בְּעֵרֶךְ

omstreeks (bw)	be''erex	בְּעֵרֶךְ
bij benadering (bn)	meʃo'ar	מְשׁוֹעָר
bijna (bw)	kim'at	כִּמְעַט
rest (de)	ʃe'ar	שְׁאָר (ז)
de andere (tweede)	axer	אַחֵר
ander (bn)	axer	אַחֵר
elk (bn)	kol	כֹּל
om het even welk	kolʃehu	כָּלְשֶׁהוּ
veel (grote hoeveelheid)	harbe	הַרְבֵּה
veel mensen	harbe	הַרְבֵּה
iedereen (alle personen)	kulam	כּוּלָם
in ruil voor ...	tmurat ...	תְּמוּרַת ...
in ruil (bw)	bitmura	בִּתְמוּרָה
met de hand (bw)	bayad	בְּיָד
onwaarschijnlijk (bw)	safek im	סָפֵק אִם
waarschijnlijk (bw)	karov levadai	קָרוֹב לְוַודַּאי
met opzet (bw)	'davka	דַּווְקָא
toevallig (bw)	bemikre	בְּמִקְרֶה
zeer (bw)	me'od	מְאוֹד
bijvoorbeeld (bw)	lemaʃal	לְמָשָׁל
tussen (~ twee steden)	bein	בֵּין
tussen (te midden van)	be'kerev	בְּקֶרֶב
zoveel (bw)	kol kax harbe	כָּל-כָּךְ הַרְבֵּה
vooral (bw)	bimyuxad	בְּמְיוּחָד

Basisbegrippen Deel 2

19. Dagen van de week

maandag (de)	yom ʃeni	יוֹם שֵׁנִי (ז)
dinsdag (de)	yom ʃliʃi	יוֹם שְׁלִישִׁי (ז)
woensdag (de)	yom revi'i	יוֹם רְבִיעִי (ז)
donderdag (de)	yom χamiʃi	יוֹם חֲמִישִׁי (ז)
vrijdag (de)	yom ʃiʃi	יוֹם שִׁישִׁי (ז)
zaterdag (de)	ʃabat	שַׁבָּת (נ)
zondag (de)	yom riʃon	יוֹם רִאשׁוֹן (ז)

vandaag (bw)	hayom	הַיּוֹם
morgen (bw)	maχar	מָחָר
overmorgen (bw)	maχara'tayim	מָחֳרָתַיִים
gisteren (bw)	etmol	אֶתְמוֹל
eergisteren (bw)	ʃilʃom	שִׁלְשׁוֹם

dag (de)	yom	יוֹם (ז)
werkdag (de)	yom avoda	יוֹם עֲבוֹדָה (ז)
feestdag (de)	yom χag	יוֹם חַג (ז)
verlofdag (de)	yom menuχa	יוֹם מְנוּחָה (ז)
weekend (het)	sof ʃa'vu'a	סוֹף שָׁבוּעַ

de hele dag (bw)	kol hayom	כָּל הַיּוֹם
de volgende dag (bw)	lamaχarat	לְמָחֳרָת
twee dagen geleden	lifnei yo'mayim	לִפְנֵי יוֹמַיִים
aan de vooravond (bw)	'erev	עֶרֶב
dag-, dagelijks (bn)	yomyomi	יוֹמְיוֹמִי
elke dag (bw)	midei yom	מִדֵּי יוֹם

week (de)	ʃa'vua	שָׁבוּעַ (ז)
vorige week (bw)	baʃa'vu'a ʃe'avar	בַּשָּׁבוּעַ שֶׁעָבַר
volgende week (bw)	baʃa'vu'a haba	בַּשָּׁבוּעַ הַבָּא
wekelijks (bn)	ʃvu'i	שְׁבוּעִי
elke week (bw)	kol ʃa'vu'a	כָּל שָׁבוּעַ
twee keer per week	pa'a'mayim beʃa'vu'a	פַּעֲמַיִים בַּשָּׁבוּעַ
elke dinsdag	kol yom ʃliʃi	כָּל יוֹם שְׁלִישִׁי

20. Uren. Dag en nacht

morgen (de)	'boker	בּוֹקֶר (ז)
's morgens (bw)	ba'boker	בַּבּוֹקֶר
middag (de)	tsaha'rayim	צָהֳרַיִים (ז"ר)
's middags (bw)	aχar hatsaha'rayim	אַחַר הַצָּהֳרַיִים

avond (de)	'erev	עֶרֶב (ז)
's avonds (bw)	ba''erev	בָּעֶרֶב

nacht (de)	'laila	לַיְלָה (ז)
's nachts (bw)	ba'laila	בַּלַּיְלָה
middernacht (de)	xatsot	חֲצוֹת (נ)

seconde (de)	ʃniya	שְׁנִיָּה (נ)
minuut (de)	daka	דָּקָה (נ)
uur (het)	ʃa'a	שָׁעָה (נ)
halfuur (het)	xatsi ʃa'a	חֲצִי שָׁעָה (נ)
kwartier (het)	'reva ʃa'a	רֶבַע שָׁעָה (ז)
vijftien minuten	xameʃ esre dakot	חֲמֵשׁ עֶשְׂרֵה דַּקּוֹת
etmaal (het)	yemama	יְמָמָה (נ)

zonsopgang (de)	zrixa	זְרִיחָה (נ)
dageraad (de)	'ʃaxar	שַׁחַר (ז)
vroege morgen (de)	'ʃaxar	שַׁחַר (ז)
zonsondergang (de)	ʃki'a	שְׁקִיעָה (נ)

's morgens vroeg (bw)	mukdam ba'boker	מֻקְדָּם בַּבּוֹקֶר
vanmorgen (bw)	ha'boker	הַבּוֹקֶר
morgenochtend (bw)	maxar ba'boker	מָחָר בַּבּוֹקֶר
vanmiddag (bw)	hayom axarei hatzaha'rayim	הַיּוֹם אַחֲרֵי הַצָּהֳרַיִים
's middags (bw)	axar hatsaha'rayim	אַחַר הַצָּהֳרַיִים
morgenmiddag (bw)	maxar axarei hatsaha'rayim	מָחָר אַחֲרֵי הַצָּהֳרַיִים
vanavond (bw)	ha''erev	הָעֶרֶב
morgenavond (bw)	maxar ba''erev	מָחָר בָּעֶרֶב

klokslag drie uur	baʃa'a ʃaloʃ bediyuk	בְּשָׁעָה שָׁלוֹשׁ בְּדִיּוּק
ongeveer vier uur	bisvivot arba	בִּסְבִיבוֹת אַרְבַּע
tegen twaalf uur	ad ʃteim esre	עַד שְׁתַּיִם-עֶשְׂרֵה

over twintig minuten	be'od esrim dakot	בְּעוֹד עֶשְׂרִים דַּקּוֹת
over een uur	be'od ʃa'a	בְּעוֹד שָׁעָה
op tijd (bw)	bazman	בַּזְּמַן

kwart voor …	'reva le…	רֶבַע לְ...
binnen een uur	tox ʃa'a	תּוֹךְ שָׁעָה
elk kwartier	kol 'reva ʃa'a	כָּל רֶבַע שָׁעָה
de klok rond	misaviv laʃa'on	מִסָּבִיב לַשָּׁעוֹן

21. Maanden. Seizoenen

januari (de)	'yanu'ar	יָנוּאָר (ז)
februari (de)	'febru'ar	פֶבְּרוּאָר (ז)
maart (de)	merts	מֶרְץ (ז)
april (de)	april	אַפְּרִיל (ז)
mei (de)	mai	מַאי (ז)
juni (de)	'yuni	יוּנִי (ז)

juli (de)	'yuli	יוּלִי (ז)
augustus (de)	'ogust	אוֹגוּסְט (ז)
september (de)	sep'tember	סֶפְּטֶמְבָּר (ז)
oktober (de)	ok'tober	אוֹקְטוֹבָּר (ז)
november (de)	no'vember	נוֹבֶמְבָּר (ז)
december (de)	de'tsember	דֶּצֶמְבָּר (ז)

lente (de)	aviv	אָבִיב (ז)
in de lente (bw)	ba'aviv	בָּאָבִיב
lente- (abn)	avivi	אֲבִיבִי

zomer (de)	'kayits	קַיִץ (ז)
in de zomer (bw)	ba'kayits	בַּקַיִץ
zomer-, zomers (bn)	ketsi	קֵיצִי

herfst (de)	stav	סְתָיו (ז)
in de herfst (bw)	bestav	בַּסְתָיו
herfst- (abn)	stavi	סְתָוִוי

winter (de)	'χoref	חוֹרֶף (ז)
in de winter (bw)	ba'χoref	בַּחוֹרֶף
winter- (abn)	χorpi	חוֹרְפִּי

maand (de)	'χodeʃ	חוֹדֶשׁ (ז)
deze maand (bw)	ha'χodeʃ	הַחוֹדֶשׁ
volgende maand (bw)	ba'χodeʃ haba	בַּחוֹדֶשׁ הַבָּא
vorige maand (bw)	ba'χodeʃ ʃe'avar	בַּחוֹדֶשׁ שֶׁעָבַר

een maand geleden (bw)	lifnei 'χodeʃ	לִפְנֵי חוֹדֶשׁ
over een maand (bw)	be'od 'χodeʃ	בְּעוֹד חוֹדֶשׁ
over twee maanden (bw)	be'od χod'ʃayim	בְּעוֹד חוֹדְשַׁיִים
de hele maand (bw)	kol ha'χodeʃ	כָּל הַחוֹדֶשׁ
een volle maand (bw)	kol ha'χodeʃ	כָּל הַחוֹדֶשׁ

maand-, maandelijks (bn)	χodʃi	חוֹדְשִׁי
maandelijks (bw)	χodʃit	חוֹדְשִׁית
elke maand (bw)	kol 'χodeʃ	כָּל חוֹדֶשׁ
twee keer per maand	pa'a'mayim be'χodeʃ	פַּעֲמַיִים בְּחוֹדֶשׁ

jaar (het)	ʃana	שָׁנָה (נ)
dit jaar (bw)	haʃana	הַשָׁנָה
volgend jaar (bw)	baʃana haba'a	בַּשָׁנָה הַבָּאָה
vorig jaar (bw)	baʃana ʃe'avra	בַּשָׁנָה שֶׁעָבְרָה

een jaar geleden (bw)	lifnei ʃana	לִפְנֵי שָׁנָה
over een jaar	be'od ʃana	בְּעוֹד שָׁנָה
over twee jaar	be'od ʃna'tayim	בְּעוֹד שְׁנָתַיִים
het hele jaar	kol haʃana	כָּל הַשָׁנָה
een vol jaar	kol haʃana	כָּל הַשָׁנָה

elk jaar	kol ʃana	כָּל שָׁנָה
jaar-, jaarlijks (bn)	ʃnati	שְׁנָתִי
jaarlijks (bw)	midei ʃana	מְדֵי שָׁנָה
4 keer per jaar	arba pa'amim be'χodeʃ	אַרְבַּע פְּעָמִים בְּחוֹדֶשׁ

datum (de)	ta'ariχ	תַאֲרִיךְ (ז)
datum (de)	ta'ariχ	תַאֲרִיךְ (ז)
kalender (de)	'luaχ ʃana	לוּחַ שָׁנָה (ז)

een half jaar	χatsi ʃana	חֲצִי שָׁנָה (ז)
zes maanden	ʃiʃa χodaʃim, χatsi ʃana	חֲצִי שָׁנָה, שִׁישָׁה חוֹדָשִׁים
seizoen (bijv. lente, zomer)	ona	עוֹנָה (נ)
eeuw (de)	'me'a	מֵאָה (נ)

22. Tijd. Diversen

tijd (de)	zman	זְמַן (ז)
ogenblik (het)	'rega	רֶגַע (ז)
moment (het)	'rega	רֶגַע (ז)
ogenblikkelijk (bn)	miyadi	מִיָּדִי
tijdsbestek (het)	tkufa	תְּקוּפָה (נ)
leven (het)	χayim	חַיִּים (ז״ר)
eeuwigheid (de)	'netsaχ	נֶצַח (ז)
epoche (de), tijdperk (het)	idan	עִידָן (ז)
era (de), tijdperk (het)	idan	עִידָן (ז)
cyclus (de)	maχzor	מַחְזוֹר (ז)
periode (de)	tkufa	תְּקוּפָה (נ)
termijn (vastgestelde periode)	tkufa	תְּקוּפָה (נ)
toekomst (de)	atid	עָתִיד (ז)
toekomstig (bn)	haba	הַבָּא
de volgende keer	ba'pa'am haba'a	בַּפַּעַם הַבָּאָה
verleden (het)	avar	עָבָר (ז)
vorig (bn)	ʃe'avar	שֶׁעָבַר
de vorige keer	ba'pa'am hako'demet	בַּפַּעַם הַקּוֹדֶמֶת
later (bw)	me'uχar yoter	מְאוּחָר יוֹתֵר
na (~ het diner)	aχarei	אַחֲרֵי
tegenwoordig (bw)	kayom	כַּיּוֹם
nu (bw)	aχʃav, ka'et	עַכְשָׁיו, כָּעֵת
onmiddellijk (bw)	miyad	מִיָּד
snel (bw)	bekarov	בְּקָרוֹב
bij voorbaat (bw)	meroʃ	מֵרֹאשׁ
lang geleden (bw)	mizman	מִזְּמַן
kort geleden (bw)	lo mizman	לֹא מִזְּמַן
noodlot (het)	goral	גּוֹרָל (ז)
herinneringen (mv.)	ziχronot	זִיכְרוֹנוֹת (ז״ר)
archief (het)	arχiyon	אַרְכִיּוֹן (ז)
tijdens ... (ten tijde van)	bezman ʃel ...	בְּזְמַן שֶׁל ...
lang (bw)	zman rav	זְמַן רַב
niet lang (bw)	lo zman rav	לֹא זְמַן רַב
vroeg (bijv. ~ in de ochtend)	mukdam	מוּקְדָּם
laat (bw)	me'uχar	מְאוּחָר
voor altijd (bw)	la'netsaχ	לָנֶצַח
beginnen (ww)	lehatχil	לְהַתְחִיל
uitstellen (ww)	lidχot	לִדְחוֹת
tegelijkertijd (bw)	bo zmanit	בּוֹ זְמַנִּית
voortdurend (bw)	bikvi'ut	בִּקְבִיעוּת
constant (bijv. ~ lawaai)	ka'vu'a	קָבוּעַ
tijdelijk (bn)	zmani	זְמַנִּי
soms (bw)	lif'amim	לִפְעָמִים
zelden (bw)	le'itim reχokot	לְעִיתִּים רְחוֹקוֹת
vaak (bw)	le'itim krovot	לְעִיתִּים קְרוֹבוֹת

29

23. Tegenovergestelden

rijk (bn)	aʃir	עָשִׁיר
arm (bn)	ani	עָנִי
ziek (bn)	χole	חוֹלֶה
gezond (bn)	bari	בָּרִיא
groot (bn)	gadol	גָּדוֹל
klein (bn)	katan	קָטָן
snel (bw)	maher	מַהֵר
langzaam (bw)	le'at	לְאַט
snel (bn)	mahir	מָהִיר
langzaam (bn)	iti	אִטִי
vrolijk (bn)	sa'meaχ	שָׂמֵחַ
treurig (bn)	atsuv	עָצוּב
samen (bw)	be'yaχad	בְּיַחַד
apart (bw)	levad	לְבַד
hardop (~ lezen)	bekol ram	בְּקוֹל רָם
stil (~ lezen)	belev, be'ʃeket	בְּלֵב, בְּשֶׁקֶט
hoog (bn)	ga'voha	גָּבוֹהַּ
laag (bn)	namuχ	נָמוּךְ
diep (bn)	amok	עָמוֹק
ondiep (bn)	radud	רָדוּד
ja	ken	כֵּן
nee	lo	לֹא
ver (bn)	raχok	רָחוֹק
dicht (bn)	karov	קָרוֹב
ver (bw)	raχok	רָחוֹק
dichtbij (bw)	samuχ	סָמוּךְ
lang (bn)	aroχ	אָרוֹךְ
kort (bn)	katsar	קָצָר
vriendelijk (goedhartig)	tov lev	טוֹב לֵב
kwaad (bn)	raʃa	רָשָׁע
gehuwd (mann.)	nasui	נָשׂוּי
ongehuwd (mann.)	ravak	רַוָּק
verbieden (ww)	le'esor al	לֶאֱסוֹר עַל
toestaan (ww)	leharʃot	לְהַרְשׁוֹת
einde (het)	sof	סוֹף (ז)
begin (het)	hatχala	הַתְחָלָה (נ)

| linker (bn) | smali | שְׂמָאלִי |
| rechter (bn) | yemani | יְמָנִי |

| eerste (bn) | riʃon | רִאשׁוֹן |
| laatste (bn) | aχaron | אַחֲרוֹן |

| misdaad (de) | 'peʃa | פֶּשַׁע (ז) |
| bestraffing (de) | 'oneʃ | עוֹנֶשׁ (ז) |

| bevelen (ww) | letsavot | לְצַוּוֹת |
| gehoorzamen (ww) | letsayet | לְצַיֵּת |

| recht (bn) | yaʃar | יָשָׁר |
| krom (bn) | me'ukal | מְעוּקָל |

| paradijs (het) | gan 'eden | גַּן עֵדֶן (ז) |
| hel (de) | gehinom | גֵּיהִינּוֹם (ז) |

| geboren worden (ww) | lehivaled | לְהִיוָּלֵד |
| sterven (ww) | lamut | לָמוּת |

| sterk (bn) | χazak | חָזָק |
| zwak (bn) | χalaʃ | חַלָּשׁ |

| oud (bn) | zaken | זָקֵן |
| jong (bn) | tsa'ir | צָעִיר |

| oud (bn) | yaʃan | יָשָׁן |
| nieuw (bn) | χadaʃ | חָדָשׁ |

| hard (bn) | kaʃe | קָשֶׁה |
| zacht (bn) | raχ | רַךְ |

| warm (bn) | χamim | חָמִים |
| koud (bn) | kar | קַר |

| dik (bn) | ʃamen | שָׁמֵן |
| dun (bn) | raze | רָזֶה |

| smal (bn) | tsar | צַר |
| breed (bn) | raχav | רָחָב |

| goed (bn) | tov | טוֹב |
| slecht (bn) | ra | רַע |

| moedig (bn) | amits | אַמִּיץ |
| laf (bn) | paχdani | פַּחְדָּנִי |

24. Lijnen en vormen

vierkant (het)	ri'bu'a	רִיבּוּעַ (ז)
vierkant (bn)	meruba	מְרוּבָּע
cirkel (de)	ma'agal, igul	מַעֲגָּל, עִיגוּל (ז)
rond (bn)	agol	עָגוֹל

driehoek (de)	meʃulaʃ	מְשׁוּלָשׁ (ז)
driehoekig (bn)	meʃulaʃ	מְשׁוּלָשׁ
ovaal (het)	e'lipsa	אֶלִיפְּסָה (נ)
ovaal (bn)	e'lipti	אֶלִיפְּטִי
rechthoek (de)	malben	מַלְבֵּן (ז)
rechthoekig (bn)	malbeni	מַלְבֵּנִי
piramide (de)	pira'mida	פִּירָמִידָה (נ)
ruit (de)	me'uyan	מְעֻיָּן (ז)
trapezium (het)	trapez	טְרַפֵּז (ז)
kubus (de)	kubiya	קוּבִּיָּה (נ)
prisma (het)	minsara	מִנְסָרָה (נ)
omtrek (de)	ma'agal	מַעֲגָל (ז)
bol, sfeer (de)	sfira	סְפִירָה (נ)
bal (de)	kadur	כַּדּוּר (ז)
diameter (de)	'koter	קוֹטֶר (ז)
straal (de)	'radyus	רַדְיוּס (ז)
omtrek (~ van een cirkel)	hekef	הֶיקֵּף (ז)
middelpunt (het)	merkaz	מֶרְכָּז (ז)
horizontaal (bn)	ofki	אוֹפְקִי
verticaal (bn)	anaχi	אֲנָכִי
parallel (de)	kav makbil	קַו מַקְבִּיל (ז)
parallel (bn)	makbil	מַקְבִּיל
lijn (de)	kav	קַו (ז)
streep (de)	kav	קַו (ז)
rechte lijn (de)	kav yaʃar	קַו יָשָׁר (ז)
kromme (de)	akuma	עֲקוּמָה (נ)
dun (bn)	dak	דַּק
omlijning (de)	mit'ar	מִתְאָר (ז)
snijpunt (het)	χituχ	חִיתּוּךְ (ז)
rechte hoek (de)	zavit yaʃara	זָוִית יָשָׁרָה (נ)
segment (het)	mikta	מִקְטָע (ז)
sector (de)	gizra	גִּזְרָה (נ)
zijde (de)	'tsela	צֶלַע (ז)
hoek (de)	zavit	זָוִית (נ)

25. Meeteenheden

gewicht (het)	miʃkal	מִשְׁקָל (ז)
lengte (de)	'oreχ	אוֹרֶךְ (ז)
breedte (de)	'roχav	רוֹחַב (ז)
hoogte (de)	'gova	גּוֹבַה (ז)
diepte (de)	'omek	עוֹמֶק (ז)
volume (het)	'nefaχ	נֶפַח (ז)
oppervlakte (de)	'ʃetaχ	שֶׁטַח (ז)
gram (het)	gram	גְרָם (ז)
milligram (het)	miligram	מִילִיגְרָם (ז)

kilogram (het)	kilogram	קִילוֹגְרָם (ז)
ton (duizend kilo)	ton	טוֹן (ז)
pond (het)	'pa'und	פָּאוּנד (ז)
ons (het)	'unkiya	אוּנקִיָה (נ)

meter (de)	'meter	מֶטֶר (ז)
millimeter (de)	mili'meter	מִילִימֶטֶר (ז)
centimeter (de)	senti'meter	סַנטִימֶטֶר (ז)
kilometer (de)	kilo'meter	קִילוֹמֶטֶר (ז)
mijl (de)	mail	מַייל (ז)

duim (de)	intʃ	אִינצ' (ז)
voet (de)	'regel	רֶגֶל (נ)
yard (de)	yard	יַרד (ז)

vierkante meter (de)	'meter ra'vu'a	מֶטֶר רָבוּעַ (ז)
hectare (de)	hektar	הֶקטָר (ז)

liter (de)	litr	לִיטֶר (ז)
graad (de)	ma'ala	מַעֲלָה (נ)
volt (de)	volt	וֹולט (ז)
ampère (de)	amper	אַמפֶּר (ז)
paardenkracht (de)	'koax sus	כּוֹחַ סוּס (ז)

hoeveelheid (de)	kamut	כַּמוּת (נ)
een beetje ...	ktsat ...	קצָת ...
helft (de)	'xetsi	חֲצִי (ז)
dozijn (het)	tresar	תרֵיסָר (ז)
stuk (het)	yexida	יְחִידָה (נ)

afmeting (de)	'godel	גוֹדֶל (ז)
schaal (bijv. ~ van 1 op 50)	kne mida	קנֵה מִידָה (ז)

minimaal (bn)	mini'mali	מִינִימָאלִי
minste (bn)	hakatan beyoter	הַקָטָן בְּיוֹתֵר
medium (bn)	memutsa	מְמוּצָע
maximaal (bn)	maksi'mali	מַקסִימָלִי
grootste (bn)	hagadol beyoter	הַגָדוֹל בְּיוֹתֵר

26. Containers

glazen pot (de)	tsin'tsenet	צִנצֶנֶת (נ)
blik (conserven~)	paxit	פַּחִית (נ)
emmer (de)	dli	דלִי (ז)
ton (bijv. regenton)	xavit	חָבִית (נ)

ronde waterbak (de)	gigit	גִיגִית (נ)
tank (bijv. watertank-70-ltr)	meixal	מֵיכָל (ז)
heupfles (de)	meimiya	מֵימִיָה (נ)
jerrycan (de)	'dʒerikan	ג'רִיקָן (ז)
tank (bijv. ketelwagen)	mexalit	מֵיכָלִית (נ)

beker (de)	'sefel	סֵפֶל (ז)
kopje (het)	'sefel	סֵפֶל (ז)

schoteltje (het)	taχtit	תַּחְתִּית (נ)
glas (het)	kos	כּוֹס (נ)
wijnglas (het)	ga'vi'a	גָּבִיעַ (ז)
steelpan (de)	sir	סִיר (ז)

fles (de)	bakbuk	בַּקְבּוּק (ז)
flessenhals (de)	tsavar habakbuk	צַוָּאר הַבַּקְבּוּק (ז)

karaf (de)	kad	כַּד (ז)
kruik (de)	kankan	קַנְקַן (ז)
vat (het)	kli	כְּלִי (ז)
pot (de)	sir 'χeres	סִיר חָרָס (ז)
vaas (de)	agartal	אֲגַרְטָל (ז)

flacon (de)	tsloχit	צְלוֹחִית (נ)
flesje (het)	bakbukon	בַּקְבּוּקוֹן (ז)
tube (bijv. ~ tandpasta)	ʃfo'feret	שְׁפוֹפֶרֶת (נ)

zak (bijv. ~ aardappelen)	sak	שַׂק (ז)
tasje (het)	sakit	שַׂקִּית (נ)
pakje (~ sigaretten, enz.)	χafisa	חֲפִיסָה (נ)

doos (de)	kufsa	קוּפְסָה (נ)
kist (de)	argaz	אַרְגָּז (ז)
mand (de)	sal	סַל (ז)

27. Materialen

materiaal (het)	'χomer	חוֹמֶר (ז)
hout (het)	ets	עֵץ (ז)
houten (bn)	me'ets	מֵעֵץ

glas (het)	zχuχit	זְכוּכִית (נ)
glazen (bn)	mizχuχit	מִזְּכוּכִית

steen (de)	'even	אֶבֶן (נ)
stenen (bn)	me''even	מֵאֶבֶן

plastic (het)	'plastik	פְּלַסְטִיק (ז)
plastic (bn)	mi'plastik	מִפְּלַסְטִיק

rubber (het)	'gumi	גּוּמִי (ז)
rubber-, rubberen (bn)	mi'gumi	מִגּוּמִי

stof (de)	bad	בַּד (ז)
van stof (bn)	mibad	מִבַּד

papier (het)	neyar	נְיָיר (ז)
papieren (bn)	mineyar	מִנְּיָיר

karton (het)	karton	קַרְטוֹן (ז)
kartonnen (bn)	mikarton	מִקַּרְטוֹן
polyethyleen (het)	'nailon	נַיְילוֹן (ז)
cellofaan (het)	tselofan	צֶלוֹפָן (ז)

multiplex (het)	dikt	דִּיקְט (ז)
porselein (het)	χar'sina	חַרְסִינָה (נ)
porseleinen (bn)	meχar'sina	מְחַרְסִינָה
klei (de)	χarsit	חַרְסִית (נ)
klei-, van klei (bn)	me'χeres	מֶחֶרֶס
keramiek (de)	ke'ramika	קֵרָמִיקָה (נ)
keramieken (bn)	ke'rami	קֵרָמִי

28. Metalen

metaal (het)	ma'teχet	מַתֶּכֶת (נ)
metalen (bn)	mataχti	מַתַּכְתִּי
legering (de)	sag'soget	סַגְסֹגֶת (נ)

goud (het)	zahav	זָהָב (ז)
gouden (bn)	mizahav, zahov	מִזָּהָב, זָהוֹב
zilver (het)	'kesef	כֶּסֶף (ז)
zilveren (bn)	kaspi	כַּסְפִּי

IJzer (het)	barzel	בַּרְזֶל (ז)
IJzeren (bn)	mibarzel	מִבַּרְזֶל
staal (het)	plada	פְּלָדָה (נ)
stalen (bn)	miplada	מִפְּלָדָה
koper (het)	ne'χoʃet	נְחֹשֶׁת (נ)
koperen (bn)	mine'χoʃet	מִנְחֹשֶׁת

aluminium (het)	alu'minyum	אֲלוּמִינְיוּם (ז)
aluminium (bn)	me'alu'minyum	מֵאֲלוּמִינְיוּם
brons (het)	arad	אָרָד (ז)
bronzen (bn)	me'arad	מֵאָרָד

messing (het)	pliz	פְּלִיז (ז)
nikkel (het)	'nikel	נִיקֶל (ז)
platina (het)	'platina	פְּלָטִינָה (נ)
kwik (het)	kaspit	כַּסְפִּית (נ)
tin (het)	bdil	בְּדִיל (ז)
lood (het)	o'feret	עוֹפֶרֶת (נ)
zink (het)	avats	אָבָץ (ז)

MENS

Mens. Het lichaam

29. Mensen. Basisbegrippen

mens (de)	ben adam	בֶּן אָדָם (ז)
man (de)	'gever	גֶּבֶר (ז)
vrouw (de)	iʃa	אִשָּׁה (נ)
kind (het)	'yeled	יֶלֶד (ז)
meisje (het)	yalda	יַלְדָּה (נ)
jongen (de)	'yeled	יֶלֶד (ז)
tiener, adolescent (de)	'na'ar	נַעַר (ז)
oude man (de)	zaken	זָקֵן (ז)
oude vrouw (de)	zkena	זְקֵנָה (נ)

30. Menselijke anatomie

organisme (het)	guf ha'adam	גּוּף הָאָדָם (ז)
hart (het)	lev	לֵב (ז)
bloed (het)	dam	דָּם (ז)
slagader (de)	'orek	עוֹרֶק (ז)
ader (de)	vrid	וְרִיד (ז)
hersenen (mv.)	'moax	מוֹחַ (ז)
zenuw (de)	atsav	עָצָב (ז)
zenuwen (mv.)	atsabim	עֲצַבִּים (ז"ר)
wervel (de)	xulya	חוּלְיָה (נ)
ruggengraat (de)	amud haʃidra	עַמוּד הַשִּׁדְרָה (ז)
maag (de)	keiva	קֵיבָה (נ)
darmen (mv.)	me"ayim	מֵעַיִם (ז"ר)
darm (de)	me'i	מְעִי (ז)
lever (de)	kaved	כָּבֵד (ז)
nier (de)	kilya	כְּלָיָה (נ)
been (deel van het skelet)	'etsem	עֶצֶם (נ)
skelet (het)	'ʃeled	שֶׁלֶד (ז)
rib (de)	'tsela	צֵלָע (ז)
schedel (de)	gul'golet	גוּלְגּוֹלֶת (נ)
spier (de)	ʃrir	שְׁרִיר (ז)
biceps (de)	ʃrir du raʃi	שְׁרִיר דּוּ-רָאשִׁי (ז)
triceps (de)	ʃrir tlat raʃi	שְׁרִיר תְּלָת-רָאשִׁי (ז)
pees (de)	gid	גִּיד (ז)
gewricht (het)	'perek	פֶּרֶק (ז)

longen (mv.)	re'ot	רֵיאוֹת (נ"ר)
geslachtsorganen (mv.)	evrei min	אֶבְרֵי מִין (ז"ר)
huid (de)	or	עוֹר (ז)

31. Hoofd

hoofd (het)	roʃ	רֹאשׁ (ז)
gezicht (het)	panim	פָּנִים (ז"ר)
neus (de)	af	אַף (ז)
mond (de)	pe	פֶּה (ז)

oog (het)	'ayin	עַיִן (נ)
ogen (mv.)	ei'nayim	עֵינַיִים (נ"ר)
pupil (de)	iʃon	אִישׁוֹן (ז)
wenkbrauw (de)	gaba	גַּבָּה (נ)
wimper (de)	ris	רִיס (ז)
ooglid (het)	af'af	עַפְעַף (ז)

tong (de)	laʃon	לָשׁוֹן (נ)
tand (de)	ʃen	שֵׁן (נ)
lippen (mv.)	sfa'tayim	שְׂפָתַיִים (נ"ר)
jukbeenderen (mv.)	atsamot leχa'yayim	עַצְמוֹת לְחָיַיִם (נ"ר)
tandvlees (het)	χani'χayim	חֲנִיכַיִים (ז"ר)
gehemelte (het)	χeχ	חֵךְ (ז)

neusgaten (mv.)	neχi'rayim	נְחִירַיִים (ז"ר)
kin (de)	santer	סַנְטֵר (ז)
kaak (de)	'leset	לֶסֶת (נ)
wang (de)	'leχi	לְחִי (נ)

voorhoofd (het)	'metsaχ	מֵצַח (ז)
slaap (de)	raka	רַקָּה (נ)
oor (het)	'ozen	אוֹזֶן (נ)
achterhoofd (het)	'oref	עוֹרֶף (ז)
hals (de)	tsavar	צַוָּאר (ז)
keel (de)	garon	גָּרוֹן (ז)

haren (mv.)	se'ar	שֵׂיעָר (ז)
kapsel (het)	tis'roket	תִּסְרוֹקֶת (נ)
haarsnit (de)	tis'poret	תִּסְפּוֹרֶת (נ)
pruik (de)	pe'a	פֵּאָה (נ)

snor (de)	safam	שָׂפָם (ז)
baard (de)	zakan	זָקָן (ז)
dragen (een baard, enz.)	legadel	לְגַדֵּל
vlecht (de)	tsama	צַמָּה (נ)
bakkebaarden (mv.)	pe'ot leχa'yayim	פֵּאוֹת לְחָיַיִם (נ"ר)

ros (roodachtig, rossig)	'dʒindʒi	גִּ'ינגִ'י
grijs (~ haar)	kasuf	כָּסוּף
kaal (bn)	ke'reaχ	קֵירֵחַ
kale plek (de)	ka'raχat	קָרַחַת (נ)
paardenstaart (de)	'kuku	קוּקוּ (ז)
pony (de)	'poni	פּוֹנִי (ז)

32. Menselijk lichaam

| hand (de) | kaf yad | כַּף יָד (נ) |
| arm (de) | yad | יָד (נ) |

vinger (de)	'etsba	אֶצְבַּע (נ)
teen (de)	'bohen	בּוֹהֶן (נ)
duim (de)	agudal	אֲגוּדָל (ז)
pink (de)	'zeret	זֶרֶת (נ)
nagel (de)	tsi'poren	צִיפּוֹרֶן (ז)

vuist (de)	egrof	אֶגְרוֹף (ז)
handpalm (de)	kaf yad	כַּף יָד (נ)
pols (de)	'ʃoreʃ kaf hayad	שׁוֹרֶשׁ כַּף הַיָד (ז)
voorarm (de)	ama	אַמָה (נ)
elleboog (de)	marpek	מַרְפֵּק (ז)
schouder (de)	katef	כָּתֵף (נ)

been (rechter ~)	'regel	רֶגֶל (נ)
voet (de)	kaf 'regel	כַּף רֶגֶל (נ)
knie (de)	'berex	בֶּרֶךְ (נ)
kuit (de)	ʃok	שׁוֹק (ז)
heup (de)	yarex	יָרֵךְ (ז)
hiel (de)	akev	עָקֵב (ז)

lichaam (het)	guf	גוּף (ז)
buik (de)	'beten	בֶּטֶן (נ)
borst (de)	xaze	חָזֶה (ז)
borst (de)	ʃad	שַׁד (ז)
zijde (de)	tsad	צַד (ז)
rug (de)	gav	גַב (ז)
lage rug (de)	mot'nayim	מוֹתְנַיִים (ז״ר)
taille (de)	'talya	טַלְיָה (נ)

navel (de)	tabur	טַבּוּר (ז)
billen (mv.)	axo'rayim	אֲחוֹכַיִים (ז״ר)
achterwerk (het)	yaʃvan	יַשְׁבָן (ז)

huidvlek (de)	nekudat xen	נְקוּדַת חֵן (נ)
moedervlek (de)	'ketem leida	כֶּתֶם לֵידָה (ז)
tatoeage (de)	ka'a'ku'a	קַעֲקוּע (ז)
litteken (het)	tsa'leket	צַלֶּקֶת (נ)

Kleding en accessoires

33. Bovenkleding. Jassen

kleren (mv.), kleding (de)	bgadim	בְּגָדִים (ז״ר)
bovenkleding (de)	levuʃ elyon	לְבוּש עֶלְיוֹן (ז)
winterkleding (de)	bigdei 'xoref	בִּגְדֵי חוֹרֶף (ז״ר)
jas (de)	me'il	מְעִיל (ז)
bontjas (de)	me'il parva	מְעִיל פַּרְוָה (ז)
bontjasje (het)	me'il parva katsar	מְעִיל פַּרְוָה קָצָר (ז)
donzen jas (de)	me'il pux	מְעִיל פּוּךְ (ז)
jasje (bijv. een leren ~)	me'il katsar	מְעִיל קָצָר (ז)
regenjas (de)	me'il 'geʃem	מְעִיל גֶשֶׁם (ז)
waterdicht (bn)	amid be'mayim	עָמִיד בְּמַיִם

34. Heren & dames kleding

overhemd (het)	xultsa	חוּלְצָה (נ)
broek (de)	mixna'sayim	מִכְנָסַיִים (ז״ר)
jeans (de)	mixnesei 'dʒins	מִכְנְסֵי ג׳ינְס (ז״ר)
colbert (de)	ʒaket	ז׳קֶט (ז)
kostuum (het)	xalifa	חֲלִיפָה (נ)
jurk (de)	simla	שִׂמְלָה (נ)
rok (de)	xatsa'it	חֲצָאִית (נ)
blouse (de)	xultsa	חוּלְצָה (נ)
wollen vest (de)	ʒaket 'tsemer	ז׳קֶט צֶמֶר (ז)
blazer (kort jasje)	ʒaket	ז׳קֶט (ז)
T-shirt (het)	ti ʃert	טִי שֶׁרְט (ז)
shorts (mv.)	mixna'sayim ktsarim	מִכְנָסַיִים קְצָרִים (ז״ר)
trainingspak (het)	'trening	טְרֶנִינְג (ז)
badjas (de)	xaluk raxatsa	חָלוּק רַחְצָה (ז)
pyjama (de)	pi'dʒama	פִּיג׳מָה (נ)
sweater (de)	'sveder	סְוֶדֶר (ז)
pullover (de)	afuda	אֲפוּדָה (נ)
gilet (het)	vest	וֶסְט (ז)
rokkostuum (het)	frak	פְּרָאק (ז)
smoking (de)	tuk'sido	טוּקְסִידוֹ (ז)
uniform (het)	madim	מַדִים (ז״ר)
werkkleding (de)	bigdei avoda	בִּגְדֵי עֲבוֹדָה (ז״ר)
overall (de)	sarbal	סַרְבָּל (ז)
doktersjas (de)	xaluk	חָלוּק (ז)

35. Kleding. Ondergoed

ondergoed (het)	levanim	לְבָנִים (ז״ר)
herenslip (de)	taxtonim	תַחְתּוֹנִים (ז״ר)
slipjes (mv.)	taxtonim	תַחְתּוֹנִים (ז״ר)
onderhemd (het)	gufiya	גוּפִיָּה (נ)
sokken (mv.)	gar'bayim	גַּרְבַּיִם (ז״ר)
nachthemd (het)	'ktonet 'laila	כְּתוֹנֶת לַיְלָה (נ)
beha (de)	xaziya	חֲזִיָּה (נ)
kniekousen (mv.)	birkon	בִּרְכּוֹן (ז)
panty (de)	garbonim	גַּרְבּוֹנִים (ז״ר)
nylonkousen (mv.)	garbei 'nailon	גַּרְבֵּי נֵילוֹן (ז״ר)
badpak (het)	'beged yam	בֶּגֶד יָם (ז)

36. Hoofddeksels

hoed (de)	'kova	כּוֹבַע (ז)
deukhoed (de)	'kova 'leved	כּוֹבַע לֶבֶד (ז)
honkbalpet (de)	'kova 'beisbol	כּוֹבַע בֵּייסְבּוֹל (ז)
kleppet (de)	'kova mitsxiya	כּוֹבַע מִצְחִיָּה (ז)
baret (de)	baret	בֶּרֶט (ז)
kap (de)	bardas	בַּרְדָּס (ז)
panamahoed (de)	'kova 'tembel	כּוֹבַע טֶמְבֶּל (ז)
gebreide muts (de)	'kova 'gerev	כּוֹבַע גֶּרֶב (ז)
hoofddoek (de)	mit'paxat	מִטְפַּחַת (נ)
dameshoed (de)	'kova	כּוֹבַע (ז)
veiligheidshelm (de)	kasda	קַסְדָּה (נ)
veldmuts (de)	kumta	כּוּמְתָּה (נ)
helm, valhelm (de)	kasda	קַסְדָּה (נ)
bolhoed (de)	mig'ba'at me'u'gelet	מִגְבַּעַת מְעוּגָּלֶת (נ)
hoge hoed (de)	tsi'linder	צִילִינְדֶּר (ז)

37. Schoeisel

schoeisel (het)	han'ala	הַנְעָלָה (נ)
schoenen (mv.)	na'a'layim	נַעֲלַיִם (נ״ר)
vrouwenschoenen (mv.)	na'a'layim	נַעֲלַיִם (נ״ר)
laarzen (mv.)	maga'fayim	מַגָּפַיִם (ז״ר)
pantoffels (mv.)	na'alei 'bayit	נַעֲלֵי בַּיִת (נ״ר)
sportschoenen (mv.)	na'alei sport	נַעֲלֵי סְפּוֹרְט (נ״ר)
sneakers (mv.)	na'alei sport	נַעֲלֵי סְפּוֹרְט (נ״ר)
sandalen (mv.)	sandalim	סַנְדָּלִים (ז״ר)
schoenlapper (de)	sandlar	סַנְדְּלָר (ז)
hiel (de)	akev	עָקֵב (ז)

paar (een ~ schoenen)	zug	זוּג (ז)
veter (de)	sroχ	שְׂרוֹךְ (ז)
rijgen (schoenen ~)	lisroχ	לִשְׂרוֹךְ
schoenlepel (de)	kaf na'a'layim	כַּף נַעֲלַיִם (ז)
schoensmeer (de/het)	mifχat na'a'layim	מִשְׁחַת נַעֲלַיִם (ז)

38. Textiel. Weefsel

katoen (de/het)	kutna	כּוּתְנָה (נ)
katoenen (bn)	mikutna	מְכּוּתְנָה
vlas (het)	piftan	פִּשְׁתָּן (ז)
vlas-, van vlas (bn)	mipiftan	מִפִּשְׁתָּן

zijde (de)	'mefi	מֶשִׁי (ז)
zijden (bn)	mifyi	מֶשְׁיִי
wol (de)	'tsemer	צֶמֶר (ז)
wollen (bn)	tsamri	צַמְרִי

fluweel (het)	ktifa	קְטִיפָה (נ)
suède (de)	zamf	זָמֶשׁ (ז)
ribfluweel (het)	'korderoi	קוֹרְדָּרוֹי (ז)

nylon (de/het)	'nailon	נָיילוֹן (ז)
nylon-, van nylon (bn)	mi'nailon	מִנָיילוֹן
polyester (het)	poli''ester	פּוֹלִיאָסְטֶר (ז)
polyester- (abn)	mipoli''ester	מִפּוֹלִיאָסְטֶר

leer (het)	or	עוֹר (ז)
leren (van leer gemaak)	me'or	מֵעוֹר
bont (het)	parva	פַּרְוָה (נ)
bont- (abn)	miparva	מִפַּרְוָה

39. Persoonlijke accessoires

handschoenen (mv.)	kfafot	כְּפָפוֹת (נ"ר)
wanten (mv.)	kfafot	כְּפָפוֹת (נ"ר)
sjaal (fleece ~)	tsa'if	צָעִיף (ז)

bril (de)	mifka'fayim	מִשְׁקָפַיִם (ז"ר)
brilmontuur (het)	mis'geret	מִסְגֶּרֶת (נ)
paraplu (de)	mitriya	מִטְרִייָה (נ)
wandelstok (de)	makel haliχa	מַקֵּל הֲלִיכָה (ז)
haarborstel (de)	miv'refet se'ar	מִבְרֶשֶׁת שֵׂעָר (נ)
waaier (de)	menifa	מְנִיפָה (נ)

das (de)	aniva	עֲנִיבָה (נ)
strikje (het)	anivat parpar	עֲנִיבַת פַּרְפַּר (נ)
bretels (mv.)	ktefiyot	כְּתֵפִיּוֹת (נ"ר)
zakdoek (de)	mimχata	מִמְחָטָה (נ)

| kam (de) | masrek | מַסְרֵק (ז) |
| haarspeldje (het) | sikat rof | סִיכַּת רֹאשׁ (נ) |

schuifspeldje (het)	sikat se'ar	סִיכַּת שֵׂעָר (נ)
gesp (de)	avzam	אַבְזָם (ז)

broekriem (de)	χagora	חֲגוֹרָה (נ)
draagriem (de)	retsu'at katef	רְצוּעַת כָּתֵף (נ)

handtas (de)	tik	תִּיק (ז)
damestas (de)	tik	תִּיק (ז)
rugzak (de)	tarmil	תַּרְמִיל (ז)

40. Kleding. Diversen

mode (de)	ofna	אוֹפְנָה (נ)
de mode (bn)	ofnati	אוֹפְנָתִי
kledingstilist (de)	me'atsev ofna	מְעַצֵּב אוֹפְנָה (ז)

kraag (de)	tsavaron	צַוָּוארוֹן (ז)
zak (de)	kis	כִּיס (ז)
zak- (abn)	ʃel kis	שֶׁל כִּיס
mouw (de)	ʃarvul	שַׁרְווּל (ז)
lusje (het)	mitle	מִתְלֶה (ז)
gulp (de)	χanut	חֲנוּת (נ)

rits (de)	roχsan	רוֹכְסָן (ז)
sluiting (de)	'keres	קֶרֶס (ז)
knoop (de)	kaftor	כַּפְתּוֹר (ז)
knoopsgat (het)	lula'a	לוּלָאָה (נ)
losraken (bijv. knopen)	lehitaleʃ	לְהִיתָּלֵשׁ

naaien (kleren, enz.)	litpor	לִתְפּוֹר
borduren (ww)	lirkom	לִרְקוֹם
borduursel (het)	rikma	רִקְמָה (נ)
naald (de)	'maχat tfira	מַחַט תְּפִירָה (נ)
draad (de)	χut	חוּט (ז)
naad (de)	'tefer	תֶּפֶר (ז)

vies worden (ww)	lehitlaχleχ	לְהִתְלַכְלֵךְ
vlek (de)	'ketem	כֶּתֶם (ז)
gekreukt raken (ov. kleren)	lehitkamet	לְהִתְקַמֵּט
scheuren (ov.ww.)	lik'ro'a	לִקְרוֹעַ
mot (de)	aʃ	עָשׁ (ז)

41. Persoonlijke verzorging. Schoonheidsmiddelen

tandpasta (de)	miʃχat ʃi'nayim	מִשְׁחַת שִׁינַּיִם (נ)
tandenborstel (de)	miv'reʃet ʃi'nayim	מִבְרֶשֶׁת שִׁינַּיִם (נ)
tanden poetsen (ww)	letsaχ'tseaχ ʃi'nayim	לְצַחְצֵחַ שִׁינַּיִם

scheermes (het)	'ta'ar	תַּעַר (ז)
scheerschuim (het)	'ketsef gi'luaχ	קֶצֶף גִּילּוּחַ (ז)
zich scheren (ww)	lehitga'leaχ	לְהִתְגַּלֵּחַ
zeep (de)	sabon	סַבּוֹן (ז)

shampoo (de)	ʃampu	שַׁמְפּוּ (ז)
schaar (de)	mispa'rayim	מִסְפָּרַיִים (ז״ר)
nagelvijl (de)	pʦira	פְּצִירָה (נ)
nagelknipper (de)	gozez tsipor'nayim	גּוֹזֵז צִיפּוֹרְנַיִים (ז)
pincet (het)	pin'ʦeta	פִּינְצֶטָה (נ)

cosmetica (de)	tamrukim	תַמְרוּקִים (ז״ר)
masker (het)	maseχa	מַסֵכָה (נ)
manicure (de)	manikur	מָנִיקוּר (ז)
manicure doen	la'asot manikur	לַעֲשׂוֹת מָנִיקוּר
pedicure (de)	pedikur	פֵּדִיקוּר (ז)

cosmetica tasje (het)	tik ipur	תִיק אִיפּוּר (ז)
poeder (de/het)	'pudra	פּוּדְרָה (נ)
poederdoos (de)	pudriya	פּוּדְרִיָּה (נ)
rouge (de)	'somek	סוֹמֶק (ז)

parfum (de/het)	'bosem	בּוֹשֶׂם (ז)
eau de toilet (de)	mei 'bosem	מֵי בּוֹשֶׂם (ז״ר)
lotion (de)	mei panim	מֵי פָּנִים (ז״ר)
eau de cologne (de)	mei 'bosem	מֵי בּוֹשֶׂם (ז״ר)

oogschaduw (de)	ʦlalit	צְלָלִית (נ)
oogpotlood (het)	ai 'lainer	אַי לַיינֶר (ז)
mascara (de)	'maskara	מַסְקָרָה (נ)

lippenstift (de)	sfaton	שְׂפָתוֹן (ז)
nagellak (de)	'laka leʦipor'nayim	לַכָּה לְצִיפּוֹרְנַיִים (נ)
haarlak (de)	tarsis lese'ar	תַרְסִיס לְשֵׂיעָר (ז)
deodorant (de)	de'odo'rant	דֵאוֹדוֹרַנְט (ז)

crème (de)	krem	קְרֶם (ז)
gezichtscrème (de)	krem panim	קְרֶם פָּנִים (ז)
handcrème (de)	krem ya'dayim	קְרֶם יָדַיִים (ז)
antirimpelcrème (de)	krem 'neged kmatim	קְרֶם נֶגֶד קְמָטִים (ז)
dagcrème (de)	krem yom	קְרֶם יוֹם (ז)
nachtcrème (de)	krem 'laila	קְרֶם לַיְלָה (ז)
dag- (abn)	yomi	יוֹמִי
nacht- (abn)	leili	לֵילִי

tampon (de)	tampon	טַמְפּוֹן (ז)
toiletpapier (het)	neyar tu'alet	נְיַיר טוּאָלֶט (ז)
föhn (de)	meyabeʃ se'ar	מְיַיבֵּשׁ שֵׂיעָר (ז)

42. Juwelen

sieraden (mv.)	taχʃitim	תַכְשִׁיטִים (ז״ר)
edel (bijv. ~ stenen)	yekar 'ereχ	יְקַר עֵרֶךְ
keurmerk (het)	tav ʦorfim, bχina	תַו צוֹרְפִים (ז), בְּחִינָה (נ)

ring (de)	ta'ba'at	טַבַּעַת (נ)
trouwring (de)	ta'ba'at nisu'in	טַבַּעַת נִישׂוּאִין (נ)
armband (de)	ʦamid	צָמִיד (ז)
oorringen (mv.)	agilim	עֲגִילִים (ז״ר)

halssnoer (het)	maχ'rozet	מַחֲרוֹזֶת (נ)
kroon (de)	'keter	כֶּתֶר (ז)
kralen snoer (het)	maχ'rozet	מַחֲרוֹזֶת (נ)

diamant (de)	yahalom	יַהֲלוֹם (ז)
smaragd (de)	ba'reket	בָּרֶקֶת (נ)
robijn (de)	'odem	אֹדֶם (ז)
saffier (de)	sapir	סַפִּיר (ז)
parel (de)	pnina	פְּנִינָה (נ)
barnsteen (de)	inbar	עִנְבָּר (ז)

43. Horloges. Klokken

polshorloge (het)	ʃe'on yad	שְׁעוֹן יָד (ז)
wijzerplaat (de)	'luaχ ʃa'on	לוּחַ שָׁעוֹן (ז)
wijzer (de)	maχog	מָחוֹג (ז)
metalen horlogeband (de)	tsamid	צָמִיד (ז)
horlogebandje (het)	retsu'a leʃa'on	רְצוּעָה לְשָׁעוֹן (נ)

batterij (de)	solela	סוֹלְלָה (נ)
leeg zijn (ww)	lehitroken	לְהִתְרוֹקֵן
batterij vervangen	lehaχlif	לְהַחֲלִיף
voorlopen (ww)	lemaher	לְמַהֵר
achterlopen (ww)	lefager	לְפַגֵּר

wandklok (de)	ʃe'on kir	שְׁעוֹן קִיר (ז)
zandloper (de)	ʃe'on χol	שְׁעוֹן חוֹל (ז)
zonnewijzer (de)	ʃe'on 'ʃemeʃ	שְׁעוֹן שֶׁמֶשׁ (ז)
wekker (de)	ʃa'on me'orer	שְׁעוֹן מְעוֹרֵר (ז)
horlogemaker (de)	ʃa'an	שְׁעָן (ז)
repareren (ww)	letaken	לְתַקֵּן

Voedsel. Voeding

44. Voedsel

vlees (het)	basar	בָּשָׂר (ז)
kip (de)	of	עוֹף (ז)
kuiken (het)	pargit	פַּרְגִית (נ)
eend (de)	barvaz	בַּרְוָז (ז)
gans (de)	avaz	אַוָּז (ז)
wild (het)	'tsayid	צַיִד (ז)
kalkoen (de)	'hodu	הוֹדוּ (ז)
varkensvlees (het)	basar xazir	בָּשָׂר חֲזִיר (ז)
kalfsvlees (het)	basar 'egel	בָּשָׂר עֵגֶל (ז)
schapenvlees (het)	basar 'keves	בָּשָׂר כֶּבֶשׂ (ז)
rundvlees (het)	bakar	בָּקָר (ז)
konijnenvlees (het)	arnav	אַרְנָב (ז)
worst (de)	naknik	נַקְנִיק (ז)
saucijs (de)	naknikiya	נַקְנִיקִיָּה (נ)
spek (het)	'kotel xazir	קוֹתֶל חֲזִיר (ז)
ham (de)	basar xazir me'uʃan	בָּשָׂר חֲזִיר מְעוּשָׁן (ז)
gerookte achterham (de)	'kotel xazir me'uʃan	קוֹתֶל חֲזִיר מְעוּשָׁן (ז)
paté, pastei (de)	pate	פָּטֶה (ז)
lever (de)	kaved	כָּבֵד (ז)
gehakt (het)	basar taxun	בָּשָׂר טָחוּן (ז)
tong (de)	laʃon	לָשׁוֹן (נ)
ei (het)	beitsa	בֵּיצָה (נ)
eieren (mv.)	beitsim	בֵּיצִים (נ"ר)
eiwit (het)	xelbon	חֶלְבּוֹן (ז)
eigeel (het)	xelmon	חֶלְמוֹן (ז)
vis (de)	dag	דָּג (ז)
zeevruchten (mv.)	perot yam	פֵּירוֹת יָם (ז"ר)
schaaldieren (mv.)	sartana'im	סַרְטָנָאִים (ז"ר)
kaviaar (de)	kavyar	קַוְויָאר (ז)
krab (de)	sartan yam	סַרְטָן יָם (ז)
garnaal (de)	ʃrimps	שְׁרִימְפְּס (ז"ר)
oester (de)	tsidpat ma'axal	צִדְפַּת מַאֲכָל (נ)
langoest (de)	'lobster kotsani	לוֹבְּסְטֶר קוֹצָנִי (ז)
octopus (de)	tamnun	תַּמְנוּן (ז)
inktvis (de)	kala'mari	קָלָמָארִי (ז)
steur (de)	basar haxidkan	בָּשָׂר הֶחַדְקָן (ז)
zalm (de)	'salmon	סַלְמוֹן (ז)
heilbot (de)	putit	פּוּטִית (נ)
kabeljauw (de)	ʃibut	שִׁיבּוֹט (ז)

makreel (de)	kolyas	קוֹלְיַס (ז)
tonijn (de)	'tuna	טוּנָה (נ)
paling (de)	tslofaχ	צְלוֹפָח (ז)

forel (de)	forel	פּוֹרֵל (ז)
sardine (de)	sardin	סַרְדִין (ז)
snoek (de)	ze'ev 'mayim	זְאֵב מַיִם (ז)
haring (de)	ma'liaχ	מָלִיחַ (ז)

brood (het)	'leχem	לֶחֶם (ז)
kaas (de)	gvina	גְבִינָה (נ)
suiker (de)	sukar	סוּכָּר (ז)
zout (het)	'melaχ	מֶלַח (ז)

rijst (de)	'orez	אוֹרֶז (ז)
pasta (de)	'pasta	פַּסְטָה (נ)
noedels (mv.)	irtiyot	אִטְרִיוֹת (נ״ר)

boter (de)	χem'a	חֶמְאָה (נ)
plantaardige olie (de)	'femen tsimχi	שֶׁמֶן צִמְחִי (ז)
zonnebloemolie (de)	'femen χamaniyot	שֶׁמֶן חַמָנִיוֹת (ז)
margarine (de)	marga'rina	מַרְגָרִינָה (נ)

| olijven (mv.) | zeitim | זֵיתִים (ז״ר) |
| olijfolie (de) | 'femen 'zayit | שֶׁמֶן זַיִת (ז) |

melk (de)	χalav	חָלָב (ז)
gecondenseerde melk (de)	χalav merukaz	חָלָב מְרוּכָּז (ז)
yoghurt (de)	'yogurt	יוֹגוּרְט (ז)
zure room (de)	fa'menet	שַׁמֶנֶת (נ)
room (de)	fa'menet	שַׁמֶנֶת (נ)

| mayonaise (de) | mayonez | מָיוֹנֵז (ז) |
| crème (de) | ka'tsefet χem'a | קַצֶפֶת חֶמְאָה (נ) |

graan (het)	grisim	גְרִיסִים (ז״ר)
meel (het), bloem (de)	'kemaχ	קֶמַח (ז)
conserven (mv.)	fimurim	שִׁימוּרִים (ז״ר)

maïsvlokken (mv.)	ptitei 'tiras	פְּתִיתֵי תִירָס (ז״ר)
honing (de)	dvaf	דְבַשׁ (ז)
jam (de)	riba	רִיבָּה (נ)
kauwgom (de)	'mastik	מַסְטִיק (ז)

45. Drankjes

water (het)	'mayim	מַיִם (ז״ר)
drinkwater (het)	mei ftiya	מֵי שְׁתִיָה (ז״ר)
mineraalwater (het)	'mayim mine'raliyim	מַיִם מִינֶרָלְיִים (ז״ר)

zonder gas	lo mugaz	לֹא מוּגָז
koolzuurhoudend (bn)	mugaz	מוּגָז
bruisend (bn)	mugaz	מוּגָז
IJs (het)	'keraχ	קֶרַח (ז)

met ijs	im 'keraҳ	עִם קֶרַח
alcohol vrij (bn)	natul alkohol	נָטוּל אַלְכּוֹהוֹל
alcohol vrije drank (de)	maʃke kal	מַשְׁקֶה קַל (ז)
frisdrank (de)	maʃke mera'anen	מַשְׁקֶה מְרַעֲנֵן (ז)
limonade (de)	limo'nada	לִימוֹנָדָה (נ)

alcoholische dranken (mv.)	maʃka'ot ҳarifim	מַשְׁקָאוֹת חֲרִיפִים (ז״ר)
wijn (de)	'yayin	יַיִן (ז)
witte wijn (de)	'yayin lavan	יַיִן לָבָן (ז)
rode wijn (de)	'yayin adom	יַיִן אָדוֹם (ז)

likeur (de)	liker	לִיקֶר (ז)
champagne (de)	ʃam'panya	שַׁמְפַּנְיָה (נ)
vermout (de)	'vermut	וֶרְמוּט (ז)

whisky (de)	'viski	וִיסְקִי (ז)
wodka (de)	'vodka	וֹדְקָה (נ)
gin (de)	dʒin	ג׳ִין (ז)
cognac (de)	'konyak	קוֹנְיָאק (ז)
rum (de)	rom	רוֹם (ז)

koffie (de)	kafe	קָפֶה (ז)
zwarte koffie (de)	kafe ʃaҳor	קָפֶה שָׁחוֹר (ז)
koffie (de) met melk	kafe hafuҳ	קָפֶה הָפוּךְ (ז)
cappuccino (de)	kapu'tʃino	קָפוּצ׳ִינוֹ (ז)
oploskoffie (de)	kafe names	קָפֶה נָמֵס (ז)

melk (de)	ҳalav	חָלָב (ז)
cocktail (de)	kokteil	קוֹקְטֵיל (ז)
milkshake (de)	'milkʃeik	מִילְקְשֵׁייק (ז)

sap (het)	mits	מִיץ (ז)
tomatensap (het)	mits agvaniyot	מִיץ עַגְבָנִיּוֹת (ז)
sinaasappelsap (het)	mits tapuzim	מִיץ תַּפּוּזִים (ז)
vers geperst sap (het)	mits saҳut	מִיץ סָחוּט (ז)

bier (het)	'bira	בִּירָה (נ)
licht bier (het)	'bira bahira	בִּירָה בָּהִירָה (נ)
donker bier (het)	'bira keha	בִּירָה כֵּהָה (נ)

thee (de)	te	תֶּה (ז)
zwarte thee (de)	te ʃaҳor	תֶּה שָׁחוֹר (ז)
groene thee (de)	te yarok	תֶּה יָרוֹק (ז)

46. Groenten

| groenten (mv.) | yerakot | יְרָקוֹת (ז״ר) |
| verse kruiden (mv.) | 'yerek | יֶרֶק (ז) |

tomaat (de)	agvaniya	עַגְבָנִיָּה (נ)
augurk (de)	melafefon	מְלָפְפוֹן (ז)
wortel (de)	'gezer	גֶּזֶר (ז)
aardappel (de)	ta'puaҳ adama	תַּפּוּחַ אֲדָמָה (ז)
ui (de)	batsal	בָּצָל (ז)

knoflook (de)	ʃum	שׁוּם (ז)
kool (de)	kruv	כְּרוּב (ז)
bloemkool (de)	kruvit	כְּרוּבִית (נ)
spruitkool (de)	kruv nitsanim	כְּרוּב נִצָּנִים (ז)
broccoli (de)	'brokoli	בְּרוֹקוֹלִי (ז)

rode biet (de)	'selek	סֶלֶק (ז)
aubergine (de)	χatsil	חָצִיל (ז)
courgette (de)	kiʃu	קִישׁוּא (ז)
pompoen (de)	'dla'at	דְּלַעַת (נ)
raap (de)	'lefet	לֶפֶת (נ)

peterselie (de)	petro'zilya	פֶּטְרוֹזִילְיָה (נ)
dille (de)	ʃamir	שָׁמִיר (ז)
sla (de)	'χasa	חַסָּה (נ)
selderij (de)	'seleri	סֶלֶרִי (ז)
asperge (de)	aspa'ragos	אַסְפָּרָגוֹס (ז)
spinazie (de)	'tered	תֶּרֶד (ז)

erwt (de)	afuna	אֲפוּנָה (נ)
bonen (mv.)	pol	פּוֹל (ז)
maïs (de)	'tiras	תִּירָס (ז)
boon (de)	ʃu'it	שְׁעוּעִית (נ)

peper (de)	'pilpel	פִּלְפֵּל (ז)
radijs (de)	tsnonit	צְנוֹנִית (נ)
artisjok (de)	artiʃok	אַרְטִישׁוֹק (ז)

47. Vruchten. Noten

vrucht (de)	pri	פְּרִי (ז)
appel (de)	ta'puaχ	תַּפּוּחַ (ז)
peer (de)	agas	אַגָּס (ז)
citroen (de)	limon	לִימוֹן (ז)
sinaasappel (de)	tapuz	תַּפּוּז (ז)
aardbei (de)	tut sade	תּוּת שָׂדֶה (ז)

mandarijn (de)	klemen'tina	קְלֶמֶנְטִינָה (נ)
pruim (de)	ʃezif	שְׁזִיף (ז)
perzik (de)	afarsek	אֲפַרְסֵק (ז)
abrikoos (de)	'miʃmeʃ	מִשְׁמֵשׁ (ז)
framboos (de)	'petel	פֶּטֶל (ז)
ananas (de)	'ananas	אֲנָנָס (ז)

banaan (de)	ba'nana	בָּנָנָה (נ)
watermeloen (de)	ava'tiaχ	אֲבַטִּיחַ (ז)
druif (de)	anavim	עֲנָבִים (ז"ר)
zure kers (de)	duvdevan	דּוּבְדְּבָן (ז)
zoete kers (de)	gudgedan	גּוּדְגְּדָן (ז)
meloen (de)	melon	מֶלוֹן (ז)

grapefruit (de)	eʃkolit	אֶשְׁכּוֹלִית (נ)
avocado (de)	avo'kado	אָבוֹקָדוֹ (ז)
papaja (de)	pa'paya	פַּפָּאיָה (נ)

| mango (de) | 'mango | מַנְגּוֹ (ז) |
| granaatappel (de) | rimon | רִימוֹן (ז) |

rode bes (de)	dumdemanit aduma	דּוּמְדְּמָנִית אֲדוּמָה (נ)
zwarte bes (de)	dumdemanit ʃχora	דּוּמְדְּמָנִית שְׁחוֹרָה (נ)
kruisbes (de)	χazarzar	חֲזַרְזַר (ז)
bosbes (de)	uχmanit	אוּכְמָנִית (נ)
braambes (de)	'petel ʃaχor	פֶּטֶל שָׁחוֹר (ז)

rozijn (de)	tsimukim	צִימוּקִים (ז״ר)
vijg (de)	te'ena	תְּאֵנָה (נ)
dadel (de)	tamar	תָּמָר (ז)

pinda (de)	botnim	בּוֹטְנִים (ז״ר)
amandel (de)	ʃaked	שָׁקֵד (ז)
walnoot (de)	egoz 'meleχ	אֱגוֹז מֶלֶךְ (ז)
hazelnoot (de)	egoz ilsar	אֱגוֹז אִלְסָר (ז)
kokosnoot (de)	'kokus	קוֹקוּס (ז)
pistaches (mv.)	'fistuk	פִיסְטוּק (ז)

48. Brood. Snoep

suikerbakkerij (de)	mutsrei kondi'torya	מוֹצְרֵי קוֹנְדִיטוֹרְיָה (ז״ר)
brood (het)	'leχem	לֶחֶם (ז)
koekje (het)	ugiya	עוּגִיָּה (נ)

chocolade (de)	'ʃokolad	שׁוֹקוֹלָד (ז)
chocolade- (abn)	mi'ʃokolad	מְשׁוֹקוֹלָד
snoepje (het)	sukariya	סוּכָּרִיָּה (נ)
cakeje (het)	uga	עוּגָה (נ)
taart (bijv. verjaardags~)	uga	עוּגָה (נ)

| pastei (de) | pai | פַּאי (ז) |
| vulling (de) | milui | מִילּוּי (ז) |

confituur (de)	riba	רִיבָּה (נ)
marmelade (de)	marme'lada	מַרְמֶלָדָה (נ)
wafel (de)	'vaflim	וָפְלִים (ז״ר)
IJsje (het)	'glida	גְלִידָה (נ)
pudding (de)	'puding	פוּדִינְג (ז)

49. Bereide gerechten

gerecht (het)	mana	מָנָה (נ)
keuken (bijv. Franse ~)	mitbaχ	מִטְבָּח (ז)
recept (het)	matkon	מַתְכּוֹן (ז)
portie (de)	mana	מָנָה (נ)

salade (de)	salat	סָלָט (ז)
soep (de)	marak	מָרָק (ז)
bouillon (de)	marak tsaχ, tsir	מָרָק צַח, צִיר (ז)
boterham (de)	kariχ	כָּרִיךְ (ז)

spiegelei (het)	beitsat ain	בֵּיצַת עַיִן (נ)
hamburger (de)	'hamburger	הַמְבּוּרְגֶּר (ז)
biefstuk (de)	umtsa, steik	אוּמְצָה (נ), סְטֵייק (ז)

garnering (de)	to'sefet	תּוֹסֶפֶת (נ)
spaghetti (de)	spa'geti	סְפַּגֶטִי (ז)
aardappelpuree (de)	meχit tapuχei adama	מְחִית תַּפּוּחֵי אֲדָמָה (נ)
pizza (de)	'pitsa	פִּיצָה (נ)
pap (de)	daysa	דַּייְסָה (נ)
omelet (de)	χavita	חֲבִיתָה (נ)

gekookt (in water)	mevuʃal	מְבוּשָל
gerookt (bn)	me'uʃan	מְעוּשָן
gebakken (bn)	metugan	מְטוּגָּן
gedroogd (bn)	meyubaʃ	מְיוּבָּש
diepvries (bn)	kafu	קָפוּא
gemarineerd (bn)	kavuʃ	כָּבוּש

zoet (bn)	matok	מָתוֹק
gezouten (bn)	ma'luaχ	מָלוּחַ
koud (bn)	kar	קַר
heet (bn)	χam	חַם
bitter (bn)	marir	מָרִיר
lekker (bn)	ta'im	טָעִים

koken (in kokend water)	levaʃel be'mayim rotχim	לְבַשֵל בְּמַיִם רוֹתְחִים
bereiden (avondmaaltijd ~)	levaʃel	לְבַשֵל
bakken (ww)	letagen	לְטַגֵּן
opwarmen (ww)	leχamem	לְחַמֵם

zouten (ww)	leham'liaχ	לְהַמְלִיחַ
peperen (ww)	lefalpel	לְפַלְפֵּל
raspen (ww)	lerasek	לְרַסֵק
schil (de)	klipa	קְלִיפָה (נ)
schillen (ww)	lekalef	לְקַלֵף

50. Kruiden

zout (het)	'melaχ	מֶלַח (ז)
gezouten (bn)	ma'luaχ	מָלוּחַ
zouten (ww)	leham'liaχ	לְהַמְלִיחַ

zwarte peper (de)	'pilpel ʃaχor	פִּלְפֵּל שָחוֹר (ז)
rode peper (de)	'pilpel adom	פִּלְפֵּל אָדוֹם (ז)
mosterd (de)	χardal	חַרְדָּל (ז)
mierikswortel (de)	χa'zeret	חֲזֶרֶת (נ)

condiment (het)	'rotev	רוֹטֶב (ז)
specerij ,kruiderij (de)	tavlin	תַּבְלִין (ז)
saus (de)	'rotev	רוֹטֶב (ז)
azijn (de)	'χomets	חוֹמֶץ (ז)

anijs (de)	kamnon	כַּמְנוֹן (ז)
basilicum (de)	reχan	רֵיחָן (ז)

kruidnagel (de)	tsi'poren	צִיפּוֹרֶן (ז)
gember (de)	'dʒindʒer	גִ׳ינגֶ׳ר (ז)
koriander (de)	'kusbara	כּוּסבָּרָה (נ)
kaneel (de/het)	kinamon	קִינָמוֹן (ז)

sesamzaad (het)	ʃumʃum	שׁוּמשׁוּם (ז)
laurierblad (het)	ale dafna	עָלֵה דַפנָה (ז)
paprika (de)	'paprika	פַּפּרִיקָה (נ)
komijn (de)	'kimel	קִימֶל (ז)
saffraan (de)	ze'afran	זַעֲפרָן (ז)

51. Maaltijden

| eten (het) | 'oχel | אוֹכֶל (ז) |
| eten (ww) | le'eχol | לֶאֱכוֹל |

ontbijt (het)	aruχat 'boker	אֲרוּחַת בּוֹקֶר (נ)
ontbijten (ww)	le'eχol aruχat 'boker	לֶאֱכוֹל אֲרוּחַת בּוֹקֶר
lunch (de)	aruχat tsaha'rayim	אֲרוּחַת צָהֳרַיִים (נ)
lunchen (ww)	le'eχol aruχat tsaha'rayim	לֶאֱכוֹל אֲרוּחַת צָהֳרַיִים
avondeten (het)	aruχat 'erev	אֲרוּחַת עֶרֶב (נ)
souperen (ww)	le'eχol aruχat 'erev	לֶאֱכוֹל אֲרוּחַת עֶרֶב

| eetlust (de) | te'avon | תֵיאָבוֹן (ז) |
| Eet smakelijk! | betei'avon! | בְּתֵיאָבוֹן! |

openen (een fles ~)	lif'toaχ	לִפתוֹחַ
morsen (koffie, enz.)	liʃpoχ	לִשׁפּוֹךְ
zijn gemorst	lehiʃapeχ	לְהִישָׁפֵךְ

koken (water kookt bij 100°C)	lir'toaχ	לִרתוֹחַ
koken (Hoe om water te ~)	lehar'tiaχ	לְהַרתִיחַ
gekookt (~ water)	ra'tuaχ	רָתוּחַ

| afkoelen (koeler maken) | lekarer | לְקָרֵר |
| afkoelen (koeler worden) | lehitkarer | לְהִתקָרֵר |

| smaak (de) | 'ta'am | טַעַם (ז) |
| nasmaak (de) | 'ta'am levai | טַעַם לְוַאי (ז) |

volgen een dieet	lirzot	לִרזוֹת
dieet (het)	di''eta	דִיאֵטָה (נ)
vitamine (de)	vitamin	וִיטָמִין (ז)
calorie (de)	ka'lorya	קָלוֹריָה (נ)

| vegetariër (de) | tsimχoni | צִמחוֹנִי (ז) |
| vegetarisch (bn) | tsimχoni | צִמחוֹנִי |

vetten (mv.)	ʃumanim	שׁוּמָנִים (ז״ר)
eiwitten (mv.)	χelbonim	חֶלבּוֹנִים (ז״ר)
koolhydraten (mv.)	paχmema	פַּחמֵימָה (נ)
snede (de)	prusa	פּרוּסָה (נ)
stuk (bijv. een ~ taart)	χatiχa	חֲתִיכָה (נ)
kruimel (de)	perur	פֵּירוּר (ז)

52. Tafelschikking

lepel (de)	kaf	כַּף (ז)
mes (het)	sakin	סַכִּין (ז, נ)
vork (de)	mazleg	מַזְלֵג (ז)

kopje (het)	'sefel	סֵפֶל (ז)
bord (het)	tsa'laxat	צַלַחַת (נ)
schoteltje (het)	taxtit	תַּחְתִּית (נ)
servet (het)	mapit	מַפִּית (נ)
tandenstoker (de)	keisam ʃi'nayim	קֵיסָם שִׁינַּיִם (ז)

53. Restaurant

restaurant (het)	mis'ada	מִסְעָדָה (נ)
koffiehuis (het)	beit kafe	בֵּית קָפֶה (ז)
bar (de)	bar, pab	בָּר, פָּאב (ז)
tearoom (de)	beit te	בֵּית תֵּה (ז)

kelner, ober (de)	meltsar	מֶלְצָר (ז)
serveerster (de)	meltsarit	מֶלְצָרִית (נ)
barman (de)	'barmen	בַּרְמָן (ז)

menu (het)	tafrit	תַּפְרִיט (ז)
wijnkaart (de)	reʃimat yeynot	רְשִׁימַת יֵינוֹת (נ)
een tafel reserveren	lehazmin ʃulxan	לְהַזְמִין שׁוּלְחָן

gerecht (het)	mana	מָנָה (נ)
bestellen (eten ~)	lehazmin	לְהַזְמִין
een bestelling maken	lehazmin	לְהַזְמִין

aperitief (de/het)	maʃke meta'aven	מַשְׁקֶה מְתַאָבֵן (ז)
voorgerecht (het)	meta'aven	מְתַאָבֵן (ז)
dessert (het)	ki'nuax	קִינּוּחַ (ז)

rekening (de)	xeʃbon	חֶשְׁבּוֹן (ז)
de rekening betalen	leʃalem	לְשַׁלֵּם
wisselgeld teruggeven	latet 'odef	לָתֵת עוֹדֶף
fooi (de)	tip	טִיפ (ז)

Familie, verwanten en vrienden

54. Persoonlijke informatie. Formulieren

naam (de)	ʃem	שֵׁם (ז)
achternaam (de)	ʃem miʃpaχa	שֵׁם מִשְׁפָּחָה (ז)
geboortedatum (de)	ta'ariχ leda	תַּאֲרִיךְ לֵידָה (ז)
geboorteplaats (de)	mekom leda	מְקוֹם לֵידָה (ז)
nationaliteit (de)	le'om	לְאוֹם (ז)
woonplaats (de)	mekom megurim	מְקוֹם מְגוּרִים (ז)
land (het)	medina	מְדִינָה (נ)
beroep (het)	mik'tso'a	מִקְצוֹעַ (ז)
geslacht (ov. het vrouwelijk ~)	min	מִין (ז)
lengte (de)	'gova	גּוֹבַה (ז)
gewicht (het)	miʃkal	מִשְׁקָל (ז)

55. Familieleden. Verwanten

moeder (de)	em	אֵם (נ)
vader (de)	av	אָב (ז)
zoon (de)	ben	בֵּן (ז)
dochter (de)	bat	בַּת (נ)
jongste dochter (de)	habat haktana	הַבַּת הַקְּטַנָּה (נ)
jongste zoon (de)	haben hakatan	הַבֵּן הַקָּטָן (ז)
oudste dochter (de)	habat habχora	הַבַּת הַבְּכוֹרָה (נ)
oudste zoon (de)	haben habχor	הַבֵּן הַבְּכוֹר (ז)
broer (de)	aχ	אָח (ז)
oudere broer (de)	aχ gadol	אָח גָּדוֹל (ז)
jongere broer (de)	aχ katan	אָח קָטָן (ז)
zuster (de)	aχot	אָחוֹת (נ)
oudere zuster (de)	aχot gdola	אָחוֹת גְדוֹלָה (נ)
jongere zuster (de)	aχot ktana	אָחוֹת קְטַנָּה (נ)
neef (zoon van oom, tante)	ben dod	בֵּן דּוֹד (ז)
nicht (dochter van oom, tante)	bat 'doda	בַּת דּוֹדָה (נ)
mama (de)	'ima	אִמָּא (נ)
papa (de)	'aba	אַבָּא (ז)
ouders (mv.)	horim	הוֹרִים (ז"ר)
kind (het)	'yeled	יֶלֶד (ז)
kinderen (mv.)	yeladim	יְלָדִים (ז"ר)
oma (de)	'savta	סַבְתָּא (נ)
opa (de)	'saba	סַבָּא (ז)

kleinzoon (de)	'neχed	נֶכֶד (ז)
kleindochter (de)	neχda	נֶכְדָּה (נ)
kleinkinderen (mv.)	neχadim	נְכָדִים (ז"ר)

oom (de)	dod	דּוֹד (ז)
tante (de)	'doda	דּוֹדָה (נ)
neef (zoon van broer, zus)	aχyan	אַחְיָן (ז)
nicht (dochter van broer, zus)	aχyanit	אַחְיָנִית (נ)

schoonmoeder (de)	χamot	חָמוֹת (נ)
schoonvader (de)	χam	חָם (ז)
schoonzoon (de)	χatan	חָתָן (ז)
stiefmoeder (de)	em χoreget	אֵם חוֹרֶגֶת (נ)
stiefvader (de)	av χoreg	אָב חוֹרֵג (ז)

zuigeling (de)	tinok	תִּינוֹק (ז)
wiegenkind (het)	tinok	תִּינוֹק (ז)
kleuter (de)	pa'ot	פָּעוֹט (ז)

vrouw (de)	iʃa	אִשָּׁה (נ)
man (de)	'ba'al	בַּעַל (ז)
echtgenoot (de)	ben zug	בֶּן זוּג (ז)
echtgenote (de)	bat zug	בַּת זוּג (נ)

gehuwd (mann.)	nasui	נָשׂוּי
gehuwd (vrouw.)	nesu'a	נְשׂוּאָה
ongehuwd (mann.)	ravak	רַוָּק
vrijgezel (de)	ravak	רַוָּק (ז)
gescheiden (bn)	garuʃ	גָּרוּשׁ
weduwe (de)	almana	אַלְמָנָה (נ)
weduwnaar (de)	alman	אַלְמָן (ז)

familielid (het)	karov miʃpaχa	קָרוֹב מִשְׁפָּחָה (ז)
dichte familielid (het)	karov miʃpaχa	קָרוֹב מִשְׁפָּחָה (ז)
verre familielid (het)	karov raχok	קָרוֹב רָחוֹק (ז)
familieleden (mv.)	krovei miʃpaχa	קְרוֹבֵי מִשְׁפָּחָה (ז"ר)

wees (de), weeskind (het)	yatom	יָתוֹם (ז)
wees (weesjongen)	yatom	יָתוֹם (ז)
wees (weesmeisje)	yetoma	יְתוֹמָה (נ)
voogd (de)	apo'tropos	אַפּוֹטְרוֹפּוֹס (ז)
adopteren (een jongen te ~)	le'amets	לְאַמֵּץ

56. Vrienden. Collega's

vriend (de)	χaver	חָבֵר (ז)
vriendin (de)	χavera	חֲבֵרָה (נ)
vriendschap (de)	yedidut	יְדִידוּת (נ)
bevriend zijn (ww)	lihyot yadidim	לִהְיוֹת יָדִידִים

makker (de)	χaver	חָבֵר (ז)
vriendin (de)	χavera	חֲבֵרָה (נ)
partner (de)	ʃutaf	שׁוּתָף (ז)
chef (de)	menahel, roʃ	מְנַהֵל (ז), רֹאשׁ (ז)

baas (de)	memune	מְמוּנָה (ז)
eigenaar (de)	be'alim	בְּעָלִים (ז)
ondergeschikte (de)	kafuf le	כָּפוּף ל (ז)
collega (de)	amit	עָמִית (ז)

kennis (de)	makar	מַכָּר (ז)
medereiziger (de)	ben levaya	בֶּן לְוָיָה (ז)
klasgenoot (de)	xaver lekita	חָבֵר לְכִּיתָה (ז)

buurman (de)	ʃaxen	שָׁכֵן (ז)
buurvrouw (de)	ʃxena	שְׁכֵנָה (נ)
buren (mv.)	ʃxenim	שְׁכֵנִים (ז"ר)

57. Man. Vrouw

vrouw (de)	iʃa	אִשָּׁה (נ)
meisje (het)	baxura	בַּחוּרָה (נ)
bruid (de)	kala	כַּלָּה (נ)

mooi(e) (vrouw, meisje)	yafa	יָפָה
groot, grote (vrouw, meisje)	gvoha	גְבוֹהָה
slank(e) (vrouw, meisje)	tmira	תְּמִירָה
korte, kleine (vrouw, meisje)	namux	נָמוּךְ

| blondine (de) | blon'dinit | בְּלוֹנְדִינִית (נ) |
| brunette (de) | bru'netit | בְּרוּנֶטִית (נ) |

dames- (abn)	ʃel naʃim	שֶׁל נָשִׁים
maagd (de)	betula	בְּתוּלָה (נ)
zwanger (bn)	hara	הָרָה

man (de)	'gever	גֶּבֶר (ז)
blonde man (de)	blon'dini	בְּלוֹנְדִינִי (ז)
bruinharige man (de)	ʃxarxar	שְׁחַרְחַר
groot (bn)	ga'voha	גָבוֹהַ
klein (bn)	namux	נָמוּךְ

onbeleefd (bn)	gas	גַס
gedrongen (bn)	guʦ	גוּץ
robuust (bn)	xason	חָסוֹן
sterk (bn)	xazak	חָזָק
sterkte (de)	'koax	כּוֹחַ (ז)

mollig (bn)	ʃamen	שָׁמֵן
getaand (bn)	ʃaxum	שָׁחוּם
slank (bn)	tamir	תָּמִיר
elegant (bn)	ele'ganti	אֶלֶגַנְטִי

58. Leeftijd

| leeftijd (de) | gil | גִּיל (ז) |
| jeugd (de) | ne'urim | נְעוּרִים (ז"ר) |

jong (bn)	tsa'ir	צָעִיר
jonger (bn)	tsa'ir yoter	צָעִיר יוֹתֵר
ouder (bn)	mevugar yoter	מְבוּגָּר יוֹתֵר

jongen (de)	baχur	בָּחוּר (ז)
tiener, adolescent (de)	'na'ar	נַעַר (ז)
kerel (de)	baχur	בָּחוּר (ז)

| oude man (de) | zaken | זָקֵן (ז) |
| oude vrouw (de) | zkena | זְקֵנָה (נ) |

volwassen (bn)	mevugar	מְבוּגָּר (ז)
van middelbare leeftijd (bn)	bagil ha'amida	בְּגִיל הָעֲמִידָה
bejaard (bn)	zaken	זָקֵן
oud (bn)	zaken	זָקֵן

pensioen (het)	'pensya	פֶּנְסִיָה (נ)
met pensioen gaan	latset legimla'ot	לָצֵאת לְגִימְלָאוֹת
gepensioneerde (de)	pensyoner	פֶּנְסִיוֹנֶר (ז)

59. Kinderen

kind (het)	'yeled	יֶלֶד (ז)
kinderen (mv.)	yeladim	יְלָדִים (ז"ר)
tweeling (de)	te'omim	תְּאוֹמִים (ז"ר)

wieg (de)	arisa	עֲרִיסָה (נ)
rammelaar (de)	ra'aʃan	רַעֲשָׁן (ז)
luier (de)	χitul	חִיתוּל (ז)

speen (de)	motsets	מוֹצֵץ (ז)
kinderwagen (de)	agala	עֲגָלָה (נ)
kleuterschool (de)	gan yeladim	גַּן יְלָדִים (ז)
babysitter (de)	beibi'siter	בֵּיבִּיסִיטֶר (ז, נ)

kindertijd (de)	yaldut	יַלְדוּת (נ)
pop (de)	buba	בּוּבָּה (נ)
speelgoed (het)	tsa'a'tsu'a	צַעֲצוּעַ (ז)
bouwspeelgoed (het)	misχak harkava	מִשְׂחַק הַרְכָּבָה (ז)
welopgevoed (bn)	meχunaχ	מְחוּנָּךְ
onopgevoed (bn)	lo meχunaχ	לֹא מְחוּנָּךְ
verwend (bn)	mefunak	מְפוּנָּק

stout zijn (ww)	lehiʃtovev	לְהִשְׁתּוֹבֵב
stout (bn)	ʃovav	שׁוֹבָב
stoutheid (de)	ma'ase 'kundes	מַעֲשֵׂה קוּנְדֵס (ז)
stouterd (de)	'yeled ʃovav	יֶלֶד שׁוֹבָב (ז)

| gehoorzaam (bn) | tsaytan | צַיְּתָן |
| ongehoorzaam (bn) | lo memuʃma | לֹא מְמוּשְׁמָע |

braaf (bn)	ka'nu'a	כָּנוּעַ
slim (verstandig)	χaχam	חָכָם
wonderkind (het)	'yeled 'pele	יֶלֶד פֶּלֶא (ז)

60. Gehuwde paren. Gezinsleven

kussen (een kus geven)	lenaʃek	לְנַשֵׁק
elkaar kussen (ww)	lehitnaʃek	לְהִתְנַשֵּׁק
gezin (het)	miʃpaχa	מִשְׁפָּחָה (נ)
gezins- (abn)	miʃpaχti	מִשְׁפַּחְתִּי
paar (het)	zug	זוּג (ז)
huwelijk (het)	nisu'im	נִישׂוּאִים (ז"ר)
thuis (het)	aχ, ken	אָח (נ), קֵן (ז)
dynastie (de)	ʃo'ʃelet	שׁוֹשֶׁלֶת (נ)

date (de)	deit	דֵּייט (ז)
zoen (de)	neʃika	נְשִׁיקָה (נ)

liefde (de)	ahava	אַהֲבָה (נ)
liefhebben (ww)	le'ehov	לֶאֱהוֹב
geliefde (bn)	ahuv	אָהוּב

tederheid (de)	roχ	רוֹךְ (ז)
teder (bn)	adin, raχ	עָדִין, רַךְ
trouw (de)	ne'emanut	נֶאֱמָנוּת (נ)
trouw (bn)	masur	מָסוּר
zorg (bijv. bejaarden~)	de'aga	דְּאָגָה (נ)
zorgzaam (bn)	do'eg	דּוֹאֵג

jonggehuwden (mv.)	zug tsa'ir	זוּג צָעִיר (ז)
wittebroodsweken (mv.)	ya'reaχ dvaʃ	יָרַח דְּבַשׁ (ז)
trouwen (vrouw)	lehitχaten	לְהִתְחַתֵּן
trouwen (man)	lehitχaten	לְהִתְחַתֵּן

bruiloft (de)	χatuna	חֲתוּנָה (נ)
gouden bruiloft (de)	χatunat hazahav	חֲתוּנַת הַזָּהָב (נ)
verjaardag (de)	yom nisu'in	יוֹם נִישׂוּאִין (ז)

minnaar (de)	me'ahev	מְאַהֵב (ז)
minnares (de)	mea'hevet	מְאַהֶבֶת (נ)

overspel (het)	bgida	בְּגִידָה (נ)
overspel plegen (ww)	livgod be...	לִבְגּוֹד בְּ...
jaloers (bn)	kanai	קַנַּאי
jaloers zijn (echtgenoot, enz.)	lekane	לְקַנֵּא
echtscheiding (de)	geruʃin	גֵּרוּשִׁין (ז"ר)
scheiden (ww)	lehitgareʃ mi...	לְהִתְגָּרֵשׁ מ...

ruzie hebben (ww)	lariv	לָרִיב
vrede sluiten (ww)	lehitpayes	לְהִתְפַּיֵּיס
samen (bw)	be'yaχad	בְּיַחַד
seks (de)	min	מִין (ז)

geluk (het)	'oʃer	אוֹשֶׁר (ז)
gelukkig (bn)	me'uʃar	מְאוּשָׁר
ongeluk (het)	ason	אָסוֹן (ז)
ongelukkig (bn)	umlal	אוּמְלָל

Karakter. Gevoelens. Emoties

61. Gevoelens. Emoties

Nederlands	Transcriptie	עברית
gevoel (het)	'regeʃ	רֶגֶשׁ (ז)
gevoelens (mv.)	regaʃot	רְגָשׁוֹת (ז״ר)
voelen (ww)	lehargiʃ	לְהַרְגִּישׁ
honger (de)	'ra'av	רָעָב (ז)
honger hebben (ww)	lihyot ra'ev	לִהְיוֹת רָעֵב
dorst (de)	tsima'on	צָמָאוֹן (ז)
dorst hebben	lihyot tsame	לִהְיוֹת צָמֵא
slaperigheid (de)	yaʃnuniyut	יַשְׁנוּנִיוּת (נ)
willen slapen	lirtsot liʃon	לִרְצוֹת לִישׁוֹן
moeheid (de)	ayefut	עֲיֵיפוּת (נ)
moe (bn)	ayef	עָיֵיף
vermoeid raken (ww)	lehit'ayef	לְהִתְעַיֵּיף
stemming (de)	matsav 'ruaχ	מַצַּב רוּחַ (ז)
verveling (de)	ʃi'amum	שִׁעֲמוּם (ז)
zich vervelen (ww)	lehiʃta'amem	לְהִשְׁתַּעֲמֵם
afzondering (de)	hitbodedut	הִתְבּוֹדְדוּת (נ)
zich afzonderen (ww)	lehitboded	לְהִתְבּוֹדֵד
bezorgd maken (ww)	lehad'ig	לְהַדְאִיג
zich bezorgd maken	lid'og	לִדְאוֹג
zorg (bijv. geld~en)	de'aga	דְּאָגָה (נ)
ongerustheid (de)	χarada	חֲרָדָה (נ)
ongerust (bn)	mutrad	מוּטְרָד
zenuwachtig zijn (ww)	lihyot atsbani	לִהְיוֹת עַצְבָּנִי
in paniek raken	lehibahel	לְהִיבָּהֵל
hoop (de)	tikva	תִּקְוָוה (נ)
hopen (ww)	lekavot	לְקַווֹת
zekerheid (de)	vada'ut	וַדָּאוּת (נ)
zeker (bn)	vada'i	וַדָּאִי
onzekerheid (de)	i vada'ut	אִי וַדָּאוּת (נ)
onzeker (bn)	lo ba'tuaχ	לֹא בָּטוּחַ
dronken (bn)	ʃikor	שִׁיכּוֹר
nuchter (bn)	pi'keaχ	פִּיקֵּחַ
zwak (bn)	χalaʃ	חַלָּשׁ
gelukkig (bn)	me'uʃar	מְאוּשָׁר
doen schrikken (ww)	lehafχid	לְהַפְחִיד
toorn (de)	teruf	טֵירוּף
woede (de)	'za'am	זַעַם (ז)
depressie (de)	dika'on	דִּיכָּאוֹן (ז)
ongemak (het)	i noχut	אִי נוֹחוּת (נ)

gemak, comfort (het)	noχut	נוֹחוּת (נ)
spijt hebben (ww)	lehitsta'er	לְהִצְטַעֵר
spijt (de)	χarata	חֲרָטָה (נ)
pech (de)	'χoser mazal	חוֹסֶר מַזָל (ז)
bedroefdheid (de)	'etsev	עֶצֶב (ז)

schaamte (de)	buʃa	בּוּשָׁה (נ)
pret (de), plezier (het)	simχa	שִׂמְחָה (נ)
enthousiasme (het)	hitlahavut	הִתְלַהֲבוּת (נ)
enthousiasteling (de)	mitlahev	מִתְלַהֵב
enthousiasme vertonen	lehitlahev	לְהִתְלַהֵב

62. Karakter. Persoonlijkheid

karakter (het)	'ofi	אוֹפִי (ז)
karakterfout (de)	pgam be''ofi	פְּגָם בָּאוֹפִי (ז)
verstand (het)	'seχel	שֵׂכֶל (ז)
rede (de)	bina	בִּינָה (נ)

geweten (het)	matspun	מַצְפּוּן (ז)
gewoonte (de)	hergel	הֶרְגֵל (ז)
bekwaamheid (de)	ye'χolet	יְכוֹלֶת (נ)
kunnen (bijv., ~ zwemmen)	la'da'at	לָדַעַת

geduldig (bn)	savlan	סַבְלָן
ongeduldig (bn)	χasar savlanut	חֲסַר סַבְלָנוּת
nieuwsgierig (bn)	sakran	סַקְרָן
nieuwsgierigheid (de)	sakranut	סַקְרָנוּת (נ)

bescheidenheid (de)	tsni'ut	צְנִיעוּת (נ)
bescheiden (bn)	tsa'nu'a	צָנוּעַ
onbescheiden (bn)	lo tsa'nu'a	לֹא צָנוּעַ

luiheid (de)	atslut	עַצְלוּת (נ)
lui (bn)	atsel	עָצֵל
luiwammes (de)	atslan	עַצְלָן (ז)

sluwheid (de)	armumiyut	עַרְמוּמִיוּת (נ)
sluw (bn)	armumi	עַרְמוּמִי
wantrouwen (het)	'χoser emun	חוֹסֶר אֱמוּן (ז)
wantrouwig (bn)	χadʃani	חַדְשָׁנִי

gulheid (de)	nedivut	נְדִיבוּת (נ)
gul (bn)	nadiv	נָדִיב
talentrijk (bn)	muχʃar	מוּכְשָׁר
talent (het)	kiʃaron	כִּישָׁרוֹן (ז)

moedig (bn)	amits	אַמִיץ
moed (de)	'omets	אוֹמֶץ (ז)
eerlijk (bn)	yaʃar	יָשָׁר
eerlijkheid (de)	'yoʃer	יוֹשֶׁר (ז)

| voorzichtig (bn) | zahir | זָהִיר |
| manhaftig (bn) | amits | אַמִיץ |

ernstig (bn)	retsini	רְצִינִי
streng (bn)	χamur	חָמוּר

resoluut (bn)	neχrats	נֶחְרָץ
onzeker, irresoluut (bn)	hasesan	הַסַּסָן
schuchter (bn)	baiʃan	בַּיְשָׁן
schuchterheid (de)	baiʃanut	בַּיְשָׁנוּת (נ)

vertrouwen (het)	emun	אֵמוּן (ז)
vertrouwen (ww)	leha'amin	לְהַאֲמִין
goedgelovig (bn)	tam	תָּם

oprecht (bw)	beχenut	בְּכֵנוּת
oprecht (bn)	ken	כֵּן
oprechtheid (de)	kenut	כֵּנוּת (נ)
open (bn)	pa'tuaχ	פָּתוּחַ

rustig (bn)	ʃalev	שָׁלֵו
openhartig (bn)	glui lev	גְּלוּי לֵב
naïef (bn)	na''ivi	נָאִיבִי
verstrooid (bn)	mefuzar	מְפֻזָּר
leuk, grappig (bn)	matsχik	מַצְחִיק

gierigheid (de)	ta'avat 'betsa	תַּאֲוַת בֶּצַע (נ)
gierig (bn)	rodef 'betsa	רוֹדֵף בֶּצַע
inhalig (bn)	kamtsan	קַמְצָן
kwaad (bn)	raʃa	רָשָׁע
koppig (bn)	akʃan	עַקְשָׁן
onaangenaam (bn)	lo na'im	לֹא נָעִים

egoïst (de)	ego'ist	אֶגוֹאִיסְט (ז)
egoïstisch (bn)	anoχi	אָנוֹכִי
lafaard (de)	paχdan	פַּחְדָן (ז)
laf (bn)	paχdani	פַּחְדָנִי

63. Slaap. Dromen

slapen (ww)	liʃon	לִישׁוֹן
slaap (in ~ vallen)	ʃena	שֵׁנָה (נ)
droom (de)	χalom	חֲלוֹם (ז)
dromen (in de slaap)	laχalom	לַחֲלוֹם
slaperig (bn)	radum	רָדוּם

bed (het)	mita	מִיטָה (נ)
matras (de)	mizran	מִזְרָן (ז)
deken (de)	smiχa	שְׂמִיכָה (נ)
kussen (het)	karit	כָּרִית (נ)
laken (het)	sadin	סָדִין (ז)

slapeloosheid (de)	nedudei ʃena	נְדוּדֵי שֵׁנָה (ז"ר)
slapeloos (bn)	χasar ʃena	חֲסַר שֵׁנָה
slaapmiddel (het)	kadur ʃena	כַּדּוּר שֵׁנָה (ז)
slaapmiddel innemen	la'kaχat kadur ʃena	לָקַחַת כַּדּוּר שֵׁנָה
willen slapen	lirtsot liʃon	לִרְצוֹת לִישׁוֹן

geeuwen (ww)	lefahek	לְפַהֵק
gaan slapen	la'leχet lifon	לָלֶכֶת לִישׁוֹן
het bed opmaken	leha'tsi'a mita	לְהַצִּיעַ מִיטָה
inslapen (ww)	leheradem	לְהֵירָדֵם

nachtmerrie (de)	siyut	סִיוּט (ז)
gesnurk (het)	neχira	נְחִירָה (נ)
snurken (ww)	linχor	לִנְחוֹר

wekker (de)	fa'on me'orer	שָׁעוֹן מְעוֹרֵר (ז)
wekken (ww)	leha'ir	לְהָעִיר
wakker worden (ww)	lehit'orer	לְהִתְעוֹרֵר
opstaan (ww)	lakum	לָקוּם
zich wassen (ww)	lehitraχets	לְהִתְרַחֵץ

64. Humor. Gelach. Blijdschap

humor (de)	humor	הוּמוֹר (ז)
gevoel (het) voor humor	χuf humor	חוּשׁ הוּמוֹר (ז)
plezier hebben (ww)	lehanot	לֵיהָנוֹת
vrolijk (bn)	sa'meaχ	שָׂמֵחַ
pret (de), plezier (het)	alitsut	עֲלִיצוּת (נ)

glimlach (de)	χiyuχ	חִיוּךְ (ז)
glimlachen (ww)	leχayeχ	לְחַיֵּיךְ
beginnen te lachen (ww)	lifrots bitsχok	לִפְרוֹץ בִּצְחוֹק
lachen (ww)	litsχok	לִצְחוֹק
lach (de)	tsχok	צְחוֹק (ז)

mop (de)	anek'dota	אָנֶקְדוֹטָה (נ)
grappig (een ~ verhaal)	matsχik	מַצְחִיק
grappig (~e clown)	mefa'a'fe'a	מְשַׁעֲשֵׁעַ

grappen maken (ww)	lehitba'deaχ	לְהִתְבַּדֵּחַ
grap (de)	bdiχa	בְּדִיחָה (נ)
blijheid (de)	simχa	שִׂמְחָה (נ)
blij zijn (ww)	lis'moaχ	לִשְׂמוֹחַ
blij (bn)	sa'meaχ	שָׂמֵחַ

65. Discussie, conversatie. Deel 1

| communicatie (de) | 'kefer | קֶשֶׁר (ז) |
| communiceren (ww) | letakfer | לְתַקְשֵׁר |

conversatie (de)	siχa	שִׂיחָה (נ)
dialoog (de)	du 'siaχ	דּוּ־שִׂיחַ (ז)
discussie (de)	diyun	דִּיּוּן (ז)
debat (het)	vi'kuaχ	וִיכּוּחַ (ז)
debatteren, twisten (ww)	lehitva'keaχ	לְהִתְוַוכֵּחַ

| gesprekspartner (de) | ben 'siaχ | בֶּן שִׂיחַ (ז) |
| thema (het) | nose | נוֹשֵׂא (ז) |

standpunt (het)	nekudat mabat	נְקוּדַת מַבָּט (נ)
mening (de)	de'a	דֵעָה (נ)
toespraak (de)	ne'um	נְאוּם (ז)

bespreking (de)	diyun	דִיוּן (ז)
bespreken (spreken over)	ladun	לָדוּן
gesprek (het)	siχa	שִׂיחָה (נ)
spreken (converseren)	leso'χeaχ	לְשׂוֹחֵחַ
ontmoeting (de)	pgiʃa	פְּגִישָׁה (נ)
ontmoeten (ww)	lehipageʃ	לְהִיפָּגֵשׁ

spreekwoord (het)	pitgam	פִּתְגָם (ז)
gezegde (het)	pitgam	פִּתְגָם (ז)
raadsel (het)	χida	חִידָה (נ)
een raadsel opgeven	laχud χida	לָחוּד חִידָה
wachtwoord (het)	sisma	סִיסְמָה (נ)
geheim (het)	sod	סוֹד (ז)

eed (de)	ʃvu'a	שְׁבוּעָה (נ)
zweren (een eed doen)	lehiʃava	לְהִישָׁבַע
belofte (de)	havtaχa	הַבְטָחָה (נ)
beloven (ww)	lehav'tiaχ	לְהַבְטִיחַ

advies (het)	etsa	עֵצָה (נ)
adviseren (ww)	leya'ets	לְיַעֵץ
advies volgen (iemands ~)	lif'ol lefi ha'etsa	לִפְעוֹל לְפִי הָעֵצָה
luisteren (gehoorzamen)	lehiʃama	לְהִישָׁמַע

nieuws (het)	χadaʃot	חֲדָשׁוֹת (נ״ר)
sensatie (de)	sen'satsya	סֶנְסַצְיָה (נ)
informatie (de)	meida	מֵידָע (ז)
conclusie (de)	maskana	מַסְקָנָה (נ)
stem (de)	kol	קוֹל (ז)
compliment (het)	maχma'a	מַחְמָאָה (נ)
vriendelijk (bn)	adiv	אָדִיב

woord (het)	mila	מִילָה (נ)
zin (de), zinsdeel (het)	miʃpat	מִשְׁפָּט (ז)
antwoord (het)	tʃuva	תְשׁוּבָה (נ)

| waarheid (de) | emet | אֱמֶת (נ) |
| leugen (de) | 'ʃeker | שֶׁקֶר (ז) |

gedachte (de)	maχʃava	מַחְשָׁבָה (נ)
idee (de/het)	ra'ayon	רַעְיוֹן (ז)
fantasie (de)	fan'tazya	פַנְטַזְיָה (נ)

66. Discussie, conversatie. Deel 2

gerespecteerd (bn)	meχubad	מְכוּבָּד
respecteren (ww)	leχabed	לְכַבֵּד
respect (het)	kavod	כָּבוֹד (ז)
Geachte ... (brief)	hayakar ...	הַיָקָר ...
voorstellen (Mag ik jullie ~)	la'asot hekerut	לַעֲשׂוֹת הֶיכֵּרוּת

kennismaken (met …)	lehakir	לְהַכִּיר
intentie (de)	kavana	כַּוָּנָה (נ)
intentie hebben (ww)	lehitkaven	לְהִתְכַּוֵּן
wens (de)	iχul	אִיחוּל (ז)
wensen (ww)	le'aχel	לְאַחֵל

verbazing (de)	hafta'a	הַפְתָּעָה (נ)
verbazen (verwonderen)	lehaf'ti'a	לְהַפְתִּיעַ
verbaasd zijn (ww)	lehitpale	לְהִתְפַּלֵּא

geven (ww)	latet	לָתֵת
nemen (ww)	la'kaχat	לָקַחַת
teruggeven (ww)	lehaχzir	לְהַחְזִיר
retourneren (ww)	lehaʃiv	לְהָשִׁיב

zich verontschuldigen	lehitnatsel	לְהִתְנַצֵּל
verontschuldiging (de)	hitnatslut	הִתְנַצְּלוּת (נ)
vergeven (ww)	lis'loaχ	לִסְלוֹחַ

spreken (ww)	ledaber	לְדַבֵּר
luisteren (ww)	lehakʃiv	לְהַקְשִׁיב
aanhoren (ww)	liʃmo'a	לִשְׁמוֹעַ
begrijpen (ww)	lehavin	לְהָבִין

tonen (ww)	lehar'ot	לְהַרְאוֹת
kijken naar …	lehistakel	לְהִסְתַּכֵּל
roepen (vragen te komen)	likro le…	לִקְרוֹא לְ…
afleiden (storen)	lehaf'ri'a	לְהַפְרִיעַ
storen (lastigvallen)	lehaf'ri'a	לְהַפְרִיעַ
doorgeven (ww)	limsor	לִמְסוֹר

verzoek (het)	bakaʃa	בַּקָּשָׁה (נ)
verzoeken (ww)	levakeʃ	לְבַקֵּשׁ
eis (de)	driʃa	דְּרִישָׁה (נ)
eisen (met klem vragen)	lidroʃ	לִדְרוֹשׁ

beledigen (beledigende namen geven)	lehitgarot	לְהִתְגָּרוֹת
uitlachen (ww)	lil'og	לִלְעוֹג
spot (de)	'la'ag	לַעַג (ז)
bijnaam (de)	kinui	כִּינּוּי (ז)

zinspeling (de)	'remez	רֶמֶז (ז)
zinspelen (ww)	lirmoz	לִרְמוֹז
impliceren (duiden op)	lehitkaven le…	לְהִתְכַּוֵּן לְ…

beschrijving (de)	te'ur	תֵּיאוּר (ז)
beschrijven (ww)	leta'er	לְתָאֵר
lof (de)	'ʃevaχ	שֶׁבַח (ז)
loven (ww)	leʃa'beaχ	לְשַׁבֵּחַ

teleurstelling (de)	aχzava	אַכְזָבָה (נ)
teleurstellen (ww)	le'aχzev	לְאַכְזֵב
teleurgesteld zijn (ww)	lehit'aχzev	לְהִתְאַכְזֵב
veronderstelling (de)	hanaχa	הַנָחָה (נ)
veronderstellen (ww)	leʃa'er	לְשַׁעֵר

| waarschuwing (de) | azhara | אַזהָרָה (נ) |
| waarschuwen (ww) | lehazhir | לְהַזהִיר |

67. Discussie, conversatie. Deel 3

| aanpraten (ww) | leʃaχ'ne'a | לְשַכנֵעַ |
| kalmeren (kalm maken) | lehar'gi'a | לְהַרגִיעַ |

stilte (de)	ʃtika	שתִיקָה (נ)
zwijgen (ww)	liʃtok	לִשתוֹק
fluisteren (ww)	lilχoʃ	לִלחוֹש
gefluister (het)	leχiʃa	לְחִישָה (נ)

| open, eerlijk (bw) | beχenut | בְּכֵנוּת |
| volgens mij ... | leda'ati ... | לְדַעֲתִי ... |

detail (het)	prat	פּרָט (ז)
gedetailleerd (bn)	meforat	מְפוֹרָט
gedetailleerd (bw)	bimfurat	בִּמפוֹרָט

| hint (de) | 'remez | רֶמֶז (ז) |
| een hint geven | lirmoz | לִרמוֹז |

blik (de)	mabat	מַבָּט (ז)
een kijkje nemen	lehabit	לְהַבִּיט
strak (een ~ke blik)	kafu	קָפוּא
knipperen (ww)	lematsmets	לְמַצמֵץ
knipogen (ww)	likrots	לִקרוֹץ
knikken (ww)	lehanhen	לְהַנהֵן

zucht (de)	anaχa	אֲנָחָה (נ)
zuchten (ww)	lehe'anaχ	לְהֵיאָנַח
huiveren (ww)	lir'od	לִרעוֹד
gebaar (het)	meχva	מֶחוָה (נ)
aanraken (ww)	la'ga'at be...	לָגַעַת בְּ...
grijpen (ww)	litfos	לִתפוֹס
een schouderklopje geven	lit'poaχ	לְטפּוֹחַ

Kijk uit!	zehirut!	זְהִירוּת!
Echt?	be'emet?	בֶּאֱמֶת?
Bent je er zeker van?	ata ba'tuaχ?	אַתָּה בָּטוּחַ?
Succes!	behatslaχa!	בְּהַצלָחָה!
Juist, ja!	muvan!	מוּבָן!
Wat jammer!	χaval!	חֲבָל!

68. Overeenstemming. Weigering

instemming (het)	haskama	הַסכָּמָה (נ)
instemmen (akkoord gaan)	lehaskim	לְהַסכִּים
goedkeuring (de)	iʃur	אִישוּר (ז)
goedkeuren (ww)	le'aʃer	לְאַשֵר
weigering (de)	siruv	סֵירוּב (ז)

weigeren (ww)	lesarev	לְסָרֵב
Geweldig!	metsuyan!	מְצוּיָן!
Goed!	tov!	טוֹב!
Akkoord!	be'seder!	בְּסֵדֶר!

verboden (bn)	asur	אָסוּר
het is verboden	asur	אָסוּר
het is onmogelijk	'bilti efʃari	בִּלְתִּי אֶפְשָׁרִי
onjuist (bn)	ʃagui	שָׁגוּי

afwijzen (ww)	lidχot	לִדְחוֹת
steunen	litmoχ be...	לִתְמוֹךְ בְּ...
(een goed doel, enz.)		
aanvaarden (excuses ~)	lekabel	לְקַבֵּל

bevestigen (ww)	le'aʃer	לְאַשֵׁר
bevestiging (de)	iʃur	אִישׁוּר (ז)
toestemming (de)	reʃut	רְשׁוּת (נ)
toestaan (ww)	leharʃot	לְהַרְשׁוֹת
beslissing (de)	haχlata	הַחְלָטָה (נ)
z'n mond houden (ww)	liʃtok	לִשְׁתּוֹק

voorwaarde (de)	tnai	תְּנַאי (ז)
smoes (de)	teruts	תֵּירוּץ (ז)
lof (de)	ʃevaχ	שֶׁבַח (ז)
loven (ww)	leʃa'beaχ	לְשַׁבֵּחַ

69. Succes. Veel geluk. Mislukking

succes (het)	hatsala	הַצְלָחָה (נ)
succesvol (bw)	behatslaχa	בְּהַצְלָחָה
succesvol (bn)	mutslaχ	מוּצְלָח

geluk (het)	mazal	מַזָל (ז)
Succes!	behatslaχa!	בְּהַצְלָחָה!
geluks- (bn)	mutslaχ	מוּצְלָח
gelukkig (fortuinlijk)	bar mazal	בַּר מַזָל

mislukking (de)	kiʃalon	כִּישָׁלוֹן (ז)
tegenslag (de)	'χoser mazal	חוֹסֶר מַזָל (ז)
pech (de)	'χoser mazal	חוֹסֶר מַזָל (ז)
zonder succes (bn)	lo mutslaχ	לֹא מוּצְלָח
catastrofe (de)	ason	אָסוֹן (ז)

fierheid (de)	ga'ava	גַאֲוָה (נ)
fier (bn)	ge'e	גֵאֶה
fier zijn (ww)	lehitga'ot	לְהִתְגָּאוֹת

winnaar (de)	zoχe	זוֹכֶה (ז)
winnen (ww)	lena'tseaχ	לְנַצֵחַ
verliezen (ww)	lehafsid	לְהַפְסִיד
poging (de)	nisayon	נִיסָיוֹן (ז)
pogen, proberen (ww)	lenasot	לְנַסּוֹת
kans (de)	hizdamnut	הַזְדַמְנוּת (נ)

70. Ruzies. Negatieve emoties

schreeuw (de)	tse'aka	צְעָקָה (נ)
schreeuwen (ww)	lits'ok	לִצְעוֹק
beginnen te schreeuwen	lehatχil lits'ok	לְהַתְחִיל לִצְעוֹק

ruzie (de)	riv	רִיב (ז)
ruzie hebben (ww)	lariv	לָרִיב
schandaal (het)	riv	רִיב (ז)
schandaal maken (ww)	lariv	לָרִיב
conflict (het)	siχsuχ	סִכְסוּךְ (ז)
misverstand (het)	i havana	אִי הֲבָנָה (נ)

belediging (de)	elbon	עֶלְבּוֹן (ז)
beledigen	leha'aliv	לְהַעֲלִיב
(met scheldwoorden)		
beledigd (bn)	ne'elav	נֶעֱלָב
krenking (de)	tina	טִינָה (נ)
krenken (beledigen)	lif'go'a	לִפְגּוֹעַ
gekwetst worden (ww)	lehipaga	לְהִיפָּגַע

verontwaardiging (de)	hitmarmerut	הִתְמַרְמְרוּת (נ)
verontwaardigd zijn (ww)	lehitra'em	לְהִתְרַעֵם
klacht (de)	tluna	תְלוּנָה (נ)
klagen (ww)	lehitlonen	לְהִתְלוֹנֵן

verontschuldiging (de)	hitnatslut	הִתְנַצְלוּת (נ)
zich verontschuldigen	lehitnatsel	לְהִתְנַצֵּל
excuus vragen	levakeʃ sliχa	לְבַקֵש סְלִיחָה

kritiek (de)	bi'koret	בִּיקּוֹרֶת (נ)
bekritiseren (ww)	levaker	לְבַקֵר
beschuldiging (de)	ha'aʃama	הַאֲשָׁמָה (נ)
beschuldigen (ww)	leha'aʃim	לְהַאֲשִׁים

wraak (de)	nekama	נְקָמָה (נ)
wreken (ww)	linkom	לִנְקוֹם
wraak nemen (ww)	lehaχzir	לְהַחְזִיר

minachting (de)	zilzul	זִלְזוּל (ז)
minachten (ww)	lezalzel be...	לְזַלְזֵל בְּ...
haat (de)	sin'a	שִׂנְאָה (נ)
haten (ww)	lisno	לִשְׂנוֹא

zenuwachtig (bn)	atsbani	עַצְבָּנִי
zenuwachtig zijn (ww)	lihyot atsbani	לִהְיוֹת עַצְבָּנִי
boos (bn)	ka'us	כָּעוּס
boos maken (ww)	lehargiz	לְהַרְגִיז

vernedering (de)	haʃpala	הַשְׁפָּלָה (נ)
vernederen (ww)	lehaʃpil	לְהַשְׁפִּיל
zich vernederen (ww)	lehaʃpil et atsmo	לְהַשְׁפִּיל אֶת עַצְמוֹ

schok (de)	'helem	הֶלֶם (ז)
schokken (ww)	leza'a'ze'a	לְזַעֲזֵעַ

onaangenaamheid (de)	tsara	צָרָה (נ)
onaangenaam (bn)	lo na'im	לֹא נָעִים

vrees (de)	'paxad	פַּחַד (ז)
vreselijk (bijv. ~ onweer)	nora	נוֹרָא
eng (bn)	mafxid	מַפְחִיד
gruwel (de)	zva'a	זְוָעָה (נ)
vreselijk (~ nieuws)	ayom	אָיוֹם

beginnen te beven	lehera'ed	לְהֵירָעֵד
huilen (wenen)	livkot	לִבְכּוֹת
beginnen te huilen (wenen)	lehatxil livkot	לְהַתְחִיל לִבְכּוֹת
traan (de)	dim'a	דִּמְעָה (נ)

schuld (~ geven aan)	aſma	אַשְׁמָה (נ)
schuldgevoel (het)	rigſei aſam	רִגְשֵׁי אָשָׁם (ז"ר)
schande (de)	xerpa	חֶרְפָּה (נ)
protest (het)	mexa'a	מְחָאָה (נ)
stress (de)	'laxats	לַחַץ (ז)

storen (lastigvallen)	lehaf'ri'a	לְהַפְרִיעַ
kwaad zijn (ww)	lix'os	לִכְעוֹס
kwaad (bn)	zo'em	זוֹעֵם
beëindigen (een relatie ~)	lesayem	לְסַיֵּים
vloeken (ww)	lekalel	לְקַלֵּל

schrikken (schrik krijgen)	lehibahel	לְהִיבָּהֵל
slaan (iemand ~)	lehakot	לְהַכּוֹת
vechten (ww)	lehitkotet	לְהִתְקוֹטֵט

regelen (conflict)	lehasdir	לְהַסְדִּיר
ontevreden (bn)	lo merutse	לֹא מְרוּצֶה
woedend (bn)	metoraf	מְטוֹרָף

Dat is niet goed!	ze lo tov!	זֶה לֹא טוֹב!
Dat is slecht!	ze ra!	זֶה רַע!

Geneeskunde

71. Ziekten

ziekte (de)	maxala	מַחֲלָה (נ)
ziek zijn (ww)	lihyot xole	לִהְיוֹת חוֹלֶה
gezondheid (de)	bri'ut	בְּרִיאוּת (נ)

snotneus (de)	na'zelet	נַזֶלֶת (נ)
angina (de)	da'leket ʃkedim	דַלֶקֶת שְׁקֵדִים (נ)
verkoudheid (de)	hitstanenut	הִצְטַנְנוּת (נ)
verkouden raken (ww)	lehitstanen	לְהִצְטַנֵן

bronchitis (de)	bron'xitis	בְּרוֹנְכִיטִיס (ז)
longontsteking (de)	da'leket re'ot	דַלֶקֶת רֵיאוֹת (נ)
griep (de)	ʃa'pa'at	שַׁפַּעַת (נ)

bijziend (bn)	ktsar re'iya	קְצַר רְאִיָה
verziend (bn)	rexok re'iya	רְחוֹק־רְאִיָה
scheelheid (de)	pzila	פְּזִילָה (נ)
scheel (bn)	pozel	פּוֹזֵל
grauwe staar (de)	katarakt	קָטָרַקְט (ז)
glaucoom (het)	gla'u'koma	גְלָאוֹקוֹמָה (נ)

beroerte (de)	ʃavats moxi	שְׁבָץ מוֹחִי (ז)
hartinfarct (het)	hetkef lev	הֶתְקֵף לֵב (ז)
myocardiaal infarct (het)	'otem ʃrir halev	אוֹטֶם שְׁרִיר הַלֵב (ז)
verlamming (de)	ʃituk	שִׁיתוּק (ז)
verlammen (ww)	leʃatek	לְשַׁתֵק

allergie (de)	a'lergya	אָלֶרְגְיָה (נ)
astma (de/het)	'astma, ka'tseret	אַסְתְמָה, קַצֶרֶת (נ)
diabetes (de)	su'keret	סוּכֶּרֶת (נ)

tandpijn (de)	ke'ev ʃi'nayim	כְּאֵב שִׁינַיִים (ז)
tandbederf (het)	a'ʃeʃet	עַשֶׁשֶׁת (נ)

diarree (de)	ʃilʃul	שִׁלְשׁוּל (ז)
constipatie (de)	atsirut	עֲצִירוּת (נ)
maagstoornis (de)	kilkul keiva	קִלְקוּל קֵיבָה (ז)
voedselvergiftiging (de)	har'alat mazon	הַרְעָלַת מָזוֹן (נ)
voedselvergiftiging oplopen	laxatof har'alat mazon	לַחְטוֹף הַרְעָלַת מָזוֹן

artritis (de)	da'leket mifrakim	דַלֶקֶת מִפְרָקִים (נ)
rachitis (de)	ra'kexet	רַכֶּכֶת (נ)
reuma (het)	ʃigaron	שִׁיגָרוֹן (ז)
arteriosclerose (de)	ar'teryo skle'rosis	אַרְטֶרְיוֹ־סְקְלֶרוֹסִיס (ז)

gastritis (de)	da'leket keiva	דַלֶקֶת קֵיבָה (נ)
blindedarmontsteking (de)	da'leket toseftan	דַלֶקֶת תוֹסֶפְתָן (נ)

| galblaasontsteking (de) | da'leket kis hamara | דַּלֶּקֶת כִּיס הַמָּרָה (נ) |
| zweer (de) | 'ulkus, kiv | אוּלקוּס, כִּיב (ז) |

mazelen (mv.)	χa'tsevet	חַצֶּבֶת (נ)
rodehond (de)	a'demet	אַדֶּמֶת (נ)
geelzucht (de)	tsa'hevet	צַהֶבֶת (נ)
leverontsteking (de)	da'leket kaved	דַּלֶּקֶת כָּבֵד (נ)

schizofrenie (de)	sχizo'frenya	סְכִיזוֹפְרֶנְיָה (נ)
dolheid (de)	ka'levet	כַּלֶּבֶת (נ)
neurose (de)	noi'roza	נוֹירוֹזָה (נ)
hersenschudding (de)	za'a'zu'a 'moaχ	זַעֲזוּעַ מוֹחַ (ז)

kanker (de)	sartan	סַרְטָן (ז)
sclerose (de)	ta'refet	טָרֶשֶׁת (נ)
multiple sclerose (de)	ta'refet nefotsa	טָרֶשֶׁת נְפוֹצָה (נ)

alcoholisme (het)	alkoholizm	אַלְכּוֹהוֹלִיזֶם (ז)
alcoholicus (de)	alkoholist	אַלְכּוֹהוֹלִיסְט (ז)
syfilis (de)	a'gevet	עַגֶּבֶת (נ)
AIDS (de)	eids	אֵיידְס (ז)

tumor (de)	gidul	גִּידוּל (ז)
kwaadaardig (bn)	mam'ir	מַמְאִיר
goedaardig (bn)	ʃapir	שָׁפִיר

koorts (de)	ka'daχat	קַדַּחַת (נ)
malaria (de)	ma'larya	מָלַרְיָה (נ)
gangreen (het)	gan'grena	גַּנְגְּרֶנָה (נ)
zeeziekte (de)	maχalat yam	מַחֲלַת יָם (נ)
epilepsie (de)	maχalat hanefila	מַחֲלַת הַנְּפִילָה (נ)

epidemie (de)	magefa	מַגֵּיפָה (נ)
tyfus (de)	'tifus	טִיפוּס (ז)
tuberculose (de)	ʃa'χefet	שַׁחֶפֶת (נ)
cholera (de)	ko'lera	כּוֹלֶרָה (נ)
pest (de)	davar	דֶּבֶר (ז)

72. Symptomen. Behandelingen. Deel 1

symptoom (het)	simptom	סִימְפְּטוֹם (ז)
temperatuur (de)	χom	חוֹם (ז)
verhoogde temperatuur (de)	χom ga'voha	חוֹם גָּבוֹהַ (ז)
polsslag (de)	'dofek	דוֹפֶק (ז)

duizeling (de)	sχar'χoret	סְחַרְחוֹרֶת (נ)
heet (erg warm)	χam	חַם
koude rillingen (mv.)	tsmar'moret	צְמַרְמוֹרֶת (נ)
bleek (bn)	χiver	חִיוֵּר

hoest (de)	ʃi'ul	שִׁיעוּל (ז)
hoesten (ww)	lehiʃta'el	לְהִשְׁתַּעֵל
niezen (ww)	lehit'ateʃ	לְהִתְעַטֵּשׁ
flauwte (de)	ilafon	עִילָפוֹן (ז)

flauwvallen (ww)	lehit'alef	לְהִתְעַלֵּף
blauwe plek (de)	χabura	חַבּוּרָה (נ)
buil (de)	blita	בְּלִיטָה (נ)
zich stoten (ww)	lekabel maka	לְקַבֵּל מַכָּה
kneuzing (de)	maka	מַכָּה (נ)
kneuzen (gekneusd zijn)	lekabel maka	לְקַבֵּל מַכָּה

hinken (ww)	lits'lo'a	לְצְלוֹעַ
verstuiking (de)	'neka	נֶקַע (ז)
verstuiken (enkel, enz.)	lin'ko'a	לִנְקוֹעַ
breuk (de)	'fever	שֶׁבֶר (ז)
een breuk oplopen	lifbor	לִשְׁבּוֹר

snijwond (de)	χataχ	חָתָךְ (ז)
zich snijden (ww)	lehiχateχ	לְהֵיחָתֵךְ
bloeding (de)	dimum	דִּימוּם (ז)

brandwond (de)	kviya	כְּוִויָה (נ)
zich branden (ww)	laχatof kviya	לַחֲטוֹף כְּוִויָה

prikken (ww)	lidkor	לִדְקוֹר
zich prikken (ww)	lehidaker	לְהִידָּקֵר
blesseren (ww)	lif'tso'a	לִפְצוֹעַ
blessure (letsel)	ptsi'a	פְּצִיעָה (נ)
wond (de)	'petsa	פֶּצַע (ז)
trauma (het)	'tra'uma	טְרָאוּמָה (נ)

ijlen (ww)	lahazot	לַהֲזוֹת
stotteren (ww)	legamgem	לְגַמְגֵּם
zonnesteek (de)	makat 'femef	מַכַּת שֶׁמֶשׁ (נ)

73. Symptomen. Behandelingen. Deel 2

pijn (de)	ke'ev	כְּאֵב (ז)
splinter (de)	kots	קוֹץ (ז)

zweet (het)	ze'a	זֵיעָה (נ)
zweten (ww)	leha'zi'a	לְהַזִּיעַ
braking (de)	haka'a	הָקָאָה (נ)
stuiptrekkingen (mv.)	pirkusim	פִּירְכּוּסִים (ז"ר)

zwanger (bn)	hara	הָרָה
geboren worden (ww)	lehivaled	לְהִיוָּלֵד
geboorte (de)	leda	לֵידָה (נ)
baren (ww)	la'ledet	לָלֶדֶת
abortus (de)	hapala	הַפָּלָה (נ)

ademhaling (de)	nefima	נְשִׁימָה (נ)
inademing (de)	fe'ifa	שְׁאִיפָה (נ)
uitademing (de)	nefifa	נְשִׁיפָה (נ)
uitademen (ww)	linfof	לִנְשׁוֹף
inademen (ww)	lif'of	לִשְׁאוֹף
invalide (de)	naχe	נָכֶה (ז)
gehandicapte (de)	naχe	נָכֶה (ז)

drugsverslaafde (de)	narkoman	נַרְקוֹמָן (ז)
doof (bn)	xereʃ	חֵירֵשׁ
stom (bn)	ilem	אִילֵם
doofstom (bn)	xereʃ-ilem	חֵירֵשׁ־אִילֵם

krankzinnig (bn)	meʃuga	מְשׁוּגָע
krankzinnige (man)	meʃuga	מְשׁוּגָע (ז)
krankzinnige (vrouw)	meʃu'ga'at	מְשׁוּגַעַת (נ)
krankzinnig worden	lehiʃta'ge'a	לְהִשְׁתַּגֵּעַ

gen (het)	gen	גֵּן (ז)
immuniteit (de)	xasinut	חֲסִינוּת (נ)
erfelijk (bn)	toraʃti	תּוֹרַשְׁתִּי
aangeboren (bn)	mulad	מוּלָד

virus (het)	'virus	וִירוּס (ז)
microbe (de)	xaidak	חַיְדָּק (ז)
bacterie (de)	bak'terya	בַּקְטֶרְיָה (נ)
infectie (de)	zihum	זִיהוּם (ז)

74. Symptomen. Behandelingen. Deel 3

ziekenhuis (het)	beit xolim	בֵּית חוֹלִים (ז)
patiënt (de)	metupal	מְטוּפָּל (ז)

diagnose (de)	avxana	אַבְחָנָה (נ)
genezing (de)	ripui	רִיפּוּי (ז)
medische behandeling (de)	tipul refu'i	טִיפּוּל רְפוּאִי (ז)
onder behandeling zijn	lekabel tipul	לְקַבֵּל טִיפּוּל
behandelen (ww)	letapel be...	לְטַפֵּל בְּ...
zorgen (zieken ~)	letapel be...	לְטַפֵּל בְּ...
ziekenzorg (de)	tipul	טִיפּוּל (ז)

operatie (de)	ni'tuax	נִיתּוּחַ (ז)
verbinden (een arm ~)	laxboʃ	לַחְבּוֹשׁ
verband (het)	xaviʃa	חֲבִישָׁה (נ)

vaccin (het)	xisun	חִיסּוּן (ז)
inenten (vaccineren)	lexasen	לְחַסֵּן
injectie (de)	zrika	זְרִיקָה (נ)
een injectie geven	lehazrik	לְהַזְרִיק

aanval (de)	hetkef	הֶתְקֵף (ז)
amputatie (de)	kti'a	קְטִיעָה (נ)
amputeren (ww)	lik'to'a	לִקְטוֹעַ
coma (het)	tar'demet	תַּרְדֶּמֶת (נ)
in coma liggen	lihyot betar'demet	לִהְיוֹת בְּתַרְדֶּמֶת
intensieve zorg, ICU (de)	tipul nimrats	טִיפּוּל נִמְרָץ (ז)

zich herstellen (ww)	lehaxlim	לְהַחְלִים
toestand (de)	matsav	מַצָּב (ז)
bewustzijn (het)	hakara	הַכָּרָה (נ)
geheugen (het)	zikaron	זִיכָּרוֹן (ז)
trekken (een kies ~)	la'akor	לַעֲקוֹר

| vulling (de) | stima | סְתִימָה (נ) |
| vullen (ww) | la'asot stima | לַעֲשׂוֹת סְתִימָה |

| hypnose (de) | hip'noza | הִיפְּנוֹזָה (נ) |
| hypnotiseren (ww) | lehapnet | לְהַפְנֵט |

75. Artsen

dokter, arts (de)	rofe	רוֹפֵא (ז)
ziekenzuster (de)	aχot	אָחוֹת (נ)
lijfarts (de)	rofe iʃi	רוֹפֵא אִישִׁי (ז)

tandarts (de)	rofe ʃi'nayim	רוֹפֵא שִׁינַיִים (ז)
oogarts (de)	rofe ei'nayim	רוֹפֵא עֵינַיִים (ז)
therapeut (de)	rofe pnimi	רוֹפֵא פְּנִימִי (ז)
chirurg (de)	kirurg	כִּירוּרְג (ז)

psychiater (de)	psiχi''ater	פְּסִיכְיָאטֶר (ז)
pediater (de)	rofe yeladim	רוֹפֵא יְלָדִים (ז)
psycholoog (de)	psiχolog	פְּסִיכוֹלוֹג (ז)
gynaecoloog (de)	rofe naʃim	רוֹפֵא נָשִׁים (ז)
cardioloog (de)	kardyolog	קַרְדְיוֹלוֹג (ז)

76. Geneeskunde. Medicijnen. Accessoires

geneesmiddel (het)	trufa	תְּרוּפָה (נ)
middel (het)	trufa	תְּרוּפָה (נ)
voorschrijven (ww)	lirʃom	לִרְשׁוֹם
recept (het)	mirʃam	מִרְשָׁם (ז)

tablet (de/het)	kadur	כַּדוּר (ז)
zalf (de)	miʃχa	מִשְׁחָה (נ)
ampul (de)	'ampula	אַמְפּוּלָה (נ)
drank (de)	ta'a'rovet	תַּעֲרוֹבֶת (נ)
siroop (de)	sirop	סִירוֹפּ (ז)
pil (de)	gluya	גְלוּיָה (נ)
poeder (de/het)	avka	אַבְקָה (נ)

verband (het)	taχ'boʃet 'gaza	תַּחְבּוֹשֶׁת גָאזָה (ז)
watten (mv.)	'tsemer 'gefen	צֶמֶר גֶפֶן (ז)
jodium (het)	yod	יוֹד (ז)

pleister (de)	'plaster	פְּלַסְטֶר (ז)
pipet (de)	taf'tefet	טַפְטֶפֶת (נ)
thermometer (de)	madχom	מַדְחוֹם (ז)
spuit (de)	mazrek	מַזְרֵק (ז)

| rolstoel (de) | kise galgalim | כִּיסֵא גַלְגַלִים (ז) |
| krukken (mv.) | ka'bayim | קַבַּיִים (ז"ר) |

| pijnstiller (de) | meʃakeχ ke'evim | מְשַׁכֵּךְ כְּאֵבִים (ז) |
| laxeermiddel (het) | trufa meʃal'ʃelet | תְּרוּפָה מְשַׁלְשֶׁלֶת (נ) |

spiritus (de)	'kohal	כֹּהַל (ז)
medicinale kruiden (mv.)	isvei marpe	עִשְׂבֵי מַרְפֵּא (ז״ר)
kruiden- (abn)	ʃel asavim	שֶׁל עֲשָׂבִים

77. Roken. Tabaksproducten

tabak (de)	'tabak	טַבָּק (ז)
sigaret (de)	si'garya	סִיגַרְיָה (נ)
sigaar (de)	sigar	סִיגָר (ז)
pijp (de)	mik'teret	מִקְטֶרֶת (נ)
pakje (~ sigaretten)	χafisa	חֲפִיסָה (נ)

lucifers (mv.)	gafrurim	גַּפְרוּרִים (ז״ר)
luciferdoosje (het)	kufsat gafrurim	קוּפְסַת גַּפְרוּרִים (נ)
aansteker (de)	maʦit	מַצִּית (ז)
asbak (de)	ma'afera	מַאֲפֵרָה (נ)
sigarettendoosje (het)	nartik lesi'garyot	נַרְתִּיק לְסִיגַרְיוֹת (ז)

sigarettenpijpje (het)	piya	פִּיָּה (נ)
filter (de/het)	'filter	פִילְטֶר (ז)

roken (ww)	le'aʃen	לְעַשֵׁן
een sigaret opsteken	lehadlik si'garya	לְהַדְלִיק סִיגַרְיָה
roken (het)	iʃun	עִישׁוּן (ז)
roker (de)	me'aʃen	מְעַשֵׁן (ז)

peuk (de)	bdal si'garya	בְּדַל סִיגַרְיָה (ז)
rook (de)	aʃan	עָשָׁן (ז)
as (de)	'efer	אֵפֶר (ז)

HET MENSELIJKE LEEFGEBIED

Stad

78. Stad. Het leven in de stad

stad (de)	ir	עִיר (נ)
hoofdstad (de)	ir bira	עִיר בִּירָה (נ)
dorp (het)	kfar	כְּפָר (ז)
plattegrond (de)	mapat ha'ir	מַפַּת הָעִיר (נ)
centrum (ov. een stad)	merkaz ha'ir	מֶרְכַּז הָעִיר (ז)
voorstad (de)	parvar	פַּרְוָר (ז)
voorstads- (abn)	parvari	פַּרְוָרִי
randgemeente (de)	parvar	פַּרְוָר (ז)
omgeving (de)	svivot	סְבִיבוֹת (נ"ר)
blok (huizenblok)	ʃxuna	שְׁכוּנָה (נ)
woonwijk (de)	ʃxunat megurim	שְׁכוּנַת מְגוּרִים (נ)
verkeer (het)	tnu'a	תְּנוּעָה (נ)
verkeerslicht (het)	ramzor	רַמְזוֹר (ז)
openbaar vervoer (het)	taxbura tsiburit	תַחְבּוּרָה צִיבּוּרִית (נ)
kruispunt (het)	'tsomet	צוֹמֶת (ז)
zebrapad (oversteekplaats)	ma'avar xatsaya	מַעֲבַר חֲצָיָה (ז)
onderdoorgang (de)	ma'avar tat karka'i	מַעֲבַר תַת־קַרְקָעִי (ז)
oversteken (de straat ~)	laxatsot	לַחֲצוֹת
voetganger (de)	holex 'regel	הוֹלֵךְ רֶגֶל (ז)
trottoir (het)	midraxa	מִדְרָכָה (נ)
brug (de)	'geʃer	גֶּשֶׁר (ז)
dijk (de)	ta'yelet	טַיֶּלֶת (נ)
fontein (de)	mizraka	מִזְרָקָה (נ)
allee (de)	sdera	שְׂדֵרָה (נ)
park (het)	park	פָּארְק (ז)
boulevard (de)	sdera	שְׂדֵרָה (נ)
plein (het)	kikar	כִּיכָּר (נ)
laan (de)	rexov raʃi	רְחוֹב רָאשִׁי (ז)
straat (de)	rexov	רְחוֹב (ז)
zijstraat (de)	simta	סִמְטָה (נ)
doodlopende straat (de)	mavoi satum	מָבוֹי סָתוּם (ז)
huis (het)	'bayit	בַּיִת (ז)
gebouw (het)	binyan	בִּנְיָן (ז)
wolkenkrabber (de)	gored ʃxakim	גוֹרֵד שְׁחָקִים (ז)
gevel (de)	xazit	חֲזִית (נ)
dak (het)	gag	גַּג (ז)

venster (het)	χalon	חַלּוֹן (ז)
boog (de)	'keʃet	קֶשֶׁת (נ)
pilaar (de)	amud	עַמּוּד (ז)
hoek (ov. een gebouw)	pina	פִּינָה (נ)

vitrine (de)	χalon ra'ava	חַלּוֹן רַאֲוָה (ז)
gevelreclame (de)	'ʃelet	שֶׁלֶט (ז)
affiche (de/het)	kraza	כְּרָזָה (נ)
reclameposter (de)	'poster	פּוֹסְטֶר (ז)
aanplakbord (het)	'luaχ pirsum	לוּחַ פִּרְסוּם (ז)

vuilnis (de/het)	'zevel	זֶבֶל (ז)
vuilnisbak (de)	paχ aʃpa	פַּח אַשְׁפָּה (ז)
afval weggooien (ww)	lelaχleχ	לְכַכְלֵךְ
stortplaats (de)	mizbala	מִזְבָּלָה (נ)

telefooncel (de)	ta 'telefon	תָּא טֶלֶפוֹן (ז)
straatlicht (het)	amud panas	עַמּוּד פָּנָס (ז)
bank (de)	safsal	סַפְסָל (ז)

politieagent (de)	ʃoter	שׁוֹטֵר (ז)
politie (de)	miʃtara	מִשְׁטָרָה (נ)
zwerver (de)	kabtsan	קַבְּצָן (ז)
dakloze (de)	χasar 'bayit	חֲסַר בַּיִת (ז)

79. Stedelijke instellingen

winkel (de)	χanut	חֲנוּת (נ)
apotheek (de)	beit mir'kaχat	בֵּית מִרְקַחַת (ז)
optiek (de)	χanut miʃka'fayim	חֲנוּת מִשְׁקָפַיִם (נ)
winkelcentrum (het)	kanyon	קִנְיוֹן (ז)
supermarkt (de)	super'market	סוּפֶּרְמַרְקֶט (ז)

bakkerij (de)	ma'afiya	מַאֲפִיָּה (נ)
bakker (de)	ofe	אוֹפֶה (ז)
banketbakkerij (de)	χanut mamtakim	חֲנוּת מַמְתַּקִּים (נ)
kruidenier (de)	ma'kolet	מַכּוֹלֶת (נ)
slagerij (de)	itliz	אִטְלִיז (ז)

| groentewinkel (de) | χanut perot viyerakot | חֲנוּת פֵּירוֹת וִירָקוֹת (נ) |
| markt (de) | ʃuk | שׁוּק (ז) |

koffiehuis (het)	beit kafe	בֵּית קָפֶה (ז)
restaurant (het)	mis'ada	מִסְעָדָה (נ)
bar (de)	pab	פָּאבּ (ז)
pizzeria (de)	pi'tseriya	פִּיצֶּרְיָה (נ)

kapperssalon (de/het)	mispara	מִסְפָּרָה (נ)
postkantoor (het)	'do'ar	דּוֹאַר (ז)
stomerij (de)	nikui yaveʃ	נִיקּוּי יָבֵשׁ (ז)
fotostudio (de)	'studyo letsilum	סְטוּדִיוֹ לְצִילוּם (ז)

| schoenwinkel (de) | χanut na'a'layim | חֲנוּת נַעֲלַיִים (נ) |
| boekhandel (de) | χanut sfarim | חֲנוּת סְפָרִים (נ) |

sportwinkel (de)	χanut sport	חֲנוּת סְפּוֹרְט (נ)
kledingreparatie (de)	χanut tikun bgadim	חֲנוּת תִּיקוּן בְּגָדִים (נ)
kledingverhuur (de)	χanut haskarat bgadim	חֲנוּת הַשְׂכָּרַת בְּגָדִים (נ)
videotheek (de)	χanut haʃalat sratim	חֲנוּת הַשְׁאָלַת סְרָטִים (נ)

circus (de/het)	kirkas	קִרְקָס (ז)
dierentuin (de)	gan hayot	גַּן חַיּוֹת (ז)
bioscoop (de)	kol'no'a	קוֹלְנוֹעַ (ז)
museum (het)	muze'on	מוּזֵיאוֹן (ז)
bibliotheek (de)	sifriya	סְפְרִיָּה (נ)

theater (het)	te'atron	תֵּיאַטְרוֹן (ז)
opera (de)	beit 'opera	בֵּית אוֹפֶּרָה (ז)
nachtclub (de)	mo'adon 'laila	מוֹעֲדוֹן לַיְלָה (ז)
casino (het)	ka'zino	קָזִינוֹ (ז)

moskee (de)	misgad	מִסְגָּד (ז)
synagoge (de)	beit 'kneset	בֵּית כְּנֶסֶת (ז)
kathedraal (de)	kated'rala	קָתֶדְרָלָה (נ)
tempel (de)	mikdaʃ	מִקְדָּשׁ (ז)
kerk (de)	knesiya	כְּנֵסִיָּה (נ)

instituut (het)	miχlala	מִכְלָלָה (נ)
universiteit (de)	uni'versita	אוּנִיבֶּרְסִיטָה (נ)
school (de)	beit 'sefer	בֵּית סֵפֶר (ז)

gemeentehuis (het)	maχoz	מָחוֹז (ז)
stadhuis (het)	iriya	עִירִיָּה (נ)
hotel (het)	beit malon	בֵּית מָלוֹן (ז)
bank (de)	bank	בַּנק (ז)

ambassade (de)	ʃagrirut	שַׁגְרִירוּת (נ)
reisbureau (het)	soχnut nesi'ot	סוֹכְנוּת נְסִיעוֹת (נ)
informatieloket (het)	modi'in	מוֹדִיעִין (ז)
wisselkantoor (het)	misrad hamarat mat'be'a	מִשְׂרַד הֲמָרַת מַטְבֵּעַ (ז)

| metro (de) | ra'kevet taχtit | רַכֶּבֶת תַּחְתִּית (נ) |
| ziekenhuis (het) | beit χolim | בֵּית חוֹלִים (ז) |

| benzinestation (het) | taχanat 'delek | תַּחֲנַת דֶּלֶק (נ) |
| parking (de) | migraʃ χanaya | מִגְרַשׁ חֲנָיָה (ז) |

80. Borden

gevelreclame (de)	ʃelet	שֶׁלֶט (ז)
opschrift (het)	moda'a	מוֹדָעָה (נ)
poster (de)	'poster	פּוֹסְטֶר (ז)
wegwijzer (de)	tamrur	תַּמְרוּר (ז)
pijl (de)	χets	חֵץ (ז)

waarschuwing (verwittiging)	azhara	אַזְהָרָה (נ)
waarschuwingsbord (het)	ʃelet azhara	שֶׁלֶט אַזְהָרָה (ז)
waarschuwen (ww)	lehazhir	לְהַזְהִיר
vrije dag (de)	yom 'χofeʃ	יוֹם חוֹפֶשׁ (ז)

dienstregeling (de)	'luaχ zmanim	לוּחַ זְמַנִּים (ז)
openingsuren (mv.)	ʃa'ot avoda	שְׁעוֹת עֲבוֹדָה (נ"ר)
WELKOM!	bruχim haba'im!	בְּרוּכִים הַבָּאִים!
INGANG	knisa	כְּנִיסָה
UITGANG	yetsi'a	יְצִיאָה
DUWEN	dχof	דְּחוֹף
TREKKEN	mʃoχ	מְשׁוֹךְ
OPEN	pa'tuaχ	פָּתוּחַ
GESLOTEN	sagur	סָגוּר
DAMES	lenaʃim	לְנָשִׁים
HEREN	legvarim	לִגְבָרִים
KORTING	hanaχot	הֲנָחוֹת
UITVERKOOP	mivtsa	מִבְצָע
NIEUW!	χadaʃ!	חָדָשׁ!
GRATIS	χinam	חִינָם
PAS OP!	sim lev!	שִׂים לֵב!
VOLGEBOEKT	ein makom panui	אֵין מָקוֹם פָּנוּי
GERESERVEERD	ʃamur	שָׁמוּר
ADMINISTRATIE	hanhala	הַנְהָלָה
ALLEEN VOOR PERSONEEL	le'ovdim bilvad	לְעוֹבְדִים בִּלְבַד
GEVAARLIJKE HOND	zehirut 'kelev noʃeχ!	זְהִירוּת, כֶּלֶב נוֹשֵׁךְ!
VERBODEN TE ROKEN!	asur le'aʃen!	אָסוּר לְעַשֵׁן!
NIET AANRAKEN!	lo lagaat!	לֹא לָגַעַת!
GEVAARLIJK	mesukan	מְסוּכָּן
GEVAAR	sakana	סַכָּנָה
HOOGSPANNING	'metaχ ga'voha	מֶתַח גָּבוֹהַּ
VERBODEN TE ZWEMMEN	haraχatsa asura!	הָרַחֲצָה אֲסוּרָה!
BUITEN GEBRUIK	lo oved	לֹא עוֹבֵד
ONTVLAMBAAR	dalik	דָּלִיק
VERBODEN	asur	אָסוּר
DOORGANG VERBODEN	asur la'avor	אָסוּר לַעֲבוֹר
OPGELET PAS GEVERFD	'tseva laχ	צֶבַע לַח

81. Stedelijk vervoer

bus, autobus (de)	'otobus	אוֹטוֹבּוּס (ז)
tram (de)	ra'kevet kala	רַכֶּבֶת קַלָּה (נ)
trolleybus (de)	tro'leibus	טְרוֹלֵיבּוּס (ז)
route (de)	maslul	מַסְלוּל (ז)
nummer (busnummer, enz.)	mispar	מִסְפָּר (ז)
rijden met ...	lin'so'a be...	לִנְסוֹעַ בְּ...
stappen (in de bus ~)	la'alot	לַעֲלוֹת
afstappen (ww)	la'redet mi...	לָרֶדֶת מ...

halte (de)	taxana	תַּחֲנָה (נ)
volgende halte (de)	hataxana haba'a	הַתַּחֲנָה הַבָּאָה (נ)
eindpunt (het)	hataxana ha'axrona	הַתַּחֲנָה הָאַחֲרוֹנָה (נ)
dienstregeling (de)	'luax zmanim	לוּחַ זְמַנִים (ז)
wachten (ww)	lehamtin	לְהַמְתִּין

| kaartje (het) | kartis | כַּרְטִיס (ז) |
| reiskosten (de) | mexir hanesiya | מְחִיר הַנְּסִיעָה (ז) |

kassier (de)	kupai	קוּפַּאי (ז)
kaartcontrole (de)	bi'koret kartisim	בִּיקוֹרֶת כַּרְטִיסִים (נ)
controleur (de)	mevaker	מְבַקֵּר (ז)

te laat zijn (ww)	le'axer	לְאַחֵר
missen (de bus ~)	lefasfes	לְפַסְפֵּס
zich haasten (ww)	lemaher	לְמַהֵר

taxi (de)	monit	מוֹנִית (נ)
taxichauffeur (de)	nahag monit	נֶהַג מוֹנִית (ז)
met de taxi (bw)	bemonit	בְּמוֹנִית
taxistandplaats (de)	taxanat moniyot	תַּחֲנַת מוֹנִיוֹת (נ)
een taxi bestellen	lehazmin monit	לְהַזְמִין מוֹנִית
een taxi nemen	la'kaxat monit	לָקַחַת מוֹנִית

verkeer (het)	tnu'a	תְּנוּעָה (נ)
file (de)	pkak	פְּקָק (ז)
spitsuur (het)	ʃa'ot 'omes	שְׁעוֹת עוֹמֶס (נ״ר)
parkeren (on.ww.)	laxanot	לַחֲנוֹת
parkeren (ov.ww.)	lehaxnot	לְהַחֲנוֹת
parking (de)	xanaya	חֲנָיָה (נ)

metro (de)	ra'kevet taxtit	רַכֶּבֶת תַּחְתִּית (נ)
halte (bijv. kleine treinhalte)	taxana	תַּחֲנָה (נ)
de metro nemen	lin'so'a betaxtit	לִנְסוֹעַ בְּתַחְתִּית
trein (de)	ra'kevet	רַכֶּבֶת (נ)
station (treinstation)	taxanat ra'kevet	תַּחֲנַת רַכֶּבֶת (נ)

82. Bezienswaardigheden

monument (het)	an'darta	אַנְדַּרְטָה (נ)
vesting (de)	mivtsar	מִבְצָר (ז)
paleis (het)	armon	אַרְמוֹן (ז)
kasteel (het)	tira	טִירָה (נ)
toren (de)	migdal	מִגְדָּל (ז)
mausoleum (het)	ma'uzo'le'um	מָאוֹזוֹלֵיאוּם (ז)

architectuur (de)	adrixalut	אַדְרִיכָלוּת (נ)
middeleeuws (bn)	benaimi	בֵּינַיימִי
oud (bn)	atik	עָתִיק
nationaal (bn)	le'umi	לְאוּמִי
bekend (bn)	mefursam	מְפוּרְסָם

| toerist (de) | tayar | תַּיָּיר (ז) |
| gids (de) | madrix tiyulim | מַדְרִיךְ טִיּוּלִים (ז) |

rondleiding (de)	tiyul	טִיּוּל (ז)
tonen (ww)	lehar'ot	לְהַרְאוֹת
vertellen (ww)	lesaper	לְסַפֵּר

vinden (ww)	limtso	לִמְצֹא
verdwalen (de weg kwijt zijn)	la'leχet le'ibud	לָלֶכֶת לְאִיבּוּד
plattegrond (~ van de metro)	mapa	מַפָּה (נ)
plattegrond (~ van de stad)	tarʃim	תַּרְשִׁים (ז)

souvenir (het)	maz'keret	מַזְכֶּרֶת (נ)
souvenirwinkel (de)	χanut matanot	חֲנוּת מַתָּנוֹת (נ)
een foto maken (ww)	letsalem	לְצַלֵּם
zich laten fotograferen	lehitstalem	לְהִצְטַלֵּם

83. Winkelen

kopen (ww)	liknot	לִקְנוֹת
aankoop (de)	kniya	קְנִיָּה (נ)
winkelen (ww)	la'leχet lekniyot	לָלֶכֶת לִקְנִיּוֹת
winkelen (het)	ariχat kniyot	עֲרִיכַת קְנִיּוֹת (נ)

open zijn	pa'tuaχ	פָּתוּחַ
(ov. een winkel, enz.)		
gesloten zijn (ww)	sagur	סָגוּר

schoeisel (het)	na'a'layim	נַעֲלַיִם (נ״ר)
kleren (mv.)	bgadim	בְּגָדִים (ז״ר)
cosmetica (de)	tamrukim	תַּמְרוּקִים (ז״ר)
voedingswaren (mv.)	mutsrei mazon	מוּצְרֵי מָזוֹן (ז״ר)
geschenk (het)	matana	מַתָּנָה (נ)

| verkoper (de) | moχer | מוֹכֵר (ז) |
| verkoopster (de) | mo'χeret | מוֹכֶרֶת (נ) |

kassa (de)	kupa	קוּפָּה (נ)
spiegel (de)	mar'a	מַרְאָה (נ)
toonbank (de)	duχan	דּוּכָן (ז)
paskamer (de)	'χeder halbaʃa	חֲדַר הַלְבָּשָׁה (ז)

aanpassen (ww)	limdod	לִמְדֹּד
passen (ov. kleren)	lehat'im	לְהַתְאִים
bevallen (prettig vinden)	limtso χen be'ei'nayim	לִמְצֹא חֵן בְּעֵינַיִים

prijs (de)	meχir	מְחִיר (ז)
prijskaartje (het)	tag meχir	תַּג מְחִיר (ז)
kosten (ww)	la'alot	לַעֲלוֹת
Hoeveel?	'kama?	כַּמָּה?
korting (de)	hanaχa	הֲנָחָה (נ)

niet duur (bn)	lo yakar	לֹא יָקָר
goedkoop (bn)	zol	זוֹל
duur (bn)	yakar	יָקָר
Dat is duur.	ze yakar	זֶה יָקָר
verhuur (de)	haskara	הַשְׂכָּרָה (נ)

huren (smoking, enz.)	liskor	לִשְׂכּוֹר
krediet (het)	aʃrai	אַשְׁרַאי (ז)
op krediet (bw)	be'aʃrai	בְּאַשְׁרַאי

84. Geld

geld (het)	'kesef	כֶּסֶף (ז)
ruil (de)	hamara	הֲמָרָה (נ)
koers (de)	'ʃa'ar χalifin	שַׁעַר חֲלִיפִין (ז)
geldautomaat (de)	kaspomat	כַּסְפּוֹמָט (ז)
muntstuk (de)	mat'be'a	מַטְבֵּעַ (ז)

| dollar (de) | 'dolar | דּוֹלָר (ז) |
| euro (de) | 'eiro | אֵירוֹ (ז) |

lire (de)	'lira	לִירָה (נ)
Duitse mark (de)	mark germani	מַרְק גֶּרְמָנִי (ז)
frank (de)	frank	פְרַנְק (ז)
pond sterling (het)	'lira 'sterling	לִירָה שְׁטֶרְלִינְג (נ)
yen (de)	yen	יֶן (ז)

schuld (geldbedrag)	χov	חוֹב (ז)
schuldenaar (de)	'ba'al χov	בַּעַל חוֹב (ז)
uitlenen (ww)	lehalvot	לְהַלְווֹת
lenen (geld ~)	lilvot	לִלְווֹת

bank (de)	bank	בַּנְק (ז)
bankrekening (de)	χeʃbon	חֶשְׁבּוֹן (ז)
storten (ww)	lehafkid	לְהַפְקִיד
op rekening storten	lehafkid leχeʃbon	לְהַפְקִיד לְחֶשְׁבּוֹן
opnemen (ww)	limʃoχ meχeʃbon	לִמְשׁוֹךְ מֵחֶשְׁבּוֹן

kredietkaart (de)	kartis aʃrai	כַּרְטִיס אַשְׁרַאי (ז)
baar geld (het)	mezuman	מְזוּמָן
cheque (de)	tʃek	צֶ'ק (ז)
een cheque uitschrijven	liχtov tʃek	לִכְתּוֹב צֶ'ק
chequeboekje (het)	pinkas 'tʃekim	פִּנְקָס צֶ'קִים (ז)

portefeuille (de)	arnak	אַרְנָק (ז)
geldbeugel (de)	arnak lematbe''ot	אַרְנָק לְמַטְבְּעוֹת (ז)
safe (de)	ka'sefet	כַּסֶּפֶת (נ)

erfgenaam (de)	yoreʃ	יוֹרֵשׁ (ז)
erfenis (de)	yeruʃa	יְרוּשָׁה (נ)
fortuin (het)	'oʃer	עוֹשֶׁר (ז)

huur (de)	χoze sχirut	חוֹזֶה שְׂכִירוּת (ז)
huurprijs (de)	sχar dira	שְׂכַר דִּירָה (ז)
huren (huis, kamer)	liskor	לִשְׂכּוֹר

prijs (de)	meχir	מְחִיר (ז)
kostprijs (de)	alut	עֲלוּת (נ)
som (de)	sχum	סְכוּם (ז)
uitgeven (geld besteden)	lehotsi	לְהוֹצִיא

kosten (mv.)	hotsa'ot	הוֹצָאוֹת (נ"ר)
bezuinigen (ww)	laxasox	לַחֲסוֹךְ
zuinig (bn)	xesxoni	חָסְכוֹנִי

betalen (ww)	lefalem	לְשַׁלֵם
betaling (de)	taʃlum	תַּשְׁלוּם (ז)
wisselgeld (het)	'odef	עוֹדֶף (ז)

belasting (de)	mas	מַס (ז)
boete (de)	knas	קְנָס (ז)
beboeten (bekeuren)	liknos	לִקְנֹס

85. Post. Postkantoor

postkantoor (het)	'do'ar	דוֹאַר (ז)
post (de)	'do'ar	דוֹאַר (ז)
postbode (de)	davar	דַוָּר (ז)
openingsuren (mv.)	ʃa'ot avoda	שְׁעוֹת עֲבוֹדָה (נ"ר)

brief (de)	mixtav	מִכְתָּב (ז)
aangetekende brief (de)	mixtav raʃum	מִכְתָּב רָשׁוּם (ז)
briefkaart (de)	gluya	גְלוּיָה (נ)
telegram (het)	mivrak	מִבְרָק (ז)
postpakket (het)	xavila	חֲבִילָה (נ)
overschrijving (de)	ha'avarat ksafim	הַעֲבָרַת כְּסָפִים (נ)

ontvangen (ww)	lekabel	לְקַבֵּל
sturen (zenden)	liʃloax	לִשְׁלוֹחַ
verzending (de)	ʃlixa	שְׁלִיחָה (ז)

adres (het)	'ktovet	כְּתוֹבֶת (נ)
postcode (de)	mikud	מִיקוּד (ז)
verzender (de)	ʃo'leax	שׁוֹלֵחַ (ז)
ontvanger (de)	nim'an	נִמְעָן (ז)

| naam (de) | ʃem prati | שֵׁם פְּרָטִי (ז) |
| achternaam (de) | ʃem miʃpaxa | שֵׁם מִשְׁפָּחָה (ז) |

tarief (het)	ta'arif	תַּעֲרִיף (ז)
standaard (bn)	ragil	רָגִיל
zuinig (bn)	xesxoni	חָסְכוֹנִי

gewicht (het)	miʃkal	מִשְׁקָל (ז)
afwegen (op de weegschaal)	liʃkol	לִשְׁקוֹל
envelop (de)	ma'atafa	מַעֲטָפָה (נ)
postzegel (de)	bul 'do'ar	בּוּל דוֹאַר (ז)
een postzegel plakken op	lehadbik bul	לְהַדְבִּיק בּוּל

Woning. Huis. Thuis

86. Huis. Woning

huis (het)	'bayit	בַּיִת (ז)
thuis (bw)	ba'bayit	בַּבַּיִת
cour (de)	χatser	חָצֵר (ז)
omheining (de)	gader	גָּדֵר (נ)
baksteen (de)	levena	לְבֵנָה (נ)
van bakstenen	milevenim	מִלְבֵנִים
steen (de)	'even	אֶבֶן (נ)
stenen (bn)	me''even	מֵאֶבֶן
beton (het)	beton	בֶּטוֹן (ז)
van beton	mibeton	מִבֶּטוֹן
nieuw (bn)	χadaʃ	חָדָשׁ
oud (bn)	yaʃan	יָשָׁן
vervallen (bn)	balui	בָּלוּי
modern (bn)	mo'derni	מוֹדֶרְנִי
met veel verdiepingen	rav komot	רַב־קוֹמוֹת
hoog (bn)	ga'voha	גָּבוֹהַּ
verdieping (de)	'koma	קוֹמָה (נ)
met een verdieping	χad komati	חַד־קוֹמָתִי
laagste verdieping (de)	komat 'karka	קוֹמַת קַרְקַע (נ)
bovenverdieping (de)	hakoma ha'elyona	הַקוֹמָה הָעֶלְיוֹנָה (נ)
dak (het)	gag	גַּג (ז)
schoorsteen (de)	aruba	אֲרוּבָּה (נ)
dakpan (de)	'ra'af	רַעַף (ז)
pannen- (abn)	mere'afim	מֵרְעָפִים
zolder (de)	aliyat gag	עֲלִיַּת גַּג (נ)
venster (het)	χalon	חַלּוֹן (ז)
glas (het)	zχuχit	זְכוּכִית (נ)
vensterbank (de)	'eden χalon	אֶדֶן חַלּוֹן (ז)
luiken (mv.)	trisim	תְּרִיסִים (ז"ר)
muur (de)	kir	קִיר (ז)
balkon (het)	mir'peset	מִרְפֶּסֶת (נ)
regenpijp (de)	marzev	מַרְזֵב (ז)
boven (bw)	le'mala	לְמַעְלָה
naar boven gaan (ww)	la'alot bemadregot	לַעֲלוֹת בְּמַדְרֵגוֹת
afdalen (on.ww.)	la'redet bemadregot	לָרֶדֶת בְּמַדְרֵגוֹת
verhuizen (ww)	la'avor	לַעֲבוֹר

87. Huis. Ingang. Lift

ingang (de)	knisa	כְּנִיסָה (נ)
trap (de)	madregot	מַדְרֵגוֹת (נ"ר)
treden (mv.)	madregot	מַדְרֵגוֹת (נ"ר)
trapleuning (de)	ma'ake	מַעֲקֶה (ז)
hal (de)	'lobi	לוֹבִּי (ז)

postbus (de)	teivat 'do'ar	תֵּיבַת דּוֹאַר (נ)
vuilnisbak (de)	paχ 'zevel	פַּח זֶבֶל (ז)
vuilniskoker (de)	merik aʃpa	מֵרִיק אַשְׁפָּה (ז)

lift (de)	ma'alit	מַעֲלִית (נ)
goederenlift (de)	ma'alit masa	מַעֲלִית מַשָּׂא (נ)
liftcabine (de)	ta ma'alit	תָּא מַעֲלִית (ז)
de lift nemen	lin'so'a bema'alit	לִנְסוֹעַ בְּמַעֲלִית

appartement (het)	dira	דִּירָה (נ)
bewoners (mv.)	dayarim	דַּיָּירִים (ז"ר)
buurman (de)	ʃaχen	שָׁכֵן (ז)
buurvrouw (de)	ʃχena	שְׁכֵנָה (נ)
buren (mv.)	ʃχenim	שְׁכֵנִים (ז"ר)

88. Huis. Elektriciteit

elektriciteit (de)	χaʃmal	חַשְׁמַל (ז)
lamp (de)	nura	נוּרָה (נ)
schakelaar (de)	'meteg	מֶתֶג (ז)
zekering (de)	natiχ	נָתִיךְ (ז)

draad (de)	χut	חוּט (ז)
bedrading (de)	χivut	חִיווּט (ז)
elektriciteitsmeter (de)	mone χaʃmal	מוֹנֶה חַשְׁמַל (ז)
gegevens (mv.)	kri'a	קְרִיאָה (נ)

89. Huis. Deuren. Sloten

deur (de)	'delet	דֶּלֶת (נ)
toegangspoort (de)	'ʃa'ar	שַׁעַר (ז)
deurkruk (de)	yadit	יָדִית (נ)
ontsluiten (ontgrendelen)	lif'toaχ	לִפְתּוֹחַ
openen (ww)	lif'toaχ	לִפְתּוֹחַ
sluiten (ww)	lisgor	לִסְגּוֹר

sleutel (de)	maf'teaχ	מַפְתֵּחַ (ז)
sleutelbos (de)	tsror mafteχot	צְרוֹר מַפְתְּחוֹת (ז)
knarsen (bijv. scharnier)	laχarok	לַחֲרוֹק
knarsgeluid (het)	χarika	חֲרִיקָה (נ)
scharnier (het)	tsir	צִיר (ז)
deurmat (de)	ʃtiχon	שְׁטִיחוֹן (ז)
slot (het)	man'ul	מַנְעוּל (ז)

sleutelgat (het)	χor haman'ul	חוֹר הַמַּנְעוּל (ז)
grendel (de)	'briaχ	בְּרִיחַ (ז)
schuif (de)	'briaχ	בְּרִיחַ (ז)
hangslot (het)	man'ul	מַנְעוּל (ז)

aanbellen (ww)	letsaltsel	לְצַלְצֵל
bel (geluid)	tsiltsul	צִלְצוּל (ז)
deurbel (de)	pa'amon	פַּעֲמוֹן (ז)
belknop (de)	kaftor	כַּפְתּוֹר (ז)
geklop (het)	hakaʃa	הַקָּשָׁה (נ)
kloppen (ww)	lehakiʃ	לְהַקִּישׁ

code (de)	kod	קוֹד (ז)
cijferslot (het)	man'ul kod	מַנְעוּל קוֹד (ז)
parlofoon (de)	'interkom	אִינְטֶרְקוֹם (ז)
nummer (het)	mispar	מִסְפָּר (ז)
naambordje (het)	luχit	לוּחִית (נ)
deurspion (de)	einit	עֵינִית (נ)

90. Huis op het platteland

dorp (het)	kfar	כְּפָר (ז)
moestuin (de)	gan yarak	גַּן יָרָק (ז)
hek (het)	gader	גָּדֵר (נ)
houten hekwerk (het)	gader yetedot	גָּדֵר יְתֵדוֹת (נ)
tuinpoortje (het)	piʃpaʃ	פִּשְׁפָּשׁ (ז)

graanschuur (de)	asam	אָסָם (ז)
wortelkelder (de)	martef	מַרְתֵּף (ז)
schuur (de)	maχsan	מַחְסָן (ז)
waterput (de)	be'er	בְּאֵר (נ)

kachel (de)	aχ	אָח (נ)
de kachel stoken	lehasik et ha'aχ	לְהַסִּיק אֶת הָאָח
brandhout (het)	atsei hasaka	עֲצֵי הַסָּקָה (ז"ר)
houtblok (het)	bul ets	בּוּל עֵץ (ז)

veranda (de)	mir'peset mekora	מִרְפֶּסֶת מְקוֹרָה (נ)
terras (het)	mir'peset	מִרְפֶּסֶת (נ)
bordes (het)	madregot ba'petaχ 'bayit	מַדְרֵגוֹת בַּפֶּתַח בַּיִת (נ"ר)
schommel (de)	nadneda	נַדְנֵדָה (נ)

91. Villa. Herenhuis

landhuisje (het)	'bayit bakfar	בַּיִת בַּכְּפָר (ז)
villa (de)	'vila	וִילָה (נ)
vleugel (de)	agaf	אֲגַף (ז)

tuin (de)	gan	גַּן (ז)
park (het)	park	פַּארְק (ז)
oranjerie (de)	χamama	חֲמָמָה (נ)
onderhouden (tuin, enz.)	legadel	לְגַדֵּל

zwembad (het)	breχat sχiya	בְּרֵיכַת שְׂחִיָּה (נ)
gym (het)	'χeder 'koʃer	חֲדַר כּוֹשֶׁר (ז)
tennisveld (het)	migraʃ 'tenis	מִגְרַשׁ טֶנִיס (ז)
bioscoopkamer (de)	'χeder hakrana beiti	חֲדַר הַקְרָנָה בֵּיתִי (ז)
garage (de)	musaχ	מוּסָךְ (ז)

| privé-eigendom (het) | reχuʃ prati | רְכוּשׁ פְּרָטִי (ז) |
| eigen terrein (het) | ʃetaχ prati | שֶׁטַח פְּרָטִי (ז) |

| waarschuwing (de) | azhara | אַזְהָרָה (נ) |
| waarschuwingsbord (het) | ʃelet azhara | שֶׁלֶט אַזְהָרָה (ז) |

bewaking (de)	avtaχa	אַבְטָחָה (נ)
bewaker (de)	ʃomer	שׁוֹמֵר (ז)
inbraakalarm (het)	ma'a'reχet az'aka	מַעֲרֶכֶת אַזְעָקָה (נ)

92. Kasteel. Paleis

kasteel (het)	tira	טִירָה (נ)
paleis (het)	armon	אַרְמוֹן (ז)
vesting (de)	mivtsar	מִבְצָר (ז)

ringmuur (de)	χoma	חוֹמָה (נ)
toren (de)	migdal	מִגְדָּל (ז)
donjon (de)	migdal merkazi	מִגְדָּל קָרְבֵּדִי (ז)

valhek (het)	ʃa'ar anaχi	שַׁעַר אָנָכִי (ז)
onderaardse gang (de)	ma'avar tat karka'i	מַעֲבָר תַּת־קַרְקָעִי (ז)
slotgracht (de)	χafir	חָפִיר (ז)
ketting (de)	ʃal'ʃelet	שַׁלְשֶׁלֶת (נ)
schietgat (het)	eʃnav 'yeri	אֶשְׁנַב יְרִי (ז)

prachtig (bn)	mefo'ar	מְפוֹאָר
majestueus (bn)	malχuti	מַלְכוּתִי
onneembaar (bn)	'bilti χadir	בִּלְתִּי חָדִיר
middeleeuws (bn)	benaimi	בֵּינַיְימִי

93. Appartement

appartement (het)	dira	דִּירָה (נ)
kamer (de)	'χeder	חֶדֶר (ז)
slaapkamer (de)	χadar ʃena	חֲדַר שֵׁינָה (ז)
eetkamer (de)	pinat 'oχel	פִּינַת אוֹכֶל (נ)
salon (de)	salon	סָלוֹן (ז)
studeerkamer (de)	χadar avoda	חֲדַר עֲבוֹדָה (ז)
gang (de)	prozdor	פְּרוֹזְדּוֹר (ז)
badkamer (de)	χadar am'batya	חֲדַר אַמְבַּטְיָה (ז)
toilet (het)	ʃerutim	שֵׁירוּתִים (ז״ר)

plafond (het)	tikra	תִּקְרָה (נ)
vloer (de)	ritspa	רִצְפָּה (נ)
hoek (de)	pina	פִּינָה (נ)

94. Appartement. Schoonmaken

schoonmaken (ww)	lenakot	לְנַקוֹת
opbergen (in de kast, enz.)	lefanot	לְפַנוֹת
stof (het)	avak	אָבָק (ז)
stoffig (bn)	me'ubak	מְאוּבָּק
stoffen (ww)	lenakot avak	לְנַקוֹת אָבָק
stofzuiger (de)	ʃo'ev avak	שוֹאֵב אָבָק (ז)
stofzuigen (ww)	liʃov avak	לִשאוֹב אָבָק
vegen (de vloer ~)	letate	לְטַאטֵא
veegsel (het)	'psolet ti'tu	פְּסוֹלֶת טְאַטוּא (נ)
orde (de)	'seder	סֵדֶר (ז)
wanorde (de)	i 'seder	אִי סֵדֶר (ז)
zwabber (de)	magev im smartut	מַגֵב עִם סְמַרטוּט (ז)
poetsdoek (de)	smartut avak	סְמַרטוּט אָבָק (ז)
veger (de)	mat'ate katan	מַטְאֲטֵא קָטָן (ז)
stofblik (het)	ya'e	יָעֶה (ז)

95. Meubels. Interieur

meubels (mv.)	rehitim	רָהִיטִים (ז"ר)
tafel (de)	ʃulχan	שוּלחָן (ז)
stoel (de)	kise	כְּסֵא (ז)
bed (het)	mita	מִיטָה (נ)
bankstel (het)	sapa	סַפָּה (נ)
fauteuil (de)	kursa	כּוּרסָה (נ)
boekenkast (de)	aron sfarim	אָרוֹן סְפָרִים (ז)
boekenrek (het)	madaf	מַדָף (ז)
kledingkast (de)	aron bgadim	אָרוֹן בְּגָדִים (ז)
kapstok (de)	mitle	מִתלֶה (ז)
staande kapstok (de)	mitle	מִתלֶה (ז)
commode (de)	ʃida	שִידָה (נ)
salontafeltje (het)	ʃulχan itonim	שוּלחָן עִיתוֹנִים (ז)
spiegel (de)	mar'a	מַראָה (נ)
tapijt (het)	ʃa'tiaχ	שָטִיחַ (ז)
tapijtje (het)	ʃa'tiaχ	שָטִיחַ (ז)
haard (de)	aχ	אָח (נ)
kaars (de)	ner	נֵר (ז)
kandelaar (de)	pamot	פָּמוֹט (ז)
gordijnen (mv.)	vilonot	וִילוֹנוֹת (ז"ר)
behang (het)	tapet	טַפֶּט (ז)
jaloezie (de)	trisim	תְרִיסִים (ז"ר)
bureaulamp (de)	menorat ʃulχan	מְנוֹרַת שוּלחָן (נ)
wandlamp (de)	menorat kir	מְנוֹרַת קִיר (נ)

| staande lamp (de) | menora o'medet | מְנוֹרָה עוֹמֶדֶת (נ) |
| luchter (de) | niv'rejet | נִבְרֶשֶׁת (נ) |

poot (ov. een tafel, enz.)	'regel	רֶגֶל (נ)
armleuning (de)	mij'enet yad	מִשְׁעֶנֶת יָד (נ)
rugleuning (de)	mij'enet	מִשְׁעֶנֶת (נ)
la (de)	megera	מְגֵירָה (נ)

96. Beddengoed

beddengoed (het)	matsa'im	מַצָּעִים (ז"ר)
kussen (het)	karit	כָּרִית (נ)
kussenovertrek (de)	tsipit	צִיפִּית (נ)
deken (de)	smixa	שְׂמִיכָה (נ)
laken (het)	sadin	סָדִין (ז)
sprei (de)	kisui mita	כִּיסּוּי מִיטָה (ז)

97. Keuken

keuken (de)	mitbax	מִטְבָּח (ז)
gas (het)	gaz	גָּז (ז)
gasfornuis (het)	tanur gaz	תַּנּוּר גָּז (ז)
elektrisch fornuis (het)	tanur xajmali	תַּנּוּר חַשְׁמַלִּי (ז)
oven (de)	tanur afiya	תַּנּוּר אֲפִיָּה (ז)
magnetronoven (de)	mikrogal	מִיקְרוֹגַל (ז)

koelkast (de)	mekarer	מְקָרֵר (ז)
diepvriezer (de)	makpi	מַקְפִּיא (ז)
vaatwasmachine (de)	me'diax kelim	מֵדִיחַ כֵּלִים (ז)

vleesmolen (de)	matxenat basar	מַטְחֵנַת בָּשָׂר (נ)
vruchtenpers (de)	masxeta	מַסְחֵטָה (נ)
toaster (de)	'toster	טוֹסְטֶר (ז)
mixer (de)	'mikser	מִיקְסֶר (ז)

koffiemachine (de)	mexonat kafe	מְכוֹנַת קָפֶה (נ)
koffiepot (de)	findʒan	פִינְגָּ'אן (ז)
koffiemolen (de)	matxenat kafe	מַטְחֵנַת קָפֶה (נ)

fluitketel (de)	kumkum	קוּמְקוּם (ז)
theepot (de)	kumkum	קוּמְקוּם (ז)
deksel (de/het)	mixse	מִכְסֶה (ז)
theezeefje (het)	mis'nenet te	מְסַנֶּנֶת תֶּה (נ)

lepel (de)	kaf	כַּף (נ)
theelepeltje (het)	kapit	כַּפִּית (נ)
eetlepel (de)	kaf	כַּף (נ)
vork (de)	mazleg	מַזְלֵג (ז)
mes (het)	sakin	סַכִּין (ז, נ)

| vaatwerk (het) | kelim | כֵּלִים (ז"ר) |
| bord (het) | tsa'laxat | צַלַּחַת (נ) |

schoteltje (het)	taxtit	תַחְתִּית (נ)
likeurglas (het)	kosit	כּוֹסִית (נ)
glas (het)	kos	כּוֹס (נ)
kopje (het)	'sefel	סֵפֶל (ז)

suikerpot (de)	mis'keret	מִסְכֶּרֶת (נ)
zoutvat (het)	milxiya	מִלְחִיָה (נ)
pepervat (het)	pilpeliya	פִּלְפְּלִיָה (נ)
boterschaaltje (het)	maxame'a	מַחְמָאָה (נ)

steelpan (de)	sir	סִיר (ז)
bakpan (de)	maxvat	מַחְבַת (נ)
pollepel (de)	tarvad	תַרְוָד (ז)
vergiet (de/het)	mis'nenet	מְסַנֶּנֶת (נ)
dienblad (het)	magaʃ	מַגָּש (ז)

fles (de)	bakbuk	בַּקְבּוּק (ז)
glazen pot (de)	tsin'tsenet	צִנְצֶנֶת (נ)
blik (conserven~)	paxit	פַּחִית (נ)

flesopener (de)	potxan bakbukim	פּוֹתְחָן בַּקְבּוּקִים (ז)
blikopener (de)	potxan kufsa'ot	פּוֹתְחָן קוּפְסָאוֹת (ז)
kurkentrekker (de)	maxlets	מַחְלֵץ (ז)
filter (de/het)	'filter	פִילְטֶר (ז)
filteren (ww)	lesanen	לְסַנֵן

huisvuil (het)	'zevel	זֶבֶל (ז)
vuilnisemmer (de)	pax 'zevel	פַּח זֶבֶל (ז)

98. Badkamer

badkamer (de)	xadar am'batya	חֲדַר אַמְבַּטְיָה (ז)
water (het)	'mayim	מַיִם (ז"ר)
kraan (de)	'berez	בֶּרֶז (ז)
warm water (het)	'mayim xamim	מַיִם חָמִים (ז"ר)
koud water (het)	'mayim karim	מַיִם קָרִים (ז"ר)

tandpasta (de)	miʃxat ʃi'nayim	מִשְחַת שִינַיִים (נ)
tanden poetsen (ww)	letsax'tseax ʃi'nayim	לְצַחְצֵחַ שִינַיִים
tandenborstel (de)	miv'reʃet ʃi'nayim	מִבְרֶשֶת שִינַיִים (נ)

zich scheren (ww)	lehitga'leax	לְהִתְגַלֵחַ
scheercrème (de)	'ketsef gi'luax	קֶצֶף גִילוּחַ (ז)
scheermes (het)	'ta'ar	תַעַר (ז)

wassen (ww)	liʃtof	לִשְטוֹף
een bad nemen	lehitraxets	לְהִתְרַחֵץ
douche (de)	mik'laxat	מִקְלַחַת (נ)
een douche nemen	lehitka'leax	לְהִתְקַלֵחַ

bad (het)	am'batya	אַמְבַּטְיָה (נ)
toiletpot (de)	asla	אַסְלָה (נ)
wastafel (de)	kiyor	כִּיוֹר (ז)
zeep (de)	sabon	סַבּוֹן (ז)

zeepbakje (het)	saboniya	סבּוֹנִיָה (נ)
spons (de)	sfog 'lifa	סְפוֹג לִיפָה (ז)
shampoo (de)	ʃampu	שַׁמְפּוּ (ז)
handdoek (de)	ma'gevet	מַגֶּבֶת (נ)
badjas (de)	χaluk raχatsa	חָלוּק רַחְצָה (ז)

was (bijv. handwas)	kvisa	כְּבִיסָה (נ)
wasmachine (de)	meχonat kvisa	מְכוֹנַת כְּבִיסָה (נ)
de was doen	leχabes	לְכַבֵּס
waspoeder (de)	avkat kvisa	אַבְקַת כְּבִיסָה (נ)

99. Huishoudelijke apparaten

televisie (de)	tele'vizya	טֶלֶוִוזְיָה (נ)
cassettespeler (de)	teip	טֵייפ (ז)
videorecorder (de)	maχʃir 'vide'o	מַכְשִׁיר וִידֵאוֹ (ז)
radio (de)	'radyo	רַדְיוֹ (ז)
speler (de)	nagan	נַגָן (ז)

videoprojector (de)	makren	מַקְרֵן (ז)
home theater systeem (het)	kol'no'a beiti	קוֹלְנוֹעַ בֵּיתִי (ז)
DVD-speler (de)	nagan dividi	נַגָן DVD (ז)
versterker (de)	magber	מַגְבֵּר (ז)
spelconsole (de)	maχʃir plei'steiʃen	מַכְשִׁיר פְּלֵייסְטֵיישֶׁן (ז)

videocamera (de)	matslemat 'vide'o	מַצְלֵמַת וִידֵאוֹ (נ)
fotocamera (de)	matslema	מַצְלֵמָה (נ)
digitale camera (de)	matslema digi'talit	מַצְלֵמָה דִיגִיטָלִית (נ)

stofzuiger (de)	ʃo'ev avak	שׁוֹאֵב אָבָק (ז)
strijkijzer (het)	maghets	מַגְהֵץ (ז)
strijkplank (de)	'kereʃ gihuts	קֶרֶשׁ גִיהוּץ (ז)

telefoon (de)	'telefon	טֶלֶפוֹן (ז)
mobieltje (het)	'telefon nayad	טֶלֶפוֹן נַיָד (ז)
schrijfmachine (de)	meχonat ktiva	מְכוֹנַת כְּתִיבָה (נ)
naaimachine (de)	meχonat tfira	מְכוֹנַת תְפִירָה (נ)

microfoon (de)	mikrofon	מִיקְרוֹפוֹן (ז)
koptelefoon (de)	ozniyot	אוֹזְנִיוֹת (נ"ר)
afstandsbediening (de)	'ʃelet	שֶׁלֶט (ז)

CD (de)	taklitor	תַקְלִיטוֹר (ז)
cassette (de)	ka'letet	קַלֶטֶת (נ)
vinylplaat (de)	taklit	תַקְלִיט (ז)

100. Reparaties. Renovatie

renovatie (de)	ʃiputs	שִׁיפּוּץ (ז)
renoveren (ww)	leʃapets	לְשַׁפֵּץ
repareren (ww)	letaken	לְתַקֵן
op orde brengen	lesader	לְסַדֵר

overdoen (ww)	la'asot meχadaʃ	לַעֲשׂוֹת מֵחָדָשׁ
verf (de)	'tseva	צֶבַע (ז)
verven (muur ~)	lits'bo'a	לִצְבּוֹעַ
schilder (de)	tsaba'i	צַבָּעִי (ז)
kwast (de)	mikχol	מִכְחוֹל (ז)

| kalk (de) | sid | סִיד (ז) |
| kalken (ww) | lesayed | לְסַיֵּד |

behang (het)	tapet	טַפֶּט (ז)
behangen (ww)	lehadbik ta'petim	לְהַדְבִּיק טַפֶּטִים
lak (de/het)	'laka	לַכָּה (נ)
lakken (ww)	lim'roaχ 'laka	לִמְרוֹחַ לַכָּה

101. Loodgieterswerk

water (het)	'mayim	מַיִם (ד"ר)
warm water (het)	'mayim χamim	מַיִם חָמִים (ד"ר)
koud water (het)	'mayim karim	מַיִם קָרִים (ד"ר)
kraan (de)	'berez	בֶּרֶז (ז)

druppel (de)	tipa	טִיפָה (נ)
druppelen (ww)	letaftef	לְטַפְטֵף
lekken (een lek hebben)	lidlof	לִדְלוֹף
lekkage (de)	dlifa	דְּלִיפָה (נ)
plasje (het)	ʃlulit	שְׁלוּלִית (נ)

buis, leiding (de)	tsinor	צִינּוֹר (ז)
stopkraan (de)	'berez	בֶּרֶז (ז)
verstopt raken (ww)	lehisatem	לְהִיסָּתֵם

gereedschap (het)	klei avoda	כְּלֵי עֲבוֹדָה (ד"ר)
Engelse sleutel (de)	maf'teaχ mitkavnen	מַפְתֵּחַ מִתְכַּוְנֵן (ז)
losschroeven (ww)	lif'toaχ	לִפְתּוֹחַ
aanschroeven (ww)	lehavrig	לְהַבְרִיג

ontstoppen (riool, enz.)	lif'toaχ et hastima	לִפְתּוֹחַ אֶת הַסְּתִימָה
loodgieter (de)	ʃravrav	שְׁרַבְרַב (ז)
kelder (de)	martef	מַרְתֵּף (ז)
riolering (de)	biyuv	בִּיּוּב (ז)

102. Brand. Vuurzee

vuur (het)	srefa	שְׂרֵיפָה (נ)
vlam (de)	lehava	לֶהָבָה (נ)
vonk (de)	nitsots	נִיצוֹץ (ז)
rook (de)	aʃan	עָשָׁן (ז)
fakkel (de)	lapid	לַפִּיד (ז)
kampvuur (het)	medura	מְדוּרָה (נ)

| benzine (de) | 'delek | דֶּלֶק (ז) |
| kerosine (de) | kerosin | קֵרוֹסִין (ז) |

brandbaar (bn)	dalik	דָּלִיק
ontplofbaar (bn)	nafits	נָפִיץ
VERBODEN TE ROKEN!	asur le'aʃen!	אָסוּר לְעַשֵׁן!

veiligheid (de)	betiχut	בְּטִיחוּת (נ)
gevaar (het)	sakana	סַכָּנָה (נ)
gevaarlijk (bn)	mesukan	מְסוּכָּן

in brand vliegen (ww)	lehidalek	לְהִידָּלֵק
explosie (de)	pitsuts	פִּיצוּץ (ז)
in brand steken (ww)	lehatsit	לְהַצִּית
brandstichter (de)	matsit	מַצִּית (ז)
brandstichting (de)	hatsata	הַצָּתָה (נ)

vlammen (ww)	liv'or	לִבְעוֹר
branden (ww)	la'alot be'eʃ	לַעֲלוֹת בָּאֵשׁ
afbranden (ww)	lehisaref	לְהִישָׂרֵף

de brandweer bellen	lehazmin meχabei eʃ	לְהַזְמִין מְכַבֵּי אֵשׁ
brandweerman (de)	kabai	כַּבַּאי (ז)
brandweerwagen (de)	'reχev kibui	רֶכֶב כִּיבּוּי (ז)
brandweer (de)	meχabei eʃ	מְכַבֵּי אֵשׁ (ז"ר)
uitschuifbare ladder (de)	sulam kaba'im	סוּלָם כַּבָּאִים (ז)

brandslang (de)	zarnuk	זַרְנוּק (ז)
brandblusser (de)	mataf	מַטָּף (ז)
helm (de)	kasda	קַסְדָּה (נ)
sirene (de)	tsofar	צוֹפָר (ז)

roepen (ww)	lits'ok	לִצְעוֹק
hulp roepen	likro le'ezra	לִקְרוֹא לְעֶזְרָה
redder (de)	matsil	מַצִּיל (ז)
redden (ww)	lehatsil	לְהַצִּיל

aankomen (per auto, enz.)	leha'gi'a	לְהַגִּיעַ
blussen (ww)	leχabot	לְכַבּוֹת
water (het)	'mayim	מַיִם (ז"ר)
zand (het)	χol	חוֹל (ז)

ruïnes (mv.)	χoravot	חוֹרָבוֹת (נ"ר)
instorten (gebouw, enz.)	likros	לִקְרוֹס
ineenstorten (ww)	likros	לִקְרוֹס
inzakken (ww)	lehitmotet	לְהִתְמוֹטֵט

brokstuk (het)	pisat χoravot	פִּיסַת חוֹרָבוֹת (נ)
as (de)	'efer	אֵפֶר (ז)

verstikken (ww)	lehiχanek	לְהֵיחָנֵק
omkomen (ww)	lehihareg	לְהֵיהָרֵג

MENSELIJKE ACTIVITEITEN

Baan. Business. Deel 1

103. Kantoor. Op kantoor werken

kantoor (het)	misrad	מִשְׂרָד (ז)
kamer (de)	misrad	מִשְׂרָד (ז)
receptie (de)	kabala	קַבָּלָה (נ)
secretaris (de)	mazkir	מַזְכִּיר (ז)
secretaresse (de)	mazkira	מַזְכִּירָה (נ)
directeur (de)	menahel	מְנַהֵל (ז)
manager (de)	menahel	מְנַהֵל (ז)
boekhouder (de)	menahel xeʃbonot	מְנַהֵל חֶשְׁבּוֹנוֹת (ז)
werknemer (de)	oved	עוֹבֵד (ז)
meubilair (het)	rehitim	רָהִיטִים (ז"ר)
tafel (de)	ʃulxan	שׁוּלְחָן (ז)
bureaustoel (de)	kursa	כּוּרְסָה (נ)
ladeblok (het)	ʃidat megerot	שִׁידַת מְגֵירוֹת (נ)
kapstok (de)	mitle	מִתְלֶה (ז)
computer (de)	maxʃev	מַחְשֵׁב (ז)
printer (de)	mad'peset	מַדְפֶּסֶת (נ)
fax (de)	faks	פַקְס (ז)
kopieerapparaat (het)	mexonat tsilum	מְכוֹנַת צִילוּם (נ)
papier (het)	neyar	נְיָיר (ז)
kantoorartikelen (mv.)	tsiyud misradi	צִיוּד מִשְׂרָדִי (ז)
muismat (de)	ʃa'tiax le'axbar	שְׁטִיחַ לְעַכְבָּר (ז)
blad (het)	daf	דַף (ז)
ordner (de)	klaser	קְלַסֵר (ז)
catalogus (de)	katalog	קָטָלוֹג (ז)
telefoongids (de)	madrix 'telefon	מַדְרִיךְ טֶלֶפוֹן (ז)
documentatie (de)	ti'ud	תִיעוּד (ז)
brochure (de)	xo'veret	חוֹבֶרֶת (נ)
flyer (de)	alon	עָלוֹן (ז)
monster (het), staal (de)	dugma	דוּגְמָה (נ)
training (de)	yeʃivat hadraxa	יְשִׁיבַת הַדְרָכָה (נ)
vergadering (de)	yeʃiva	יְשִׁיבָה (נ)
lunchpauze (de)	hafsakat tsaha'rayim	הַפְסָקַת צָהֳרַיִים (נ)
een kopie maken	letsalem mismax	לְצַלֵם מִסְמָךְ
de kopieën maken	lehaxin mispar otakim	לְהָכִין מִסְפַּר עוֹתָקִים
een fax ontvangen	lekabel faks	לְקַבֵּל פַקְס
een fax versturen	liʃ'loax faks	לִשְׁלוֹחַ פַקְס

opbellen (ww)	lehitkaʃer	לְהִתְקַשֵּׁר
antwoorden (ww)	la'anot	לַעֲנוֹת
doorverbinden (ww)	lekaʃer	לְקַשֵּׁר

afspreken (ww)	lik'bo'a pgiʃa	לִקְבּוֹעַ פְּגִישָׁה
demonstreren (ww)	lehadgim	לְהַדְגִּים
absent zijn (ww)	lehe'ader	לְהֵיעָדֵר
afwezigheid (de)	he'adrut	הֵיעָדְרוּת (נ)

104. Bedrijfsprocessen. Deel 1

bedrijf (business)	'esek	עֵסֶק (ז)
zaak (de), beroep (het)	isuk	עִיסּוּק (ז)
firma (de)	χevra	חֶבְרָה (נ)
bedrijf (maatschap)	χevra	חֶבְרָה (נ)
corporatie (de)	ta'agid	תַּאֲגִיד (ז)
onderneming (de)	'esek	עֵסֶק (ז)
agentschap (het)	soχnut	סוֹכְנוּת (נ)

overeenkomst (de)	heskem	הֶסְכֵּם (ז)
contract (het)	χoze	חוֹזֶה (ז)
transactie (de)	iska	עִסְקָה (נ)
bestelling (de)	hazmana	הַזְמָנָה (נ)
voorwaarde (de)	tnai	תְּנַאי (ז)

in het groot (bw)	besitonut	בְּסִיטוֹנוּת
groothandels- (abn)	sitona'i	סִיטוֹנָאִי
groothandel (de)	sitonut	סִיטוֹנוּת (נ)
kleinhandels- (abn)	kim'oni	קמְעוֹנִי
kleinhandel (de)	kim'onut	קמְעוֹנוּת (נ)

concurrent (de)	mitχare	מִתְחָרֶה (ז)
concurrentie (de)	taχarut	תַּחֲרוּת (נ)
concurreren (ww)	lehitχarot	לְהִתְחָרוֹת

| partner (de) | ʃutaf | שׁוּתָף (ז) |
| partnerschap (het) | ʃutafa | שׁוּתָפוּת (נ) |

crisis (de)	maʃber	מַשְׁבֵּר (ז)
bankroet (het)	pʃitat 'regel	פְּשִׁיטַת רֶגֶל (נ)
bankroet gaan (ww)	liʃʃot 'regel	לִפְשׁוֹט רֶגֶל
moeilijkheid (de)	'koʃi	קוֹשִׁי (ז)
probleem (het)	be'aya	בְּעָיָה (נ)
catastrofe (de)	ason	אָסוֹן (ז)

economie (de)	kalkala	כַּלְכָּלָה (נ)
economisch (bn)	kalkali	כַּלְכָּלִי
economische recessie (de)	mitun kalkali	מִיתּוּן כַּלְכָּלִי (ז)

| doel (het) | matara | מַטָּרָה (נ) |
| taak (de) | mesima | מְשִׂימָה (נ) |

| handelen (handel drijven) | lisχor | לִסְחוֹר |
| netwerk (het) | 'reʃet | רֶשֶׁת (נ) |

| voorraad (de) | maxsan | מַחְסָן (ז) |
| assortiment (het) | mivxar | מִבְחָר (ז) |

leider (de)	manhig	מַנְהִיג (ז)
groot (bn)	gadol	גָּדוֹל
monopolie (het)	'monopol	מוֹנוֹפּוֹל (ז)

theorie (de)	te''orya	תֵּיאוֹרְיָה (נ)
praktijk (de)	'praktika	פְּרַקְטִיקָה (נ)
ervaring (de)	nisayon	נִיסָיוֹן (ז)
tendentie (de)	megama	מְגַמָּה (נ)
ontwikkeling (de)	pi'tuax	פִּיתוּחַ (ז)

105. Bedrijfsprocessen. Deel 2

| voordeel (het) | 'revax | רֶווַח (ז) |
| voordelig (bn) | rivxi | רִווְחִי |

delegatie (de)	miʃlaxat	מִשְׁלַחַת (נ)
salaris (het)	mas'koret	מַשְׂכּוֹרֶת (נ)
corrigeren (fouten ~)	letaken	לְתַקֵּן
zakenreis (de)	nesi'a batafkid	נְסִיעָה בַּתַּפְקִיד (נ)
commissie (de)	amla	עַמְלָה (נ)

controleren (ww)	liʃlot	לִשְׁלוֹט
conferentie (de)	kinus	כִּינוּס (ז)
licentie (de)	riʃayon	רִישָׁיוֹן (ז)
betrouwbaar (partner, enz.)	amin	אָמִין

aanzet (de)	yozma	יוֹזְמָה (נ)
norm (bijv. ~ stellen)	'norma	נוֹרְמָה (נ)
omstandigheid (de)	nesibot	נְסִיבּוֹת (נ"ר)
taak, plicht (de)	xova	חוֹבָה (נ)

organisatie (bedrijf, zaak)	irgun	אִרְגּוּן (ז)
organisatie (proces)	hit'argenut	הִתְאַרְגְּנוּת (נ)
georganiseerd (bn)	me'urgan	מְאוּרְגָּן
afzegging (de)	bitul	בִּיטוּל (ז)
afzeggen (ww)	levatel	לְבַטֵּל
verslag (het)	dox	דוֹח (ז)

patent (het)	patent	פָּטֶנְט (ז)
patenteren (ww)	lirʃom patent	לִרְשׁוֹם פָּטֶנְט
plannen (ww)	letaxnen	לְתַכְנֵן

premie (de)	'bonus	בּוֹנוּס (ז)
professioneel (bn)	miktso'i	מִקְצוֹעִי
procedure (de)	'nohal	נוֹהַל (ז)

onderzoeken (contract, enz.)	livxon	לִבְחוֹן
berekening (de)	xiʃuv	חִישׁוּב (ז)
reputatie (de)	monitin	מוֹנִיטִין (ז"ר)
risico (het)	sikun	סִיכּוּן (ז)
beheren (managen)	lenahel	לְנַהֵל

informatie (de)	meida	מֵידָע (ז)
eigendom (bezit)	ba'alut	בַּעֲלוּת (נ)
unie (de)	igud	אִיגוּד (ז)

levensverzekering (de)	bi'tuax xayim	בִּיטוּחַ חַיִּים (ז)
verzekeren (ww)	leva'teax	לְבַטֵּחַ
verzekering (de)	bi'tuax	בִּיטוּחַ (ז)

veiling (de)	mexira 'pombit	מְכִירָה פּוּמְבִּית (נ)
verwittigen (ww)	leho'dia	לְהוֹדִיעַ
beheer (het)	nihul	נִיהוּל (ז)
dienst (de)	ſirut	שֵׁירוּת (ז)

forum (het)	'forum	פוֹרוּם (ז)
functioneren (ww)	letafked	לְתַפְקֵד
stap, etappe (de)	ſalav	שָׁלָב (ז)
juridisch (bn)	miſpati	מִשְׁפָּטִי
jurist (de)	orex din	עוֹרֵךְ דִּין (ז)

106. Productie. Werken

industriële installatie (fabriek)	mif'al	מִפְעָל (ז)
fabriek (de)	beit xa'roſet	בֵּית חֲרוֹשֶׁת (ז)
werkplaatsruimte (de)	agaf	אֲגַף (ז)
productielocatie (de)	mif'al	מִפְעָל (ז)

industrie (de)	ta'asiya	תַּעֲשִׂיָּה (נ)
industrieel (bn)	ta'asiyati	תַּעֲשִׂיָּתִי
zware industrie (de)	ta'asiya kveda	תַּעֲשִׂיָּה כְּבֵדָה (נ)
lichte industrie (de)	ta'asiya kala	תַּעֲשִׂיָּה קַלָּה (נ)

productie (de)	to'tseret	תּוֹצֶרֶת (נ)
produceren (ww)	leyatser	לְייַצֵּר
grondstof (de)	'xomer 'gelem	חוֹמֶר גֶּלֶם (ז)

voorman, ploegbaas (de)	menahel avoda	מְנַהֵל עֲבוֹדָה (ז)
ploeg (de)	'tsevet ovdim	צֶוֶות עוֹבְדִים (ז)
arbeider (de)	po'el	פּוֹעֵל (ז)

werkdag (de)	yom avoda	יוֹם עֲבוֹדָה (ז)
pauze (de)	hafsaka	הַפְסָקָה (נ)
samenkomst (de)	yeſiva	יְשִׁיבָה (נ)
bespreken (spreken over)	ladun	לָדוּן

plan (het)	toxnit	תּוֹכְנִית (נ)
het plan uitvoeren	leva'tse'a et hatoxnit	לְבַצֵּע אֶת הַתּוֹכְנִית
productienorm (de)	'ketsev tfuka	קֶצֶב תְּפוּקָה (ז)
kwaliteit (de)	eixut	אֵיכוּת (נ)
controle (de)	bakara	בַּקָּרָה (נ)
kwaliteitscontrole (de)	bakarat eixut	בַּקָּרַת אֵיכוּת (נ)

arbeidsveiligheid (de)	betixut beavoda	בְּטִיחוּת בָּעֲבוֹדָה (נ)
discipline (de)	miſma'at	מִשְׁמַעַת (נ)
overtreding (de)	hafara	הֲפָרָה (נ)

95

overtreden (ww)	lehafer	לְהָפֵר
staking (de)	ʃvita	שְׁבִיתָה (נ)
staker (de)	ʃovet	שׁוֹבֵת (ז)
staken (ww)	liʃbot	לִשְׁבּוֹת
vakbond (de)	igud ovdim	אִיגוּד עוֹבְדִים (ז)

uitvinden (machine, enz.)	lehamtsi	לְהַמְצִיא
uitvinding (de)	hamtsa'a	הַמְצָאָה (נ)
onderzoek (het)	meχkar	מֶחְקָר (ז)
verbeteren (beter maken)	leʃaper	לְשַׁפֵּר
technologie (de)	teχno'logya	טֶכְנוֹלוֹגְיָה (נ)
technische tekening (de)	sirtut	שִׂרְטוּט (ז)

vracht (de)	mit'an	מִטְעָן (ז)
lader (de)	sabal	סַבָּל (ז)
laden (vrachtwagen)	leha'amis	לְהַעֲמִיס
laden (het)	ha'amasa	הַעֲמָסָה (נ)
lossen (ww)	lifrok mit'an	לִפְרוֹק מִטְעָן
lossen (het)	prika	פְּרִיקָה (נ)

transport (het)	hovala	הוֹבָלָה (נ)
transportbedrijf (de)	χevrat hovala	חֶבְרַת הוֹבָלָה (נ)
transporteren (ww)	lehovil	לְהוֹבִיל

goederenwagon (de)	karon	קָרוֹן (ז)
tank (bijv. ketelwagen)	meχalit	מֵיכָלִית (נ)
vrachtwagen (de)	masa'it	מַשָּׂאִית (נ)

machine (de)	meχonat ibud	מְכוֹנַת עִיבּוּד (נ)
mechanisme (het)	manganon	מַנְגָּנוֹן (ז)

industrieel afval (het)	'psolet ta'asiyatit	פְּסוֹלֶת תַּעֲשִׂיָיתִית (נ)
verpakking (de)	ariza	אֲרִיזָה (נ)
verpakken (ww)	le'eroz	לֶאֱרוֹז

107. Contract. Overeenstemming

contract (het)	χoze	חוֹזֶה (ז)
overeenkomst (de)	heskem	הֶסְכֵּם (ז)
bijlage (de)	'sefaχ	סְפָח (ז)

een contract sluiten	la'aroχ heskem	לַעֲרוֹךְ הֶסְכֵּם
handtekening (de)	χatima	חֲתִימָה (נ)
ondertekenen (ww)	laχtom	לַחְתּוֹם
stempel (de)	χo'temet	חוֹתֶמֶת (נ)

voorwerp (het) van de overeenkomst	nose haχoze	נוֹשֵׂא הַחוֹזֶה (ז)

clausule (de)	se'if	סָעִיף (ז)
partijen (mv.)	tsdadim	צְדָדִים (ז״ר)

vestigingsadres (het)	'ktovet miʃpatit	כְּתוֹבֶת מִשְׁפָּטִית (נ)
het contract verbreken (overtreden)	lehafer χoze	לְהָפֵר חוֹזֶה

verplichting (de)	hitχaivut	הִתְחַיְּיבוּת (נ)
verantwoordelijkheid (de)	aχrayut	אַחְרָיוּת (נ)
overmacht (de)	'koaχ elyon	כּוֹחַ עֶלְיוֹן (ז)
geschil (het)	vi'kuaχ	וִיכּוּחַ (ז)
sancties (mv.)	itsumim	עִיצוּמִים (ז"ר)

108. Import & Export

import (de)	ye'vu'a	יְבוּא (ז)
importeur (de)	yevu'an	יְבוּאָן (ז)
importeren (ww)	leyabe	לְיַיבֵּא
import- (abn)	meyuba	מְיוּבָּא

uitvoer (export)	yitsu	יִיצוּא (ז)
exporteur (de)	yetsu'an	יְצוּאָן (ז)
exporteren (ww)	leyatse	לְיַיצֵא
uitvoer- (bijv., ~goederen)	ʃel yitsu	שֶׁל יִיצוּא

goederen (mv.)	sχora	סְחוֹרָה (נ)
partij (de)	miʃ'loaχ	מִשְׁלוֹחַ (ז)

gewicht (het)	miʃkal	מִשְׁקָל (ז)
volume (het)	'nefaχ	נֶפַח (ז)
kubieke meter (de)	'meter me'ukav	מֶטֶר מְעוּקָב (ז)

producent (de)	yatsran	יַצְרָן (ז)
transportbedrijf (de)	χevrat hovala	חֶבְרַת הוֹבָלָה (נ)
container (de)	meχula	מְכוּלָה (נ)

grens (de)	gvul	גְבוּל (ז)
douane (de)	'meχes	מֶכֶס (ז)
douanerecht (het)	mas 'meχes	מַס מֶכֶס (ז)
douanier (de)	pakid 'meχes	פְּקִיד מֶכֶס (ז)
smokkelen (het)	havraχa	הַבְרָחָה (נ)
smokkelwaar (de)	sχora muv'reχet	סְחוֹרָה מוּבְרַחַת (נ)

109. Financiën

aandeel (het)	menaya	מְנָיָה (נ)
obligatie (de)	i'geret χov	אִיגֶּרֶת חוֹב (נ)
wissel (de)	ʃtar χalifin	שְׁטַר חֲלִיפִין (ז)

beurs (de)	'bursa	בּוֹרְסָה (נ)
aandelenkoers (de)	meχir hamenaya	מְחִיר הַמְּנָיָה (ז)

dalen (ww)	la'redet bemeχir	לָרֶדֶת בְּמָחִיר
stijgen (ww)	lehityaker	לְהִתְיַיקֵר

deel (het)	menaya	מְנָיָה (נ)
meerderheidsbelang (het)	ʃlita	שְׁלִיטָה (נ)
investeringen (mv.)	haʃka'ot	הַשְׁקָעוֹת (נ"ר)
investeren (ww)	lehaʃ'ki'a	לְהַשְׁקִיעַ

procent (het)	aχuz	אָחוּז (ז)
rente (de)	ribit	רִיבִּית (נ)

winst (de)	'revaχ	רֶווַח (ז)
winstgevend (bn)	rivχi	רִווְחִי
belasting (de)	mas	מַס (ז)

valuta (vreemde ~)	mat'be'a	מַטְבֵּעַ (ז)
nationaal (bn)	le'umi	לְאוּמִי
ruil (de)	hamara	הֲמָרָה (נ)

boekhouder (de)	ro'e χeʃbon	רוֹאֵה חֶשְׁבּוֹן (ז)
boekhouding (de)	hanhalat χeʃbonot	הַנְהָלַת חֶשְׁבּוֹנוֹת (נ)

bankroet (het)	pʃitat 'regel	פְּשִׁיטַת רֶגֶל (נ)
ondergang (de)	krisa	קְרִיסָה (נ)
faillissement (het)	pʃitat 'regel	פְּשִׁיטַת רֶגֶל (נ)
geruïneerd zijn (ww)	lifʃot 'regel	לִפְשׁוֹט רֶגֶל
inflatie (de)	inf'latsya	אִינְפְלַצְיָה (נ)
devaluatie (de)	piχut	פִּיחוּת (ז)

kapitaal (het)	hon	הוֹן (ז)
inkomen (het)	haχnasa	הַכְנָסָה (נ)
omzet (de)	maχzor	מַחְזוֹר (ז)
middelen (mv.)	maʃabim	מַשְׁאַבִּים (ז"ר)
financiële middelen (mv.)	emtsa'im kaspiyim	אֶמְצָעִים כַּסְפִּיִּים (ז"ר)
operationele kosten (mv.)	hotsa'ot	הוֹצָאוֹת (נ"ר)
reduceren (kosten ~)	letsamtsem	לְצַמְצֵם

110. Marketing

marketing (de)	ʃivuk	שִׁיווּק (ז)
markt (de)	ʃuk	שׁוּק (ז)
marktsegment (het)	'pelaχ ʃuk	פֶּלַח שׁוּק (ז)
product (het)	mutsar	מוּצָר (ז)
goederen (mv.)	sχora	סְחוֹרָה (נ)

merk (het)	mutag	מוּתָג (ז)
handelsmerk (het)	'semel misχari	סֶמֶל מִסְחָרִי (ז)
beeldmerk (het)	'semel haχevra	סֶמֶל הַחֶבְרָה (ז)
logo (het)	'logo	לוֹגוֹ (ז)
vraag (de)	bikuʃ	בִּיקוּשׁ (ז)
aanbod (het)	he'tse'a	הֶיצֵּעַ (ז)
behoefte (de)	'tsoreχ	צוֹרֶךְ (ז)
consument (de)	tsarχan	צַרְכָן (ז)

analyse (de)	ni'tuaχ	נִיתוּחַ (ז)
analyseren (ww)	lena'teaχ	לְנַתֵחַ
positionering (de)	mitsuv	מִיצוּב (ז)
positioneren (ww)	lematsev	לְמַצֵב

prijs (de)	meχir	מְחִיר (ז)
prijspolitiek (de)	mediniyut timχur	מְדִינִיּוּת תִמְחוּר (נ)
prijsvorming (de)	hamχara	הַמְחָרָה (נ)

111. Reclame

reclame (de)	pirsum	פִּרְסוּם (ז)
adverteren (ww)	lefarsem	לְפַרְסֵם
budget (het)	taktsiv	תַקְצִיב (ז)

advertentie, reclame (de)	pir'somet	פִּרְסוֹמֶת (נ)
TV-reclame (de)	pir'somet tele'vizya	פִּרְסוֹמֶת טֶלֶוִיזְיָה (נ)
radioreclame (de)	pir'somet 'radyo	פִּרְסוֹמֶת רַדְיוֹ (נ)
buitenreclame (de)	pirsum xutsot	פִּרְסוּם חוּצוֹת (ז)

massamedia (de)	emtsa'ei tik'Joret hamonim	אֶמְצָעֵי תִקְשׁוֹרֶת הָמוֹנִים (ז"ר)
periodiek (de)	ktav et	כְּתַב עֵת (ז)
imago (het)	tadmit	תַדְמִית (נ)

slagzin (de)	sisma	סִיסְמָה (נ)
motto (het)	'moto	מוֹטוֹ (ז)

campagne (de)	masa	מַסָע (ז)
reclamecampagne (de)	masa pirsum	מַסָע פִּרְסוּם (ז)
doelpubliek (het)	oxlusiyat 'ya'ad	אוֹכְלוּסִיַית יַעַד (נ)

visitekaartje (het)	kartis bikur	כַּרְטִיס בִּיקוּר (ז)
flyer (de)	alon	עָלוֹן (ז)
brochure (de)	xo'veret	חוֹבֶרֶת (נ)
folder (de)	alon	עָלוֹן (ז)
nieuwsbrief (de)	alon meida	עָלוֹן מֵידָע (ז)

gevelreclame (de)	'Jelet	שֶׁלֶט (ז)
poster (de)	'poster	פּוֹסְטֵר (ז)
aanplakbord (het)	'luax pirsum	לוּחַ פִּרְסוּם (ז)

112. Bankieren

bank (de)	bank	בַּנְק (ז)
bankfiliaal (het)	snif	סְנִיף (ז)

bankbediende (de)	yo'ets	יוֹעֵץ (ז)
manager (de)	menahel	מְנַהֵל (ז)

bankrekening (de)	xeJbon	חֶשְׁבּוֹן (ז)
rekeningnummer (het)	mispar xeJbon	מִסְפַּר חֶשְׁבּוֹן (ז)
lopende rekening (de)	xeJbon over vaJav	חֶשְׁבּוֹן עוֹבֵר וָשָׁב (ז)
spaarrekening (de)	xeJbon xisaxon	חֶשְׁבּוֹן חִסָכוֹן (ז)

een rekening openen	lif'toax xeJbon	לִפְתוֹחַ חֶשְׁבּוֹן
de rekening sluiten	lisgor xeJbon	לִסְגוֹר חֶשְׁבּוֹן
op rekening storten	lehafkid lexeJbon	לְהַפְקִיד לְחֶשְׁבּוֹן
opnemen (ww)	limJox mexeJbon	לִמְשׁוֹך מֵחֶשְׁבּוֹן

storting (de)	pikadon	פִּיקָדוֹן (ז)
een storting maken	lehafkid	לְהַפְקִיד
overschrijving (de)	ha'avara banka'it	הַעֲבָרָה בַּנְקָאִית (נ)

een overschrijving maken	leha'avir 'kesef	לְהַעֲבִיר כֶּסֶף
som (de)	sχum	סְכוּם (ז)
Hoeveel?	'kama?	כַּמָּה?

| handtekening (de) | χatima | חֲתִימָה (נ) |
| ondertekenen (ww) | laχtom | לַחְתּוֹם |

kredietkaart (de)	kartis aʃrai	כַּרְטִיס אַשְׁרַאי (ז)
code (de)	kod	קוֹד (ז)
kredietkaartnummer (het)	mispar kartis aʃrai	מִסְפַּר כַּרְטִיס אַשְׁרַאי (ז)
geldautomaat (de)	kaspomat	כַּסְפּוֹמָט (ז)

cheque (de)	tʃek	צֶ'ק (ז)
een cheque uitschrijven	liχtov tʃek	לִכְתּוֹב צֶ'ק
chequeboekje (het)	pinkas 'tʃekim	פִּנְקָס צֶ'קִים (ז)

lening, krediet (de)	halva'a	הַלְוָאָה (נ)
een lening aanvragen	levakeʃ halva'a	לְבַקֵּשׁ הַלְוָאָה
een lening nemen	lekabel halva'a	לְקַבֵּל הַלְוָאָה
een lening verlenen	lehalvot	לְהַלְווֹת
garantie (de)	arvut	עַרְבוּת (נ)

113. Telefoon. Telefoongesprek

telefoon (de)	'telefon	טֶלֶפוֹן (ז)
mobieltje (het)	'telefon nayad	טֶלֶפוֹן נַיָּיד (ז)
antwoordapparaat (het)	meʃivon	מְשִׁיבוֹן (ז)

| bellen (ww) | letsaltsel | לְצַלְצֵל |
| belletje (telefoontje) | siχat 'telefon | שִׂיחַת טֶלֶפוֹן (נ) |

een nummer draaien	leχayeg mispar	לְחַיֵּיג מִסְפָּר
Hallo!	'halo!	הָלוֹ!
vragen (ww)	liʃol	לִשְׁאוֹל
antwoorden (ww)	la'anot	לַעֲנוֹת
horen (ww)	liʃmo'a	לִשְׁמוֹעַ
goed (bw)	tov	טוֹב
slecht (bw)	lo tov	לֹא טוֹב
storingen (mv.)	hafra'ot	הַפְרָעוֹת (נ"ר)

hoorn (de)	ʃfo'feret	שְׁפוֹפֶרֶת (נ)
opnemen (ww)	leharim ʃfo'feret	לְהָרִים שְׁפוֹפֶרֶת
ophangen (ww)	leha'niaχ ʃfo'feret	לְהָנִיחַ שְׁפוֹפֶרֶת

bezet (bn)	tafus	תָּפוּס
overgaan (ww)	letsaltsel	לְצַלְצֵל
telefoonboek (het)	'sefer tele'fonim	סֵפֶר טֶלֶפוֹנִים (ז)

lokaal (bn)	mekomi	מְקוֹמִי
lokaal gesprek (het)	siχa mekomit	שִׂיחָה מְקוֹמִית (נ)
interlokaal (bn)	bein ironi	בֵּין עִירוֹנִי
interlokaal gesprek (het)	siχa bein ironit	שִׂיחָה בֵּין עִירוֹנִית (נ)
buitenlands (bn)	benle'umi	בֵּינְלְאוּמִי
buitenlands gesprek (het)	siχa benle'umit	שִׂיחָה בֵּינְלְאוּמִית (נ)

114. Mobiele telefoon

mobieltje (het)	'telefon nayad	טֶלֶפוֹן נָיָיד (ז)
scherm (het)	masaχ	מָסָךְ (ז)
toets, knop (de)	kaftor	כַּפְתּוֹר (ז)
simkaart (de)	kartis sim	כַּרְטִיס סִים (ז)

batterij (de)	solela	סוֹלְלָה (נ)
leeg zijn (ww)	lehitroken	לְהִתְרוֹקֵן
acculader (de)	mit'an	מִטְעָן (ז)

menu (het)	tafrit	תַּפְרִיט (ז)
instellingen (mv.)	hagdarot	הַגְדָרוֹת (נ"ר)
melodie (beltoon)	mangina	מַנְגִּינָה (נ)
selecteren (ww)	livχor	לִבְחוֹר

rekenmachine (de)	maχſevon	מַחְשְׁבוֹן (ז)
voicemail (de)	ta koli	תָּא קוֹלִי (ז)
wekker (de)	ſa'on me'orer	שְׁעוֹן מְעוֹרֵר (ז)
contacten (mv.)	anſei 'keſer	אַנְשֵׁי קֶשֶׁר (ז"ר)

| SMS-bericht (het) | misron | מִסְרוֹן (ז) |
| abonnee (de) | manui | מָנוּי (ז) |

115. Schrijfbehoeften

| balpen (de) | et kaduri | עֵט כַּדוּרִי (ז) |
| vulpen (de) | et no've'a | עֵט נוֹבֵעַ (ז) |

potlood (het)	iparon	עִיפָּרוֹן (ז)
marker (de)	'marker	מַרְקֵר (ז)
viltstift (de)	tuſ	טוּשׁ (ז)

| notitieboekje (het) | pinkas | פִּנְקָס (ז) |
| agenda (boekje) | yoman | יוֹמָן (ז) |

liniaal (de/het)	sargel	סַרְגֵל (ז)
rekenmachine (de)	maχſevon	מַחְשְׁבוֹן (ז)
gom (de)	'maχak	מַחַק (ז)
punaise (de)	'na'ats	נַעַץ (ז)
paperclip (de)	mehadek	מְהַדֵק (ז)

lijm (de)	'devek	דֶבֶק (ז)
nietmachine (de)	ſadχan	שַׁדְכָן (ז)
perforator (de)	menakev	מְנַקֵב (ז)
potloodslijper (de)	maχded	מַחְדֵד (ז)

116. Verschillende soorten documenten

| verslag (het) | doχ | דוֹ"ח (ז) |
| overeenkomst (de) | heskem | הֶסְכֵּם (ז) |

aanvraagformulier (het)	'tofes bakaʃa	טוֹפֶס בַּקָשָׁה (ז)
origineel, authentiek (bn)	mekori	מְקוֹרִי
badge, kaart (de)	tag	תָג (ז)
visitekaartje (het)	kartis bikur	כַּרְטִיס בִּיקוּר (ז)

certificaat (het)	te'uda	תְעוּדָה (נ)
cheque (de)	tʃek	צֶ'ק (ז)
rekening (in restaurant)	xeʃbon	חֶשְׁבּוֹן (ז)
grondwet (de)	xuka	חוּקָה (נ)

contract (het)	xoze	חוֹזֶה (ז)
kopie (de)	'otek	עוֹתֶק (ז)
exemplaar (het)	'otek	עוֹתֶק (ז)

douaneaangifte (de)	hatsharat mexes	הַצְהָרַת מֶכֶס (נ)
document (het)	mismax	מִסְמָך (ז)
rijbewijs (het)	riʃyon nehiga	רִשְׁיוֹן נְהִיגָה (ז)
bijlage (de)	to'sefet	תוֹסֶפֶת (נ)
formulier (het)	'tofes	טוֹפֶס (ז)

identiteitskaart (de)	te'uda mezaha	תְעוּדָה מְזַהָה (נ)
aanvraag (de)	xakira	חֲקִירָה (נ)
uitnodigingskaart (de)	kartis hazmana	כַּרְטִיס הַזְמָנָה (ז)
factuur (de)	xeʃbonit	חֶשְׁבּוֹנִית (נ)

wet (de)	xok	חוֹק (ז)
brief (de)	mixtav	מִכְתָב (ז)
briefhoofd (het)	neyar 'logo	נְיָיר לוֹגוֹ (ז)
lijst (de)	reʃima	רְשִׁימָה (נ)
manuscript (het)	ktav yad	כְּתַב יָד (ז)
nieuwsbrief (de)	alon meida	עָלוֹן מֵידַע (ז)
briefje (het)	'petek	פֶּתֶק (ז)

pasje (voor personeel, enz.)	iʃur knisa	אִישוּר כְּנִיסָה (ז)
paspoort (het)	darkon	דַרְכּוֹן (ז)
vergunning (de)	riʃayon	רִישָׁיוֹן (ז)
CV, curriculum vitae (het)	korot xayim	קוֹרוֹת חַיִים (נ"ר)
schuldbekentenis (de)	ʃtar xov	שְׁטַר חוֹב (ז)
kwitantie (de)	kabala	קַבָּלָה (נ)

bon (kassabon)	tʃek	צֶ'ק (ז)
rapport (het)	dox	דוֹח (ז)

tonen (paspoort, enz.)	lehatsig	לְהַצִיג
ondertekenen (ww)	laxtom	לַחְתוֹם
handtekening (de)	xatima	חֲתִימָה (נ)
stempel (de)	xo'temet	חוֹתֶמֶת (נ)

tekst (de)	tekst	טֶקְסט (ז)
biljet (het)	kartis	כַּרְטִיס (ז)

doorhalen (doorstrepen)	limxok	לִמְחוֹק
invullen (een formulier ~)	lemale	לְמַלֵא

vrachtbrief (de)	ʃtar mit'an	שְׁטַר מִטְעָן (ז)
testament (het)	tsava'a	צַוָואָה (נ)

117. Soorten bedrijven

uitzendbureau (het)	soxnut 'koax adam	סוֹכְנוּת כּוֹחַ אָדָם (נ)
bewakingsfirma (de)	xevrat ʃmira	חֶבְרַת שְׁמִירָה (נ)
persbureau (het)	soxnut yedi'ot	סוֹכְנוּת יְדִיעוֹת (נ)
reclamebureau (het)	soxnut pirsum	סוֹכְנוּת פִּרְסוּם (נ)
antiek (het)	atikot	עַתִּיקוֹת (נ״ר)
verzekering (de)	bi'tuax	בִּיטוּחַ (ז)
naaiatelier (het)	mitpara	מִתְפָּרָה (נ)
banken (mv.)	banka'ut	בַּנְקָאוּת (נ)
bar (de)	bar	בָּר (ז)
bouwbedrijven (mv.)	bniya	בְּנִיָּה (נ)
juwelen (mv.)	taxʃitim	תַּכְשִׁיטִים (ז״ר)
juwelier (de)	tsoref	צוֹרֵף (ז)
wasserette (de)	mixbasa	מִכְבָּסָה (נ)
alcoholische dranken (mv.)	maʃka'ot xarifim	מַשְׁקָאוֹת חֲרִיפִים (נ״ר)
nachtclub (de)	mo'adon 'laila	מוֹעֲדוֹן לַיְלָה (ז)
handelsbeurs (de)	'bursa	בּוּרְסָה (נ)
bierbrouwerij (de)	miv'ʃelet 'bira	מִבְשֶׁלֶת בִּירָה (נ)
uitvaartcentrum (het)	beit levayot	בֵּית לְוָיוֹת (ז)
casino (het)	ka'zino	קָזִינוֹ (ז)
zakencentrum (het)	merkaz asakim	מֶרְכַּז עֲסָקִים (ז)
bioscoop (de)	kol'no'a	קוֹלְנוֹעַ (ז)
airconditioning (de)	mazganim	מַזְגָּנִים (ז״ר)
handel (de)	misxar	מִסְחָר (ז)
luchtvaartmaatschappij (de)	xevrat te'ufa	חֶבְרַת תְּעוּפָה (נ)
adviesbureau (het)	yi'uts	יִיעוּץ (ז)
koerierdienst (de)	ʃirut ʃlixim	שֵׁירוּת שְׁלִיחִים (ז)
tandheelkunde (de)	mirpa'at ʃi'nayim	מִרְפְּאַת שִׁינַּיִים (נ)
design (het)	itsuv	עִיצוּב (ז)
business school (de)	beit 'sefer le'asakim	בֵּית סֵפֶר לַעֲסָקִים (ז)
magazijn (het)	maxsan	מַחְסָן (ז)
kunstgalerie (de)	ga'lerya le'amanut	גָּלֶרְיָה לְאָמָּנוּת (נ)
IJsje (het)	'glida	גְּלִידָה (נ)
hotel (het)	beit malon	בֵּית מָלוֹן (ז)
vastgoed (het)	nadlan	נַדְלָ"ן (ז)
drukkerij (de)	beit dfus	בֵּית דְּפוּס (ז)
industrie (de)	ta'asiya	תַּעֲשִׂיָּה (נ)
Internet (het)	'internet	אִינְטֶרְנֶט (ז)
investeringen (mv.)	haʃka'ot	הַשְׁקָעוֹת (נ״ר)
krant (de)	iton	עִיתּוֹן (ז)
boekhandel (de)	xanut sfarim	חֲנוּת סְפָרִים (נ)
lichte industrie (de)	ta'asiya kala	תַּעֲשִׂיָּה קַלָּה (נ)
winkel (de)	xanut	חֲנוּת (נ)
uitgeverij (de)	hotsa'a la'or	הוֹצָאָה לָאוֹר (נ)
medicijnen (mv.)	refu'a	רְפוּאָה (נ)

meubilair (het)	rehitim	רָהִיטִים (ז״ר)
museum (het)	muze'on	מוּזֵיאוֹן (ז)

olie (aardolie)	neft	נֵפְט (ז)
apotheek (de)	beit mir'kaxat	בֵּית מִרְקַחַת (ז)
geneesmiddelen (mv.)	rokxut	רוֹקְחוּת (נ)
zwembad (het)	brexat sxiya	בְּרֵיכַת שְׂחִיָּה (נ)
stomerij (de)	nikui yaveʃ	נִיקּוּי יָבֵשׁ (ז)
voedingswaren (mv.)	mutsrei mazon	מוּצְרֵי מָזוֹן (ז״ר)
reclame (de)	pirsum	פִּרְסוּם (ז)

radio (de)	'radyo	רַדְיוֹ (ז)
afvalinzameling (de)	isuf 'zevel	אִיסּוּף זֶבֶל (ז)
restaurant (het)	mis'ada	מִסְעָדָה (נ)
tijdschrift (het)	ʒurnal	ז׳וּרְנָל (ז)

schoonheidssalon (de/het)	mexon 'yofi	מְכוֹן יוֹפִי (ז)
financiële diensten (mv.)	ʃerutim fi'nansim	שֵׁירוּתִים פִינַנְסִיִּים (ז״ר)
juridische diensten (mv.)	yo'ets miʃpati	יוֹעֵץ מִשְׁפָּטִי (ז)
boekhouddiensten (mv.)	ʃerutei hanhalat xeʃbonot	שֵׁירוּתֵי הַנְהָלַת חֶשְׁבּוֹנוֹת (ז״ר)
audit diensten (mv.)	ʃerutei bi'koret xeʃbonot	שֵׁירוּתֵי בִּיקּוֹרֶת חֶשְׁבּוֹנוֹת (ז״ר)
sport (de)	sport	סְפּוֹרְט (ז)
supermarkt (de)	super'market	סוּפֶּרְמַרְקֶט (ז)

televisie (de)	tele'vizya	טֶלֶוִויזְיָה (נ)
theater (het)	te'atron	תֵּיאַטְרוֹן (ז)
toerisme (het)	tayarut	תַּיָּירוּת (נ)
transport (het)	hovalot	הוֹבָלוֹת (נ״ר)

postorderbedrijven (mv.)	mexira be'do'ar	מְכִירָה בְּדוֹאַר (נ)
kleding (de)	bgadim	בְּגָדִים (ז״ר)
dierenarts (de)	veterinar	וֶטֶרִינָר (ז)

Baan. Business. Deel 2

118. Show. Tentoonstelling

beurs (de)	ta'aruχa	חַעֲרוּכָה (נ)
vakbeurs, handelsbeurs (de)	ta'aruχa misχarit	חַעֲרוּכָה מִסְחָרִית (נ)
deelneming (de)	hiʃtatfut	הִשְׁתַּתְּפוּת (נ)
deelnemen (ww)	lehiʃtatef	לְהִשְׁתַּתֵּף
deelnemer (de)	miʃtatef	מִשְׁתַּתֵּף (ז)
directeur (de)	menahel	מְנַהֵל (ז)
organisatiecomité (het)	misrad hame'argenim	מִשְׂרַד הַמְאַרְגְּנִים (ז)
organisator (de)	me'argen	מְאַרְגֵּן (ז)
organiseren (ww)	le'argen	לְאַרְגֵּן
deelnemingsaanvraag (de)	'tofes hiʃtatfut	טוֹפֶס הִשְׁתַּתְּפוּת (ז)
invullen (een formulier ~)	lemale	לְמַלֵּא
details (mv.)	pratim	פְּרָטִים (ז"ר)
informatie (de)	meida	מֵידָע (ז)
prijs (de)	meχir	מְחִיר (ז)
inclusief (bijv. ~ BTW)	kolel	כּוֹלֵל
inbegrepen (alles ~)	liχlol	לִכְלוֹל
betalen (ww)	leʃalem	לְשַׁלֵּם
registratietarief (het)	dmei riʃum	דְּמֵי רִישׁוּם (ז"ר)
ingang (de)	knisa	כְּנִיסָה (נ)
paviljoen (het), hal (de)	bitan	בִּיתָן (ז)
registreren (ww)	lirʃom	לִרְשׁוֹם
badge, kaart (de)	tag	תָּג (ז)
beursstand (de)	duχan	דּוּכָן (ז)
reserveren (een stand ~)	liʃmor	לִשְׁמוֹר
vitrine (de)	madaf tetsuga	מַדָּף תְּצוּגָה (ז)
licht (het)	menorat spot	מְנוֹרַת סְפּוֹט (נ)
design (het)	itsuv	עִיצוּב (ז)
plaatsen (ww)	la'aroχ	לַעֲרוֹךְ
geplaatst zijn (ww)	lehimatse	לְהִימָצֵא
distributeur (de)	mefits	מֵפִיץ (ז)
leverancier (de)	sapak	סַפָּק (ז)
leveren (ww)	lesapek	לְסַפֵּק
land (het)	medina	מְדִינָה (נ)
buitenlands (bn)	meχul	מְחוּ"ל
product (het)	mutsar	מוּצָר (ז)
associatie (de)	amuta	עֲמוּתָה (נ)
conferentiezaal (de)	ulam knasim	אוּלַם כְּנָסִים (ז)

congres (het)	kongres	קוֹנְגְרֶס (ז)
wedstrijd (de)	taχarut	תַּחֲרוּת (נ)

bezoeker (de)	mevaker	מְבַקֵּר (ז)
bezoeken (ww)	levaker	לְבַקֵּר
afnemer (de)	la'koaχ	לָקוֹחַ (ז)

119. Massamedia

krant (de)	iton	עִיתּוֹן (ז)
tijdschrift (het)	ʒurnal	ז'וּרְנָל (ז)
pers (gedrukte media)	itonut	עִיתּוֹנוּת (נ)
radio (de)	'radyo	רַדְיוֹ (ז)
radiostation (het)	taχanat 'radyo	תַּחֲנַת רַדְיוֹ (נ)
televisie (de)	tele'vizya	טֶלֶוִיזְיָה (נ)

presentator (de)	manχe	מַנְחֶה (ז)
nieuwslezer (de)	karyan	קַרְיָין (ז)
commentator (de)	parʃan	פַּרְשָׁן (ז)

journalist (de)	itonai	עִיתּוֹנָאִי (ז)
correspondent (de)	katav	כַּתָּב (ז)
fotocorrespondent (de)	tsalam itonut	צַלָּם עִיתּוֹנוּת (ז)
reporter (de)	katav	כַּתָּב (ז)

redacteur (de)	oreχ	עוֹרֵךְ (ז)
chef-redacteur (de)	oreχ raʃi	עוֹרֵךְ רָאשִׁי (ז)

zich abonneren op	lehasdir manui	לְהַסְדִּיר מָנוּי
abonnement (het)	minui	מִנּוּי (ז)
abonnee (de)	manui	מָנוּי (ז)
lezen (ww)	likro	לִקְרוֹא
lezer (de)	kore	קוֹרֵא (ז)

oplage (de)	tfutsa	תְּפוּצָה (נ)
maand-, maandelijks (bn)	χodʃi	חוֹדְשִׁי
wekelijks (bn)	ʃvu'i	שְׁבוּעִי
nummer (het)	gilayon	גִּילָיוֹן (ז)
vers (~ van de pers)	tari	טָרִי

kop (de)	ko'teret	כּוֹתֶרֶת (נ)
korte artikel (het)	katava ktsara	כַּתָּבָה קְצָרָה (נ)
rubriek (de)	tur	טוּר (ז)
artikel (het)	ma'amar	מַאֲמָר (ז)
pagina (de)	amud	עַמּוּד (ז)

reportage (de)	katava	כַּתָּבָה (נ)
gebeurtenis (de)	ei'ru'a	אֵירוּעַ (ז)
sensatie (de)	sen'satsya	סֶנְסַצְיָה (נ)
schandaal (het)	ʃa'aruriya	שַׁעֲרוּרִיָּה (נ)
schandalig (bn)	meviʃ	מֵבִישׁ
groot (~ schandaal, enz.)	gadol	גָּדוֹל
programma (het)	toχnit	תּוֹכְנִית (נ)
interview (het)	ra'ayon	רַאֲיוֹן (ז)

| live uitzending (de) | ʃidur χai | שִׁידּוּר חַי (ז) |
| kanaal (het) | aruts | עָרוּץ (ז) |

120. Landbouw

landbouw (de)	χakla'ut	חַקְלָאוּת (נ)
boer (de)	ikar	אִיכָּר (ז)
boerin (de)	χakla'ut	חַקְלָאִית (נ)
landbouwer (de)	χavai	חַוַּאי (ז)

| tractor (de) | 'traktor | טְרַקְטוֹר (ז) |
| maaidorser (de) | kombain | קוֹמְבַּיִין (ז) |

ploeg (de)	maχreʃa	מַחֲרֵשָׁה (נ)
ploegen (ww)	laχaroʃ	לַחֲרוֹשׁ
akkerland (het)	sade χaruʃ	שָׂדֶה חָרוּשׁ (ז)
voor (de)	'telem	תֶּלֶם (ז)

zaaien (ww)	liz'ro'a	לִזְרוֹעַ
zaaimachine (de)	mazre'a	מַזְרֵעָה (נ)
zaaien (het)	zri'a	זְרִיעָה (נ)

| zeis (de) | χermeʃ | חֶרְמֵשׁ (ז) |
| maaien (ww) | liktsor | לִקְצוֹר |

| schop (de) | et | אֵת (ז) |
| spitten (ww) | leta'teaχ | לְתַתֵּחַ |

schoffel (de)	ma'ader	מַעְדֵּר (ז)
wieden (ww)	lenakeʃ	לְנַכֵּשׁ
onkruid (het)	'esev ʃote	עֵשֶׂב שׁוֹטֶה (ז)

gieter (de)	maʃpeχ	מַשְׁפֵּךְ (ז)
begieten (water geven)	lehaʃkot	לְהַשְׁקוֹת
bewatering (de)	haʃkaya	הַשְׁקָיָה (נ)

| riek, hooivork (de) | kilʃon | קִלְשׁוֹן (ז) |
| hark (de) | magrefa | מַגְרֵפָה (נ) |

meststof (de)	'deʃen	דֶּשֶׁן (ז)
bemesten (ww)	ledaʃen	לְדַשֵּׁן
mest (de)	'zevel	זֶבֶל (ז)

veld (het)	sade	שָׂדֶה (ז)
wei (de)	aχu	אָחוּ (ז)
moestuin (de)	gan yarak	גַּן יָרָק (ז)
boomgaard (de)	bustan	בּוּסְתָּן (ז)

weiden (ww)	lir'ot	לִרְעוֹת
herder (de)	ro'e tson	רוֹעֶה צֹאן (ז)
weiland (de)	mir'e	מִרְעֶה (ז)

| veehouderij (de) | gidul bakar | גִּידּוּל בָּקָר (ז) |
| schapenteelt (de) | gidul kvasim | גִּידּוּל כְּבָשִׂים (ז) |

plantage (de)	mata	מַטָּע (ז)
rijtje (het)	aruga	עֲרוּגָה (נ)
broeikas (de)	χamama	חֲמָמָה (נ)

droogte (de)	ba'tsoret	בַּצֹּרֶת (נ)
droog (bn)	yaveʃ	יָבֵשׁ

graan (het)	tvu'a	תְּבוּאָה (נ)
graangewassen (mv.)	gidulei dagan	גִּידּוּלֵי דָּגָן (ז"ר)
oogsten (ww)	liktof	לִקְטוֹף

molenaar (de)	toχen	טוֹחֵן (ז)
molen (de)	taχanat 'kemaχ	טַחֲנַת קֶמַח (נ)
malen (graan ~)	litχon	לִטְחוֹן
bloem (bijv. tarwebloem)	'kemaχ	קֶמַח (ז)
stro (het)	kaʃ	קַשׁ (ז)

121. Gebouw. Bouwproces

bouwplaats (de)	atar bniya	אֲתַר בְּנִיָּה (ז)
bouwen (ww)	livnot	לִבְנוֹת
bouwvakker (de)	banai	בַּנַּאי (ז)

project (het)	proyekt	פְּרוֹיֶקְט (ז)
architect (de)	adriχal	אַדְרִיכָל (ז)
arbeider (de)	po'el	פּוֹעֵל (ז)

fundering (de)	yesodot	יְסוֹדוֹת (ז"ר)
dak (het)	gag	גַּג (ז)
heipaal (de)	amud yesod	עַמּוּד יְסוֹד (ז)
muur (de)	kir	קִיר (ז)

betonstaal (het)	mot χizuk	מוֹט חִיזּוּק (ז)
steigers (mv.)	pigumim	פִּיגּוּמִים (ז"ר)

beton (het)	beton	בֶּטוֹן (ז)
graniet (het)	granit	גְּרָנִיט (ז)
steen (de)	'even	אֶבֶן (נ)
baksteen (de)	levena	לְבֵנָה (נ)

zand (het)	χol	חוֹל (ז)
cement (de/het)	'melet	מֶלֶט (ז)
pleister (het)	'tiaχ	טִיח (ז)
pleisteren (ww)	leta'yeaχ	לְטַיֵּחַ
verf (de)	'tseva	צֶבַע (ז)
verven (muur ~)	lits'bo'a	לִצְבּוֹעַ
ton (de)	χavit	חָבִית (נ)

kraan (de)	aguran	עֲגוּרָן (ז)
heffen, hijsen (ww)	lehanif	לְהָנִיף
neerlaten (ww)	lehorid	לְהוֹרִיד

bulldozer (de)	daχpor	דַּחְפּוֹר (ז)
graafmachine (de)	maχper	מַחְפֵּר (ז)

graafbak (de)	ʃa'ov	שָׁאוֹב (ז)
graven (tunnel, enz.)	laxpor	לַחְפּוֹר
helm (de)	kasda	קַסְדָּה (נ)

122. Wetenschap. Onderzoek. Wetenschappers

wetenschap (de)	mada	מַדָּע (ז)
wetenschappelijk (bn)	mada'i	מַדָּעִי
wetenschapper (de)	mad'an	מַדְעָן (ז)
theorie (de)	te''orya	תִּיאוֹרְיָה (נ)

axioma (het)	aks'yoma	אַקְסִיוֹמָה (נ)
analyse (de)	ni'tuax	נִיתוּחַ (ז)
analyseren (ww)	lena'teax	לְנַתֵּחַ
argument (het)	nimuk	נִימוּק (ז)
substantie (de)	'xomer	חוֹמֶר (ז)

hypothese (de)	hipo'teza	הִיפּוֹתֶזָה (נ)
dilemma (het)	di'lema	דִּילֶמָה (נ)
dissertatie (de)	diser'tatsya	דִּיסֶרְטַצְיָה (נ)
dogma (het)	'dogma	דּוֹגְמָה (נ)

doctrine (de)	dok'trina	דּוֹקְטְרִינָה (נ)
onderzoek (het)	mexkar	מֶחְקָר (ז)
onderzoeken (ww)	laxkor	לַחְקוֹר
toetsing (de)	nuisuyim	נִיסּוּיִים (ז"ר)
laboratorium (het)	ma'abada	מַעְבָּדָה (נ)

methode (de)	ʃita	שִׁיטָה (נ)
molecule (de/het)	mo'lekula	מוֹלְקוּלָה (נ)
monitoring (de)	nitur	נִיטוּר (ז)
ontdekking (de)	gilui	גִּילוּי (ז)

postulaat (het)	aks'yoma	אַקְסִיוֹמָה (נ)
principe (het)	ikaron	עִיקָרוֹן (ז)
voorspelling (de)	taxazit	תַּחֲזִית (נ)
een prognose maken	laxazot	לַחֲזוֹת

synthese (de)	sin'teza	סִינְתֶזָה (נ)
tendentie (de)	megama	מְגַמָּה (נ)
theorema (het)	miʃpat	מִשְׁפָּט (ז)

leerstellingen (mv.)	tora	תּוֹרָה (נ)
feit (het)	uvda	עוּבְדָּה (נ)

expeditie (de)	miʃ'laxat	מִשְׁלַחַת (נ)
experiment (het)	nisui	נִיסּוּי (ז)

academicus (de)	akademai	אָקָדֵמַאי (ז)
bachelor (bijv. BA, LLB)	'to'ar riʃon	תּוֹאַר רִאשׁוֹן (ז)
doctor (de)	'doktor	דּוֹקְטוֹר (ז)
universitair docent (de)	martse baxir	מַרְצֶה בָּכִיר (ז)
master, magister (de)	musmax	מוֹסְמָךְ (ז)
professor (de)	pro'fesor	פְּרוֹפֶסוֹר (ז)

Beroepen en ambachten

123. Zoeken naar werk. Ontslag

baan (de)	avoda	עֲבוֹדָה (נ)
werknemers (mv.)	'segel	סֶגֶל (ז)
personeel (het)	'segel	סֶגֶל (ז)
carrière (de)	kar'yera	קַרְיֶרָה (נ)
vooruitzichten (mv.)	efʃaruyot	אֶפְשָׁרֻיּוֹת (נ"ר)
meesterschap (het)	meyumanut	מְיֻמָּנוּת (נ)
keuze (de)	sinun	סִנּוּן (ז)
uitzendbureau (het)	soχnut 'koaχ adam	סוֹכְנוּת כּוֹחַ אָדָם (נ)
CV, curriculum vitae (het)	korot χayim	קוֹרוֹת חַיִּים (נ"ר)
sollicitatiegesprek (het)	ra'ayon avoda	רַאֲיוֹן עֲבוֹדָה (ז)
vacature (de)	misra pnuya	מִשְׂרָה פְּנוּיָה (נ)
salaris (het)	mas'koret	מַשְׂכּוֹרֶת (נ)
vaste salaris (het)	mas'koret kvu'a	מַשְׂכּוֹרֶת קְבוּעָה (נ)
loon (het)	taʃlum	תַּשְׁלוּם (ז)
betrekking (de)	tafkid	תַּפְקִיד (ז)
taak, plicht (de)	χova	חוֹבָה (נ)
takenpakket (het)	tχum aχrayut	תְּחוּם אַחְרָיוּת (ז)
bezig (~ zijn)	asuk	עָסוּק
ontslagen (ww)	lefater	לְפַטֵּר
ontslag (het)	pitur	פִּיטוּר (ז)
werkloosheid (de)	avtala	אַבְטָלָה (נ)
werkloze (de)	muvtal	מוּבְטָל (ז)
pensioen (het)	'pensya	פֶּנְסְיָה (נ)
met pensioen gaan	laʃset legimla'ot	לָצֵאת לְגִימְלָאוֹת

124. Zakenmensen

directeur (de)	menahel	מְנַהֵל (ז)
beheerder (de)	menahel	מְנַהֵל (ז)
hoofd (het)	bos	בּוֹס (ז)
baas (de)	memune	מְמוּנֶה (ז)
superieuren (mv.)	memunim	מְמוּנִים (ז"ר)
president (de)	nasi	נָשִׂיא (ז)
voorzitter (de)	yoʃev roʃ	יוֹשֵׁב רֹאשׁ (ז)
adjunct (de)	sgan	סְגָן (ז)
assistent (de)	ozer	עוֹזֵר (ז)

secretaris (de)	mazkir	מַזְכִּיר (ז)
persoonlijke assistent (de)	mazkir iʃi	מַזְכִּיר אִישִׁי (ז)

zakenman (de)	iʃ asakim	אִישׁ עֲסָקִים (ז)
ondernemer (de)	yazam	יָזָם (ז)
oprichter (de)	meyased	מְיַסֵּד (ז)
oprichten	leyased	לְיַסֵּד
(een nieuw bedrijf ~)		

stichter (de)	meχonen	מְכוֹנֵן (ז)
partner (de)	ʃutaf	שׁוּתָף (ז)
aandeelhouder (de)	'ba'al menayot	בַּעַל מְנָיוֹת (ז)

miljonair (de)	milyoner	מִילְיוֹנֵר (ז)
miljardair (de)	milyarder	מִילְיַארְדֵּר (ז)
eigenaar (de)	be'alim	בְּעָלִים (ז)
landeigenaar (de)	'ba'al adamot	בַּעַל אֲדָמוֹת (ז)

klant (de)	la'koaχ	לָקוֹחַ (ז)
vaste klant (de)	la'koaχ ka'vu'a	לָקוֹחַ קָבוּעַ (ז)
koper (de)	kone	קוֹנֶה (ז)
bezoeker (de)	mevaker	מְבַקֵּר (ז)
professioneel (de)	miktso'an	מִקְצוֹעָן (ז)
expert (de)	mumχe	מוּמְחֶה (ז)
specialist (de)	mumχe	מוּמְחֶה (ז)

bankier (de)	bankai	בַּנְקַאי (ז)
makelaar (de)	soχen	סוֹכֵן (ז)

kassier (de)	kupai	קוּפַּאי (ז)
boekhouder (de)	menahel χeʃbonot	מְנַהֵל חֶשְׁבּוֹנוֹת (ז)
bewaker (de)	ʃomer	שׁוֹמֵר (ז)

investeerder (de)	maʃki'a	מַשְׁקִיעַ (ז)
schuldenaar (de)	'ba'al χov	בַּעַל חוֹב (ז)
crediteur (de)	malve	מַלְוֶה (ז)
lener (de)	love	לוֹוֶה (ז)

importeur (de)	yevu'an	יְבוּאָן (ז)
exporteur (de)	yetsu'an	יְצוּאָן (ז)

producent (de)	yatsran	יַצְרָן (ז)
distributeur (de)	mefits	מֵפִיץ (ז)
bemiddelaar (de)	metaveχ	מְתַוֵּךְ (ז)

adviseur, consulent (de)	yo'ets	יוֹעֵץ (ז)
vertegenwoordiger (de)	natsig meχirot	נְצִיג מְכִירוֹת (ז)
agent (de)	soχen	סוֹכֵן (ז)
verzekeringsagent (de)	soχen bi'tuaχ	סוֹכֵן בִּיטוּחַ (ז)

125. Dienstverlenende beroepen

kok (de)	tabaχ	טַבָּח (ז)
chef-kok (de)	ʃef	שֶׁף (ז)

bakker (de)	ofe	אוֹפֶה (ז)
barman (de)	'barmen	בַּרְמֶן (ז)
kelner, ober (de)	meltsar	מֶלְצָר (ז)
serveerster (de)	meltsarit	מֶלְצָרִית (נ)

advocaat (de)	orex din	עוֹרֵךְ דִּין (ז)
jurist (de)	orex din	עוֹרֵךְ דִּין (ז)
notaris (de)	notaryon	נוֹטַרְיוֹן (ז)

elektricien (de)	xaʃmalai	חַשְׁמַלַאי (ז)
loodgieter (de)	ʃravrav	שְׁרַבְרַב (ז)
timmerman (de)	nagar	נַגָּר (ז)

masseur (de)	ma'ase	מְעַסֶּה (ז)
masseuse (de)	masa'ʒistit	מַסָז'יסטִית (נ)
dokter, arts (de)	rofe	רוֹפֵא (ז)

taxichauffeur (de)	nahag monit	נֶהָג מוֹנִית (ז)
chauffeur (de)	nahag	נֶהָג (ז)
koerier (de)	ʃa'liax	שָׁלִיחַ (ז)

kamermeisje (het)	xadranit	חַדְרָנִית (נ)
bewaker (de)	ʃomer	שׁוֹמֵר (ז)
stewardess (de)	da'yelet	דַּיֶּלֶת (נ)

meester (de)	more	מוֹרֶה (ז)
bibliothecaris (de)	safran	סַפְרָן (ז)
vertaler (de)	metargem	מְתַרְגֵּם (ז)
tolk (de)	meturgeman	מְתוּרְגְּמָן (ז)
gids (de)	madrix tiyulim	מַדְרִיךְ טִיּוּלִים (ז)

kapper (de)	sapar	סַפָּר (ז)
postbode (de)	davar	דַּוָּר (ז)
verkoper (de)	moxer	מוֹכֵר (ז)

tuinman (de)	ganan	גַּנָּן (ז)
huisbediende (de)	meʃaret	מְשָׁרֵת (ז)
dienstmeisje (het)	meʃa'retet	מְשָׁרֶתֶת (נ)
schoonmaakster (de)	menaka	מְנַקָּה (נ)

126. Militaire beroepen en rangen

soldaat (rang)	turai	טוּרַאי (ז)
sergeant (de)	samal	סַמָּל (ז)
luitenant (de)	'segen	סֶגֶן (ז)
kapitein (de)	'seren	סֶרֶן (ז)

majoor (de)	rav 'seren	רַב־סֶרֶן (ז)
kolonel (de)	aluf miʃne	אַלּוּף מִשְׁנֶה (ז)
generaal (de)	aluf	אַלּוּף (ז)
maarschalk (de)	'marʃal	מַרְשָׁל (ז)
admiraal (de)	admiral	אַדְמִירָל (ז)
militair (de)	iʃ tsava	אִישׁ צָבָא (ז)
soldaat (de)	xayal	חַיָּל (ז)

| officier (de) | katsin | קָצִין (ז) |
| commandant (de) | mefaked | מְפַקֵד (ז) |

grenswachter (de)	ʃomer gvul	שׁוֹמֵר גְבוּל (ז)
marconist (de)	alχutai	אַלְחוּטַאי (ז)
verkenner (de)	iʃ modi'in kravi	אִישׁ מוֹדִיעִין קְרָבִי (ז)
sappeur (de)	χablan	חַבְּלָן (ז)
schutter (de)	tsalaf	צַלָף (ז)
stuurman (de)	navat	נַוָט (ז)

127. Ambtenaren. Priesters

| koning (de) | 'meleχ | מֶלֶךְ (ז) |
| koningin (de) | malka | מַלְכָּה (נ) |

| prins (de) | nasiχ | נָסִיךְ (ז) |
| prinses (de) | nesiχa | נְסִיכָה (נ) |

| tsaar (de) | tsar | צָאר (ז) |
| tsarina (de) | tsa'rina | צָארִינָה (נ) |

president (de)	nasi	נָשִׂיא (ז)
minister (de)	sar	שַׂר (ז)
eerste minister (de)	roʃ memʃala	רֹאשׁ מֶמְשָׁלָה (ז)
senator (de)	se'nator	סֶנָאטוֹר (ז)

diplomaat (de)	diplomat	דִיפְלוֹמָט (ז)
consul (de)	'konsul	קוֹנְסוּל (ז)
ambassadeur (de)	ʃagrir	שַׁגְרִיר (ז)
adviseur (de)	yo'ets	יוֹעֵץ (ז)

ambtenaar (de)	pakid	פָּקִיד (ז)
prefect (de)	prefekt	פְּרֶפֶקְט (ז)
burgemeester (de)	roʃ ha'ir	רֹאשׁ הָעִיר (ז)

| rechter (de) | ʃofet | שׁוֹפֵט (ז) |
| aanklager (de) | to've'a | תוֹבֵעַ (ז) |

missionaris (de)	misyoner	מִיסְיוֹנֶר (ז)
monnik (de)	nazir	נָזִיר (ז)
abt (de)	roʃ minzar ka'toli	רֹאשׁ מִנְזָר קָתוֹלִי (ז)
rabbi, rabbijn (de)	rav	רַב (ז)

vizier (de)	vazir	וָזִיר (ז)
sjah (de)	ʃaχ	שָׁאח (ז)
sjeik (de)	ʃeiχ	שֵׁיח (ז)

128. Agrarische beroepen

imker (de)	kavran	כַּוְורָן (ז)
herder (de)	ro'e tson	רוֹעֵה צֹאן (ז)
landbouwkundige (de)	agronom	אַגְרוֹנוֹם (ז)

veehouder (de)	megadel bakar	מְגַדֵּל בָּקָר (ז)
dierenarts (de)	veterinar	וֶטֶרִינָר (ז)

landbouwer (de)	χavai	חַוַּאי (ז)
wijnmaker (de)	yeinan	יֵינָן (ז)
zoöloog (de)	zo'olog	זוֹאוֹלוֹג (ז)
cowboy (de)	'ka'uboi	קָאוּבּוֹי (ז)

129. Kunst beroepen

acteur (de)	saχkan	שַׂחְקָן (ז)
actrice (de)	saχkanit	שַׂחְקָנִית (נ)

zanger (de)	zamar	זַמָּר (ז)
zangeres (de)	za'meret	זַמֶּרֶת (נ)

danser (de)	rakdan	רַקְדָן (ז)
danseres (de)	rakdanit	רַקְדָנִית (נ)

artiest (mann.)	saχkan	שַׂחְקָן (ז)
artiest (vrouw.)	saχkanit	שַׂחְקָנִית (נ)

muzikant (de)	muzikai	מוּזִיקַאי (ז)
pianist (de)	psantran	פְּסַנְתְּרָן (ז)
gitarist (de)	nagan gi'tara	נַגָּן גִּיטָרָה (ז)

orkestdirigent (de)	mena'tseaχ	מְנַצֵּחַ (ז)
componist (de)	malχin	מַלְחִין (ז)
impresario (de)	amargan	אָמַרְגָּן (ז)

filmregisseur (de)	bamai	בַּמַאי (ז)
filmproducent (de)	mefik	מֵפִיק (ז)
scenarioschrijver (de)	tasritai	תַּסְרִיטַאי (ז)
criticus (de)	mevaker	מְבַקֵּר (ז)

schrijver (de)	sofer	סוֹפֵר (ז)
dichter (de)	meʃorer	מְשׁוֹרֵר (ז)
beeldhouwer (de)	pasal	פַּסָּל (ז)
kunstenaar (de)	tsayar	צַיָּיר (ז)

jongleur (de)	lahatutan	לַהֲטוּטָן (ז)
clown (de)	leitsan	לֵיצָן (ז)
acrobaat (de)	akrobat	אַקְרוֹבָּט (ז)
goochelaar (de)	kosem	קוֹסֵם (ז)

130. Verschillende beroepen

dokter, arts (de)	rofe	רוֹפֵא (ז)
ziekenzuster (de)	aχot	אָחוֹת (נ)
psychiater (de)	psiχi''ater	פְּסִיכִיאָטֵר (ז)
tandarts (de)	rofe ʃi'nayim	רוֹפֵא שִׁינַיִים (ז)
chirurg (de)	kirurg	כִּירוּרְג (ז)

astronaut (de)	astro'na'ut	אַסטרוֹנָאוּט (ז)
astronoom (de)	astronom	אַסטרוֹנוֹם (ז)
piloot (de)	tayas	טַיָּס (ז)

chauffeur (de)	nahag	נַהָג (ז)
machinist (de)	nahag ra'kevet	נַהָג רַכֶּבֶת (ז)
mecanicien (de)	meχonai	מְכוֹנַאי (ז)

mijnwerker (de)	kore	כּוֹרֶה (ז)
arbeider (de)	po'el	פּוֹעֵל (ז)
bankwerker (de)	misgad	מַסגֵּד (ז)
houtbewerker (de)	nagar	נַגָּר (ז)
draaier (de)	χarat	חָרָט (ז)
bouwvakker (de)	banai	בַּנַאי (ז)
lasser (de)	rataχ	רַתָּךְ (ז)

professor (de)	pro'fesor	פּרוֹפֶסוֹר (ז)
architect (de)	adriχal	אַדרִיכָל (ז)
historicus (de)	historyon	הִיסטוֹריוֹן (ז)
wetenschapper (de)	mad'an	מַדעָן (ז)
fysicus (de)	fizikai	פִיזִיקַאי (ז)
scheikundige (de)	χimai	כִימַאי (ז)

archeoloog (de)	arχe'olog	אַרכֵיאוֹלוֹג (ז)
geoloog (de)	ge'olog	גֵיאוֹלוֹג (ז)
onderzoeker (de)	χoker	חוֹקֵר (ז)

babysitter (de)	ʃmartaf	שמַרטַף (ז)
leraar, pedagoog (de)	more, meχaneχ	מוֹרֶה, מְחַנֵּךְ (ז)

redacteur (de)	oreχ	עוֹרֵךְ (ז)
chef-redacteur (de)	oreχ raʃi	עוֹרֵךְ רָאשִי (ז)
correspondent (de)	katav	כַּתָּב (ז)
typiste (de)	kaldanit	קַלדָנִית (נ)

designer (de)	me'atsev	מְעַצֵּב (ז)
computerexpert (de)	mumχe maχʃevim	מוּמחֶה מַחשְבִים (ז)
programmeur (de)	metaχnet	מְתַכנֵת (ז)
ingenieur (de)	mehandes	מְהַנדֵס (ז)

matroos (de)	yamai	יַמַאי (ז)
zeeman (de)	malaχ	מַלָּח (ז)
redder (de)	matsil	מַצִּיל (ז)

brandweerman (de)	kabai	כַּבַּאי (ז)
politieagent (de)	ʃoter	שוֹטֵר (ז)
nachtwaker (de)	ʃomer	שוֹמֵר (ז)
detective (de)	balaʃ	בַּלָּש (ז)

douanier (de)	pakid 'meχes	פָּקִיד מֶכֶס (ז)
lijfwacht (de)	ʃomer roʃ	שוֹמֵר רֹאש (ז)
gevangenisbewaker (de)	soher	סוֹהֵר (ז)
inspecteur (de)	mefa'keaχ	מְפַקֵּחַ (ז)

sportman (de)	sportai	ספוֹרטַאי (ז)
trainer (de)	me'amen	מְאַמֵּן (ז)

slager, beenhouwer (de)	katsav	קַצָּב (ז)
schoenlapper (de)	sandlar	סַנְדְּלָר (ז)
handelaar (de)	soxer	סוֹחֵר (ז)
lader (de)	sabal	סַבָּל (ז)

| kledingstilist (de) | me'atsev ofna | מְעַצֵּב אוֹפְנָה (ז) |
| model (het) | dugmanit | דוּגְמָנִית (נ) |

131. Beroepen. Sociale status

| scholier (de) | talmid | תַּלְמִיד (ז) |
| student (de) | student | סְטוּדֶנְט (ז) |

filosoof (de)	filosof	פִילוֹסוֹף (ז)
econoom (de)	kalkelan	כַּלְכְּלָן (ז)
uitvinder (de)	mamtsi	מַמְצִיא (ז)

werkloze (de)	muvtal	מוּבְטָל (ז)
gepensioneerde (de)	pensyoner	פֶּנְסִיוֹנֶר (ז)
spion (de)	meragel	מְרַגֵּל (ז)

gedetineerde (de)	asir	אָסִיר (ז)
staker (de)	ʃovet	שׁוֹבֵת (ז)
bureaucraat (de)	birokrat	בִּירוֹקְרָט (ז)
reiziger (de)	metayel	מְטַיֵּל (ז)

homoseksueel (de)	'lesbit, 'homo	לֶסְבִּית (נ), הוֹמוֹ (ז)
hacker (computerkraker)	'haker	הָאקֵר (ז)
hippie (de)	'hipi	הִיפִּי (ז)

bandiet (de)	ʃoded	שׁוֹדֵד (ז)
huurmoordenaar (de)	ro'tseax saxir	רוֹצֵחַ שָׂכִיר (ז)
drugsverslaafde (de)	narkoman	נַרְקוֹמָן (ז)
drugshandelaar (de)	soxer samim	סוֹחֵר סַמִּים (ז)
prostituee (de)	zona	זוֹנָה (נ)
pooier (de)	sarsur	סַרְסוּר (ז)

tovenaar (de)	mexaʃef	מְכַשֵּׁף (ז)
tovenares (de)	maxʃefa	מְכַשֵּׁפָה (נ)
piraat (de)	ʃoded yam	שׁוֹדֵד יָם (ז)
slaaf (de)	ʃifxa, 'eved	שִׁפְחָה (נ), עֶבֶד (ז)
samoerai (de)	samurai	סָמוּרַאי (ז)
wilde (de)	'pere adam	פֶּרֶא אָדָם (ז)

Sport

132. Soorten sporten. Sporters

sportman (de)	sportai	ספּוֹרְטַאי (ז)
soort sport (de/het)	anaf sport	עָנָף סְפּוֹרְט (ז)
basketbal (het)	kadursal	כַּדוּרְסַל (ז)
basketbalspeler (de)	kadursalan	כַּדוּרְסַלָן (ז)
baseball (het)	'beisbol	בֵּייסְבּוֹל (ז)
baseballspeler (de)	saχkan 'beisbol	שַׂחְקָן בֵּייסְבּוֹל (ז)
voetbal (het)	kadu'regel	כַּדוּרֶגֶל (ז)
voetballer (de)	kaduraglan	כַּדוּרַגְלָן (ז)
doelman (de)	ʃo'er	שׁוֹעֵר (ז)
hockey (het)	'hoki	הוֹקֵי (ז)
hockeyspeler (de)	saχkan 'hoki	שַׂחְקָן הוֹקֵי (ז)
volleybal (het)	kadur'af	כַּדוּרְעָף (ז)
volleybalspeler (de)	saχkan kadur'af	שַׂחְקָן כַּדוּרְעָף (ז)
boksen (het)	igruf	אִיגְרוּף (ז)
bokser (de)	mit'agref	מִתְאַגְרֵף (ז)
worstelen (het)	he'avkut	הֵיאָבְקוּת (נ)
worstelaar (de)	mit'abek	מִתְאַבֵּק (ז)
karate (de)	karate	קָרָטֶה (ז)
karateka (de)	karatist	קָרָטִיסְט (ז)
judo (de)	'dʒudo	ג'וּדוֹ (ז)
judoka (de)	dʒudai	ג'וּדָאִי (ז)
tennis (het)	'tenis	טֶנִיס (ז)
tennisspeler (de)	tenisai	טֶנִיסַאי (ז)
zwemmen (het)	sχiya	שְׂחִייָה (נ)
zwemmer (de)	saχyan	שַׂחְייָן (ז)
schermen (het)	'sayif	סָיִף (ז)
schermer (de)	sayaf	סַייָף (ז)
schaak (het)	ʃaχmat	שַׁחְמָט (ז)
schaker (de)	ʃaχmetai	שַׁחְמְטַאי (ז)
alpinisme (het)	tipus harim	טִיפּוּס הָרִים (ז)
alpinist (de)	metapes harim	מְטַפֵּס הָרִים (ז)
hardlopen (het)	ritsa	רִיצָה (נ)

renner (de)	atsan	אָצָן (ז)
atletiek (de)	at'letika kala	אַתְלֵטִיקָה קַלָּה (נ)
atleet (de)	atlet	אַתְלֵט (ז)

paardensport (de)	reχiva al sus	רְכִיבָה עַל סוּס (נ)
ruiter (de)	paraʃ	פָּרָשׁ (ז)

kunstschaatsen (het)	haχlaka omanutit	הַחְלָקָה אֹמָנוּתִית (נ)
kunstschaatser (de)	maχlik amanuti	מַחְלִיק אָמָנוּתִי (ז)
kunstschaatsster (de)	maχlika amanutit	מַחְלִיקָה אָמָנוּתִית (נ)

gewichtheffen (het)	haramat miʃkolot	הֲרָמַת מִשְׁקוֹלוֹת (נ)
gewichtheffer (de)	miʃkolan	מִשְׁקוֹלָן (ז)

autoraces (mv.)	merots meχoniyot	מֵירוֹץ מְכוֹנִיוֹת (ז)
coureur (de)	nahag merotsim	נַהַג מֵרוֹצִים (ז)

wielersport (de)	reχiva al ofa'nayim	רְכִיבָה עַל אוֹפַנַּיִם (נ)
wielrenner (de)	roχev ofa'nayim	רוֹכֵב אוֹפַנַּיִם (ז)

verspringen (het)	kfitsa la'roχav	קְפִיצָה לָרוֹחַק (נ)
polsstokspringen (het)	kfitsa bemot	קְפִיצָה בְּמוֹט (נ)
verspringer (de)	kofets	קוֹפֵץ (ז)

133. Soorten sporten. Diversen

Amerikaans voetbal (het)	'futbol	פוּטְבּוֹל (ז)
badminton (het)	notsit	נוֹצִית (ז)
biatlon (de)	bi'atlon	בִּיאַתְלוֹן (ז)
biljart (het)	bilyard	בִּילְיַארְד (ז)

bobsleeën (het)	miz'χelet	מִזְחֶלֶת (נ)
bodybuilding (de)	pi'tuaχ guf	פִּיתּוּחַ גּוּף (ז)
waterpolo (het)	polo 'mayim	פּוֹלוֹ מַיִם (ז)
handbal (de)	kadur yad	כַּדּוּר-יָד (ז)
golf (het)	golf	גּוֹלְף (ז)

roeisport (de)	χatira	חֲתִירָה (נ)
duiken (het)	tslila	צְלִילָה (נ)
langlaufen (het)	ski bemiʃor	סְקִי בַּמִּישׁוֹר (ז)
tafeltennis (het)	'tenis ʃulχan	טֶנִיס שׁוּלְחָן (ז)

zeilen (het)	'ʃayit	שַׁיִט (ז)
rally (de)	'rali	רָאלִי (ז)
rugby (het)	'rogbi	רוֹגְבִּי (ז)
snowboarden (het)	gliʃat 'ʃeleg	גְּלִישַׁת שֶׁלֶג (נ)
boogschieten (het)	kaʃatut	קַשָּׁתוּת (נ)

134. Fitnessruimte

lange halter (de)	miʃ'kolet	מִשְׁקוֹלֶת (נ)
halters (mv.)	miʃkolot	מִשְׁקוֹלוֹת (נ"ר)

training machine (de)	maχ∫ir 'ko∫er	מַכְשִׁיר בּוֹשֶׁר (ז)
hometrainer (de)	ofanei 'ko∫er	אוֹפַנֵּי בּוֹשֶׁר (ז"ר)
loopband (de)	haliχon	הֲלִיכוֹן (ז)

rekstok (de)	'metaχ	מָתַח (ז)
brug (de) gelijke leggers	makbilim	מַקְבִּילִים (ז"ר)
paardsprong (de)	sus	סוּס (ז)
mat (de)	mizron	מִזְרוֹן (ז)

springtouw (het)	dalgit	דַּלְגִּית (נ)
aerobics (de)	ei'robika	אֵירוֹבִּיקָה (נ)
yoga (de)	'yoga	יוֹגָה (נ)

135. Hockey

hockey (het)	'hoki	הוֹקִי (ז)
hockeyspeler (de)	saχkan 'hoki	שַׂחְקָן הוֹקִי (ז)
hockey spelen	lesaχek 'hoki	לְשַׂחֵק הוֹקִי
IJs (het)	'keraχ	קֶרַח (ז)

puck (de)	diskit	דִּיסְקִית (נ)
hockeystick (de)	makel 'hoki	מַקֵּל הוֹקִי (ז)
schaatsen (mv.)	maχli'kayim	מַחֲלִיקַיִם (ז"ר)

| boarding (de) | 'dofen | דּוֹפֶן (ז) |
| schot (het) | kli'a | קְלִיעָה (נ) |

doelman (de)	∫o'er	שׁוֹעֵר (ז)
goal (de)	'∫a'ar	שַׁעַר (ז)
een goal scoren	lehav'ki'a '∫a'ar	לְהַבְקִיעַ שַׁעַר

periode (de)	∫li∫	שְׁלִישׁ (ז)
tweede periode (de)	∫li∫ ∫eni	שְׁלִישׁ שֵׁנִי (ז)
reservebank (de)	safsal maχlifim	סַפְסַל מַחֲלִיפִים (ז)

136. Voetbal

voetbal (het)	kadu'regel	כַּדּוּרֶגֶל (ז)
voetballer (de)	kaduraglan	כַּדּוּרַגְלָן (ז)
voetbal spelen	lesaχek kadu'regel	לְשַׂחֵק כַּדּוּרֶגֶל

eredivisie (de)	'liga elyona	לִינָה עֶלְיוֹנָה (נ)
voetbalclub (de)	mo'adon kadu'regel	מוֹעֲדוֹן כַּדּוּרֶגֶל (ז)
trainer (de)	me'amen	מְאַמֵּן (ז)
eigenaar (de)	be'alim	בְּעָלִים (ז)

team (het)	kvutsa, niv'χeret	קְבוּצָה, נִבְחֶרֶת (נ)
aanvoerder (de)	'kepten	קַפְטָן (ז)
speler (de)	saχkan	שַׂחְקָן (ז)
reservespeler (de)	saχkan maχlif	שַׂחְקָן מַחֲלִיף (ז)
aanvaller (de)	χaluts	חָלוּץ (ז)
centrale aanvaller (de)	χaluts merkazi	חָלוּץ מֶרְכָּזִי (ז)

doelpuntmaker (de)	mavki	מַבְקִיעַ (ז)
verdediger (de)	balam, megen	בַּלָּם, מָגֵן (ז)
middenvelder (de)	mekaʃer	מְקַשֵּׁר (ז)

match, wedstrijd (de)	misχak	מִשְׂחָק (ז)
elkaar ontmoeten (ww)	lehipageʃ	לְהִיפָּגֵשׁ
finale (de)	gmar	גְּמָר (ז)
halve finale (de)	χatsi gmar	חֲצִי גְּמָר (ז)
kampioenschap (het)	alifut	אֲלִיפוּת (נ)

helft (de)	maχatsit	מַחֲצִית (נ)
eerste helft (de)	maχatsit riʃona	מַחֲצִית רִאשׁוֹנָה (נ)
pauze (de)	hafsaka	הַפְסָקָה (נ)

doel (het)	'ʃa'ar	שַׁעַר (ז)
doelman (de)	ʃo'er	שׁוֹעֵר (ז)
doelpaal (de)	amud ha'ʃa'ar	עַמּוּד הַשַּׁעַר (ז)
lat (de)	maʃkof	מַשְׁקוֹף (ז)
doelnet (het)	'reʃet	רֶשֶׁת (נ)
een goal incasseren	lispog 'ʃa'ar	לִסְפּוֹג שַׁעַר

bal (de)	kadur	כַּדּוּר (ז)
pass (de)	mesira	מְסִירָה (נ)
schot (het), schop (de)	be'ita	בְּעִיטָה (נ)
schieten (de bal ~)	liv'ot	לִבְעוֹט
vrije schop (directe ~)	be'itat onʃin	בְּעִיטַת עוֹנְשִׁין (נ)
hoekschop, corner (de)	be'itat 'keren	בְּעִיטַת קֶרֶן (נ)

aanval (de)	hatkafa	הַתְקָפָה (נ)
tegenaanval (de)	hatkafat 'neged	הַתְקָפַת נֶגֶד (נ)
combinatie (de)	ʃiluv	שִׁילּוּב (ז)

scheidsrechter (de)	ʃofet	שׁוֹפֵט (ז)
fluiten (ww)	liʃrok	לִשְׁרוֹק
fluitsignaal (het)	ʃrika	שְׁרִיקָה (נ)
overtreding (de)	avira	עֲבֵירָה (נ)
een overtreding maken	leva'tse'a avira	לְבַצֵּעַ עֲבֵירָה
uit het veld te sturen	leharχik	לְהַרְחִיק

gele kaart (de)	kartis tsahov	כַּרְטִיס צָהוֹב (ז)
rode kaart (de)	kartis adom	כַּרְטִיס אָדוֹם (ז)
diskwalificatie (de)	psila, ʃlila	פְּסִילָה, שְׁלִילָה (נ)
diskwalificeren (ww)	lefsol	לִפְסוֹל

strafschop, penalty (de)	'pendel	פֶּנְדָּל (ז)
muur (de)	χoma	חוֹמָה (נ)
scoren (ww)	lehav'ki'a	לְהַבְקִיעַ
goal (de), doelpunt (het)	'ʃa'ar	שַׁעַר (ז)
een goal scoren	lehav'ki'a 'ʃa'ar	לְהַבְקִיעַ שַׁעַר

vervanging (de)	haχlata	הַחְלָטָה (נ)
vervangen (ov.ww.)	lehaχlif	לְהַחְלִיף
regels (mv.)	klalim	כְּלָלִים (ז"ר)
tactiek (de)	'taktika	טַקְטִיקָה (נ)
stadion (het)	itstadyon	אִצְטַדְיוֹן (ז)
tribune (de)	bama	בָּמָה (נ)

| fan, supporter (de) | ohed | אוֹהֵד (ז) |
| schreeuwen (ww) | lits'ok | לִצְעוֹק |

| scorebord (het) | 'luaχ totsa'ot | לוּחַ תוֹצָאוֹת (ז) |
| stand (~ is 3-1) | totsa'a | תוֹצָאָה (נ) |

nederlaag (de)	tvusa	תְבוּסָה (נ)
verliezen (ww)	lehafsid	לְהַפְסִיד
gelijkspel (het)	'teku	תֵּיקוּ (ז)
in gelijk spel eindigen	lesayem be'teku	לְסַיֵּם בְּתֵיקוּ

| overwinning (de) | nitsaχon | נִיצָחוֹן (ז) |
| overwinnen (ww) | lena'tseaχ | לְנַצֵּחַ |

kampioen (de)	aluf	אַלּוּף (ז)
best (bn)	hatov beyoter	הַטּוֹב בְּיוֹתֵר
feliciteren (ww)	levareχ	לְבָרֵךְ

commentator (de)	parʃan	פַּרְשָׁן (ז)
becommentariëren (ww)	lefarʃen	לְפַרְשֵׁן
uitzending (de)	ʃidur	שִׁידוּר (ז)

137. Alpine skiën

ski's (mv.)	migla'ʃayim	מִגְלָשַׁיִים (ז"ר)
skiën (ww)	la'asot ski	לַעֲשׂוֹת סְקִי
skigebied (het)	atar ski	אֲתַר סְקִי (ז)
skilift (de)	ma'alit ski	מַעֲלִית סְקִי (נ)

skistokken (mv.)	maklot ski	מַקְלוֹת סְקִי (ז"ר)
helling (de)	midron	מִדְרוֹן (ז)
slalom (de)	merots akalaton	מֵירוֹץ עֲקַלָתוֹן (ז)

138. Tennis. Golf

golf (het)	golf	גּוֹלְף (ז)
golfclub (de)	mo'adon golf	מוֹעֲדוֹן גּוֹלְף (ז)
golfer (de)	saχkan golf	שַׂחְקָן גּוֹלְף (ז)

hole (de)	guma	גּוּמָה (נ)
golfclub (de)	makel golf	מַקֵּל גּוֹלְף (ז)
trolley (de)	eglat golf	עֶגְלַת גּוֹלְף (נ)

| tennis (het) | 'tenis | טֶנִיס (ז) |
| tennisveld (het) | migraʃ 'tenis | מִגְרַשׁ טֶנִיס (ז) |

| opslag (de) | χavatat hagaʃa | חֲבָטַת הַגָּשָׁה (נ) |
| serveren, opslaan (ww) | lehagiʃ | לְהַגִּישׁ |

racket (het)	maχbet 'tenis	מַחְבֵּט טֶנִיס (ז)
net (het)	'reʃet	רֶשֶׁת (נ)
bal (de)	kadur	כַּדּוּר (ז)

139. Schaken

schaak (het)	'ʃaχmat	שַׁחְמָט (ז)
schaakstukken (mv.)	klei 'ʃaχmat	כְּלֵי שַׁחְמָט (ז״ר)
schaker (de)	ʃaχmetai	שַׁחְמְטַאי (ז)
schaakbord (het)	'luaχ 'ʃaχmat	לוּחַ שַׁחְמָט (ז)
schaakstuk (het)	kli	כְּלִי (ז)

witte stukken (mv.)	levanim	לְבָנִים (ז)
zwarte stukken (mv.)	ʃχorim	שְׁחוֹרִים (ז)

pion (de)	χayal	חַיָּיל (ז)
loper (de)	rats	רָץ (ז)
paard (het)	paraʃ	פָּרָשׁ (ז)
toren (de)	'tsriaχ	צְרִיחַ (ז)
koningin (de)	malka	מַלְכָּה (נ)
koning (de)	'meleχ	מֶלֶךְ (ז)

zet (de)	'tsa'ad	צַעַד (ז)
zetten (ww)	la'nu'a	לָנוּעַ
opofferen (ww)	lehakriv	לְהַקְרִיב
rokade (de)	hatsraχa	הַצְרָחָה (נ)
schaak (het)	ʃaχ	שָׁח (ז)
schaakmat (het)	mat	מָט (ז)

schaakwedstrijd (de)	taχarut 'ʃaχmat	תַּחֲרוּת שַׁחְמָט (נ)
grootmeester (de)	rav oman	רַב-אוֹמָן (ז)
combinatie (de)	ʃiluv	שִׁילוּב (ז)
partij (de)	misχak	מִשְׂחָק (ז)
dammen (de)	'damka	דַּמְקָה (נ)

140. Boksen

boksen (het)	igruf	אִיגְרוּף (ז)
boksgevecht (het)	krav	קְרָב (ז)
bokswedstrijd (de)	du krav	דּוּ-קְרָב (ז)
ronde (de)	sivuv	סִיבוּב (ז)

ring (de)	zira	זִירָה (נ)
gong (de)	gong	גוֹנְג (ז)

stoot (de)	mahaluma	מַהֲלוּמָה (נ)
knock-down (de)	nefila lekraʃim	נְפִילָה לְקְרָשִׁים (נ)

knock-out (de)	'nok'a'ut	נוֹקְאָאוּט (ז)
knock-out slaan (ww)	liʃloaχ le'nok'a'ut	לִשְׁלוֹחַ לְנוֹקְאָאוּט

bokshandschoen (de)	kfafat igruf	כְּפָפַת אִיגְרוּף (נ)
referee (de)	ʃofet	שׁוֹפֵט (ז)

lichtgewicht (het)	miʃkal notsa	מִשְׁקָל נוֹצָה (ז)
middengewicht (het)	miʃkal beinoni	מִשְׁקָל בֵּינוֹנִי (ז)
zwaargewicht (het)	miʃkal kaved	מִשְׁקָל כָּבֵד (ז)

141. Sporten. Diversen

Olympische Spelen (mv.)	hamisχakim ha'o'limpiyim	הַמִשְׂחָקִים הָאוֹלִימְפִּיִים (ז״ר)
winnaar (de)	mena'tseaχ	מְנַצֵּחַ (ז)
overwinnen (ww)	lena'tseaχ	לְנַצֵּחַ
winnen (ww)	lena'tseaχ	לְנַצֵּחַ
leider (de)	manhig	מַנְהִיג (ז)
leiden (ww)	lehovil	לְהוֹבִיל
eerste plaats (de)	makom rifon	מָקוֹם רִאשׁוֹן (ז)
tweede plaats (de)	makom feni	מָקוֹם שֵׁנִי (ז)
derde plaats (de)	makom flifi	מָקוֹם שְׁלִישִׁי (ז)
medaille (de)	me'dalya	מֶדַלְיָה (נ)
trofee (de)	pras	פְּרָס (ז)
beker (de)	ga'vi'a nitsaχon	גָּבִיעַ נִיצָּחוֹן (ז)
prijs (de)	pras	פְּרָס (ז)
hoofdprijs (de)	pras rifon	פְּרָס רִאשׁוֹן (ז)
record (het)	si	שִׂיא (ז)
een record breken	lik'bo'a si	לִקְבּוֹעַ שִׂיא
finale (de)	gmar	גְּמָר (ז)
finale (bn)	fel hagmar	שֶׁל הַגְּמָר
kampioen (de)	aluf	אַלוּף (ז)
kampioenschap (het)	alifut	אַלִיפוּת (נ)
stadion (het)	itstadyon	אָצְטַדְיוֹן (ז)
tribune (de)	bama	בָּמָה (נ)
fan, supporter (de)	ohed	אוֹהֵד (ז)
tegenstander (de)	yariv	יָרִיב (ז)
start (de)	kav zinuk	קַו זִינּוּק (ז)
finish (de)	kav hagmar	קַו הַגְּמָר (ז)
nederlaag (de)	tvusa	תְּבוּסָה (נ)
verliezen (ww)	lehafsid	לְהַפְסִיד
rechter (de)	fofet	שׁוֹפֵט (ז)
jury (de)	χaver foftim	חֶבֶר שׁוֹפְטִים (ז)
stand (~ is 3-1)	totsa'a	תּוֹצָאָה (נ)
gelijkspel (het)	'teku	תֵּיקוּ (ז)
in gelijk spel eindigen	lesayem be'teku	לְסַיֵּם בְּתֵיקוּ
punt (het)	nekuda	נְקוּדָה (נ)
uitslag (de)	totsa'a	תּוֹצָאָה (נ)
periode (de)	sivuv	סִיבוּב (ז)
pauze (de)	hafsaka	הַפְסָקָה (נ)
doping (de)	sam	סַם (ז)
straffen (ww)	leha'anif	לְהַעֲנִישׁ
diskwalificeren (ww)	lefsol	לִפְסוֹל
toestel (het)	maχfir	מַכְשִׁיר (ז)
speer (de)	kidon	כִּידוֹן (ז)

kogel (de)	kadur barzel	כַּדּוּר בַּרְזֶל (ז)
bal (de)	kadur	כַּדּוּר (ז)
doel (het)	matara	מַטָּרָה (נ)
schietkaart (de)	matara	מַטָּרָה (נ)
schieten (ww)	lirot	לִירוֹת
precies (bijv. precieze schot)	meduyak	מְדֻיָּק
trainer, coach (de)	me'amen	מְאַמֵּן (ז)
trainen (ww)	le'amen	לְאַמֵּן
zich trainen (ww)	lehit'amen	לְהִתְאַמֵּן
training (de)	imun	אִימוּן (ז)
gymnastiekzaal (de)	'xeder 'koʃer	חֲדַר כּוֹשֶׁר (ז)
oefening (de)	imun	אִימוּן (ז)
opwarming (de)	ximum	חִימוּם (ז)

Onderwijs

142. School

school (de)	beit 'sefer	בֵּית סֵפֶר (ז)
schooldirecteur (de)	menahel beit 'sefer	מְנַהֵל בֵּית סֵפֶר (ז)
leerling (de)	talmid	תַּלְמִיד (ז)
leerlinge (de)	talmida	תַּלְמִידָה (נ)
scholier (de)	talmid	תַּלְמִיד (ז)
scholiere (de)	talmida	תַּלְמִידָה (נ)
leren (lesgeven)	lelamed	לְלַמֵּד
studeren (bijv. een taal ~)	lilmod	לִלְמוֹד
van buiten leren	lilmod be'al pe	לִלְמוֹד בְּעַל פֶּה
leren (bijv. ~ tellen)	lilmod	לִלְמוֹד
in school zijn	lilmod	לִלְמוֹד
(schooljongen zijn)		
naar school gaan	la'leχet le'beit 'sefer	לָלֶכֶת לְבֵית סֵפֶר
alfabet (het)	alefbeit	אָלֶפְבֵּית (ז)
vak (schoolvak)	mik'tso'a	מִקְצוֹעַ (ז)
klaslokaal (het)	kita	כִּיתָה (נ)
les (de)	ʃi'ur	שִׁיעוּר (ז)
pauze (de)	hafsaka	הַפְסָקָה (נ)
bel (de)	pa'amon	פַּעֲמוֹן (ז)
schooltafel (de)	ʃulχan limudim	שׁוּלְחַן לִימוּדִים (ז)
schoolbord (het)	'luaχ	לוּחַ (ז)
cijfer (het)	tsiyun	צִיּוּן (ז)
goed cijfer (het)	tsiyun tov	צִיּוּן טוֹב (ז)
slecht cijfer (het)	tsiyun ga'ru'a	צִיּוּן גָּרוּעַ (ז)
een cijfer geven	latet tsiyun	לָתֵת צִיּוּן
fout (de)	ta'ut	טָעוּת (נ)
fouten maken	la'asot ta'uyot	לַעֲשׂוֹת טָעוּיוֹת
corrigeren (fouten ~)	letaken	לְתַקֵּן
spiekbriefje (het)	ʃlif	שְׁלִיף (ז)
huiswerk (het)	ʃi'urei 'bayit	שִׁיעוּרֵי בַּיִת (ז"ר)
oefening (de)	targil	תַּרְגִּיל (ז)
aanwezig zijn (ww)	lihyot no'χeaχ	לִהְיוֹת נוֹכֵחַ
absent zijn (ww)	lehe'ader	לְהֵיעָדֵר
school verzuimen	lehaχsir	לְהַחְסִיר
bestraffen (een stout kind ~)	leha'aniʃ	לְהַעֲנִישׁ
bestraffing (de)	'oneʃ	עוֹנֶשׁ (ז)

gedrag (het)	hitnahagut	הִתְנַהֲגוּת (נ)
cijferlijst (de)	yoman beit 'sefer	יוֹמָן בֵּית סֵפֶר (ז)
potlood (het)	iparon	עִיפָּרוֹן (ז)
gom (de)	'maχak	מַחַק (ז)
krijt (het)	gir	גִּיר (ז)
pennendoos (de)	kalmar	קַלְמָר (ז)

boekentas (de)	yalkut	יַלְקוּט (ז)
pen (de)	et	עֵט (ז)
schrift (de)	maχ'beret	מַחְבֶּרֶת (נ)
leerboek (het)	'sefer limud	סֵפֶר לִימוּד (ז)
passer (de)	meχuga	מְחוּגָה (נ)

technisch tekenen (ww)	lesartet	לְשַׂרְטֵט
technische tekening (de)	sirtut	שִׂרְטוּט (ז)

gedicht (het)	ʃir	שִׁיר (ז)
van buiten (bw)	be'al pe	בְּעַל פֶּה
van buiten leren	lilmod be'al pe	לִלְמוֹד בְּעַל פֶּה

vakantie (de)	χufʃa	חוּפְשָׁה (נ)
met vakantie zijn	lihyot beχufʃa	לִהְיוֹת בְּחוּפְשָׁה
vakantie doorbrengen	leha'avir 'χofeʃ	לְהַעֲבִיר חוֹפֶשׁ

toets (schriftelijke ~)	mivχan	מִבְחָן (ז)
opstel (het)	χibur	חִיבּוּר (ז)
dictee (het)	haχtava	הַכְתָּבָה (נ)
examen (het)	bχina	בְּחִינָה (נ)
examen afleggen	lehibaχen	לְהִיבָּחֵן
experiment (het)	nisui	נִיסוּי (ז)

143. Hogeschool. Universiteit

academie (de)	aka'demya	אֲקָדֶמְיָה (נ)
universiteit (de)	uni'versita	אוּנִיבֶרְסִיטָה (נ)
faculteit (de)	fa'kulta	פָקוּלְטָה (נ)

student (de)	student	סְטוּדֶנְט (ז)
studente (de)	stu'dentit	סְטוּדֶנְטִית (נ)
leraar (de)	martse	מַרְצֶה (ז)

collegezaal (de)	ulam hartsa'ot	אוּלָם הַרְצָאוֹת (ז)
afgestudeerde (de)	boger	בּוֹגֵר (ז)

diploma (het)	di'ploma	דִיפְלוֹמָה (נ)
dissertatie (de)	diser'tatsya	דִיסֶרְטַצְיָה (נ)

onderzoek (het)	meχkar	מֶחְקָר (ז)
laboratorium (het)	ma'abada	מַעְבָּדָה (נ)

college (het)	hartsa'a	הַרְצָאָה (נ)
medestudent (de)	χaver lelimudim	חָבֵר לְלִימוּדִים (ז)
studiebeurs (de)	milga	מִלְגָה (נ)
academische graad (de)	'to'ar aka'demi	תּוֹאַר אֲקָדֶמִי (ז)

144. Wetenschappen. Disciplines

wiskunde (de)	mate'matika	מָתֶמָטִיקָה (נ)
algebra (de)	'algebra	אַלְגֶּבְּרָה (נ)
meetkunde (de)	ge'o'metriya	גֵּיאוֹמֶטְרִיָה (נ)
astronomie (de)	astro'nomya	אַסְטְרוֹנוֹמְיָה (נ)
biologie (de)	bio'logya	בִּיוֹלוֹגְיָה (נ)
geografie (de)	ge'o'grafya	גֵּיאוֹגְרַפְיָה (נ)
geologie (de)	ge'o'logya	גֵּיאוֹלוֹגְיָה (נ)
geschiedenis (de)	his'torya	הִיסְטוֹרְיָה (נ)
geneeskunde (de)	refu'a	רְפוּאָה (נ)
pedagogiek (de)	χinuχ	חִינוּךְ (ז)
rechten (mv.)	miʃpatim	מִשְׁפָּטִים (ז״ר)
fysica, natuurkunde (de)	'fizika	פִּיזִיקָה (נ)
scheikunde (de)	'χimya	כִימְיָה (נ)
filosofie (de)	filo'sofya	פִּילוֹסוֹפְיָה (נ)
psychologie (de)	psiχo'logya	פְּסִיכוֹלוֹגְיָה (נ)

145. Schrift. Spelling

grammatica (de)	dikduk	דִּקְדּוּק (ז)
vocabulaire (het)	otsar milim	אוֹצַר מִילִים (ז)
fonetiek (de)	torat ha'hege	תּוֹרַת הַהֶגֶה (נ)
zelfstandig naamwoord (het)	ʃem 'etsem	שֵׁם עֶצֶם (ז)
bijvoeglijk naamwoord (het)	ʃem 'to'ar	שֵׁם תּוֹאַר (ז)
werkwoord (het)	po'el	פּוֹעַל (ז)
bijwoord (het)	'to'ar 'po'al	תּוֹאַר פּוֹעַל (ז)
voornaamwoord (het)	ʃem guf	שֵׁם גּוּף (ז)
tussenwerpsel (het)	milat kri'a	מִילַת קְרִיאָה (נ)
voorzetsel (het)	milat 'yaχas	מִילַת יַחַס (נ)
stam (de)	'ʃoreʃ	שׁוֹרֶשׁ (ז)
achtervoegsel (het)	si'yomet	סִיוֹמֶת (נ)
voorvoegsel (het)	tχilit	תְּחִילִית (נ)
lettergreep (de)	havara	הֲבָרָה (נ)
achtervoegsel (het)	si'yomet	סִיוֹמֶת (נ)
nadruk (de)	'ta'am	טַעַם (ז)
afkappingsteken (het)	'gereʃ	גֶּרֶשׁ (ז)
punt (de)	nekuda	נְקוּדָה (נ)
komma (de/het)	psik	פְּסִיק (ז)
puntkomma (de)	nekuda ufsik	נְקוּדָה וּפְסִיק (נ)
dubbelpunt (de)	nekudo'tayim	נְקוּדוֹתַיִים (נ״ר)
beletselteken (het)	ʃaloʃ nekudot	שָׁלוֹשׁ נְקוּדוֹת (נ״ר)
vraagteken (het)	siman ʃe'ela	סִימַן שְׁאֵלָה (ז)
uitroepteken (het)	siman kri'a	סִימַן קְרִיאָה (ז)

aanhalingstekens (mv.)	merχa'ot	מֵרְכָאוֹת (ז״ר)
tussen aanhalingstekens (bw)	bemerχa'ot	בְּמֵרְכָאוֹת
haakjes (mv.)	sog'rayim	סוֹגְרַיִים (ז״ר)
tussen haakjes (bw)	besog'rayim	בְּסוֹגְרַיִים

streepje (het)	makaf	מַקָּף (ז)
gedachtestreepje (het)	kav mafrid	קַו מַפְרִיד (ז)
spatie	'revaχ	רֶוַוח (ז)
(~ tussen twee woorden)		

| letter (de) | ot | אוֹת (נ) |
| hoofdletter (de) | ot gdola | אוֹת גְדוֹלָה (נ) |

| klinker (de) | tnu'a | תְנוּעָה (נ) |
| medeklinker (de) | itsur | עִיצוּר (ז) |

zin (de)	miʃpat	מִשְׁפָּט (ז)
onderwerp (het)	nose	נוֹשֵׂא (ז)
gezegde (het)	nasu	נָשׂוּא (ז)

regel (in een tekst)	ʃura	שׁוּרָה (נ)
op een nieuwe regel (bw)	beʃura χadaʃa	בְּשׁוּרָה חֲדָשָׁה
alinea (de)	piska	פִּסְקָה (נ)

woord (het)	mila	מִילָה (נ)
woordgroep (de)	tsiruf milim	צֵירוּף מִילִים (ז)
uitdrukking (de)	bitui	בִּיטוּי (ז)
synoniem (het)	mila nir'defet	מִילָה נִרְדֶּפֶת (נ)
antoniem (het)	'hefeχ	הֶפֶךְ (ז)

regel (de)	klal	כְּלָל (ז)
uitzondering (de)	yotse min haklal	יוֹצֵא מִן הַכְּלָל (ז)
correct (bijv. ~e spelling)	naχon	נָכוֹן

vervoeging, conjugatie (de)	hataya	הַטָּיָיה (נ)
verbuiging, declinatie (de)	hataya	הַטָּיָיה (נ)
naamval (de)	yaχasa	יַחֲסָה (נ)
vraag (de)	ʃe'ela	שְׁאֵלָה (נ)
onderstrepen (ww)	lehadgiʃ	לְהַדְגִּישׁ
stippellijn (de)	kav nakud	קַו נָקוּד (ז)

146. Vreemde talen

taal (de)	safa	שָׂפָה (נ)
vreemd (bn)	zar	זָר
vreemde taal (de)	safa zara	שָׂפָה זָרָה (נ)
leren (bijv. van buiten ~)	lilmod	לִלְמוֹד
studeren (Nederlands ~)	lilmod	לִלְמוֹד

lezen (ww)	likro	לִקְרוֹא
spreken (ww)	ledaber	לְדַבֵּר
begrijpen (ww)	lehavin	לְהָבִין
schrijven (ww)	liχtov	לִכְתּוֹב
snel (bw)	maher	מַהֵר

| langzaam (bw) | le'at | לְאַט |
| vloeiend (bw) | χofʃi | חוֹפְשִׁי |

regels (mv.)	klalim	כְּלָלִים (ז"ר)
grammatica (de)	dikduk	דִקְדוּק (ז)
vocabulaire (het)	otsar milim	אוֹצַר מִילִים (ז)
fonetiek (de)	torat ha'hege	תוֹרַת הַהֶגֶה (נ)

leerboek (het)	'sefer limud	סֵפֶר לִימוּד (ז)
woordenboek (het)	milon	מִילוֹן (ז)
leerboek (het) voor zelfstudie	'sefer lelimud atsmi	סֵפֶר לְלִימוּד עַצְמִי (ז)
taalgids (de)	siχon	שִׂיחוֹן (ז)

cassette (de)	ka'letet	קַלֶטֶת (נ)
videocassette (de)	ka'letet 'vide'o	קַלֶטֶת וִידֵיאוֹ (נ)
CD (de)	taklitor	תַקְלִיטוֹר (ז)
DVD (de)	di vi di	דִי. וִי. דִי. (ז)

alfabet (het)	alefbeit	אָלֶפְבֵּית (ז)
spellen (ww)	le'ayet	לְאַיֵת
uitspraak (de)	hagiya	הֲגִייָה (נ)

accent (het)	mivta	מִבְטָא (ז)
met een accent (bw)	im mivta	עִם מִבְטָא
zonder accent (bw)	bli mivta	בְּלִי מִבְטָא

| woord (het) | mila | מִילָה (נ) |
| betekenis (de) | maʃma'ut | מַשְׁמָעוּת (נ) |

cursus (de)	kurs	קוּרְס (ז)
zich inschrijven (ww)	leheraʃem lekurs	לְהֵירָשֵׁם לְקוּרְס
leraar (de)	more	מוֹרֶה (ז)

vertaling (een ~ maken)	tirgum	תַרְגוּם (ז)
vertaling (tekst)	tirgum	תַרְגוּם (ז)
vertaler (de)	metargem	מְתַרְגֵם (ז)
tolk (de)	meturgeman	מְתוּרְגְמָן (ז)

| polyglot (de) | poliglot | פּוֹלִיגְלוֹט (ז) |
| geheugen (het) | zikaron | זִיכָּרוֹן (ז) |

147. Sprookjesfiguren

Sinterklaas (de)	'santa 'kla'us	סַנְטָה קְלָאוּס (ז)
Assepoester (de)	sinde'rela	סִינְדְרֶלָה
zeemeermin (de)	bat yam, betulat hayam	בַּת יָם, בְּתוּלַת הַיָם (נ)
Neptunus (de)	neptun	נֶפְטוּן (ז)

magiër, tovenaar (de)	kosem	קוֹסֵם (ז)
goede heks (de)	'feya	פֵיָה (נ)
magisch (bn)	kasum	קָסוּם
toverstokje (het)	ʃarvit 'kesem	שַׁרְבִיט קֶסֶם (ז)
sprookje (het)	agada	אַגָדָה (נ)
wonder (het)	nes	נֵס (ז)

dwerg (de)	gamad	גַּמָד (ז)
veranderen in … (anders worden)	lahafoχ le…	לַהֲפוֹךְ לְ...

geest (de)	'ruaχ refa''im	רוּחַ רְפָאִים (נ)
spook (het)	'ruaχ refa''im	רוּחַ רְפָאִים (נ)
monster (het)	mif'letset	מִפְלֶצֶת (נ)
draak (de)	drakon	דְרָקוֹן (ז)
reus (de)	anak	עֲנָק (ז)

148. Dierenriem

Ram (de)	tale	טָלֶה (ז)
Stier (de)	ʃor	שׁוֹר (ז)
Tweelingen (mv.)	te'omim	תְאוֹמִים (ז"ר)
Kreeft (de)	sartan	סַרְטָן (ז)
Leeuw (de)	arye	אַרְיֵה (ז)
Maagd (de)	betula	בְּתוּלָה (נ)

Weegschaal (de)	moz'nayim	מֹאזְנַיִם (ז"ר)
Schorpioen (de)	akrav	עַקְרָב (ז)
Boogschutter (de)	kaʃat	קַשָׁת (ז)
Steenbok (de)	gdi	גְדִי (ז)
Waterman (de)	dli	דְלִי (ז)
Vissen (mv.)	dagim	דָגִים (ז"ר)

karakter (het)	'ofi	אוֹפִי (ז)
karaktertrekken (mv.)	tχunot 'ofi	תְכוּנוֹת אוֹפִי (נ"ר)
gedrag (het)	hitnahagut	הִתְנַהֲגוּת (נ)
waarzeggen (ww)	lenabe et ha'atid	לְנַבֵּא אֶת הֶעָתִיד
waarzegster (de)	ma'gedet atidot	מַגֶדֶת עֲתִידוֹת (נ)
horoscoop (de)	horoskop	הוֹרוֹסְקוֹפּ (ז)

Kunst

149. Theater

theater (het)	te'atron	תֵּיאַטְרוֹן (ז)
opera (de)	'opera	אוֹפֶּרָה (נ)
operette (de)	ope'reta	אוֹפֶּרֶטָה (נ)
ballet (het)	balet	בָּלֶט (ז)
affiche (de/het)	kraza	כְּרָזָה (נ)
theatergezelschap (het)	lahaka	לַהֲקָה (נ)
tournee (de)	masa hofa'ot	מַסָּע הוֹפָעוֹת (ז)
op tournee zijn	latset lemasa hofa'ot	לָצֵאת לְמַסָּע הוֹפָעוֹת
repeteren (ww)	la'aroχ χazara	לַעֲרוֹך חֲזָרָה
repetitie (de)	χazara	חֲזָרָה (נ)
repertoire (het)	repertu'ar	רֶפֶּרְטוּאָר (ז)
voorstelling (de)	hofa'a	הוֹפָעָה (נ)
spektakel (het)	hatsaga	הַצָּגָה (נ)
toneelstuk (het)	maχaze	מַחֲזֶה (ז)
biljet (het)	kartis	כַּרְטִיס (ז)
kassa (de)	kupa	קוּפָּה (נ)
foyer (de)	'lobi	לוֹבִּי (ז)
garderobe (de)	meltaχa	מֶלְתָּחָה (נ)
garderobe nummer (het)	mispar meltaχa	מִסְפַּר מֶלְתָּחָה (ז)
verrekijker (de)	miʃ'kefet	מִשְׁקֶפֶת (נ)
plaatsaanwijzer (de)	sadran	סַדְרָן (ז)
parterre (de)	parter	פַּרְטֶר (ז)
balkon (het)	mir'peset	מִרְפֶּסֶת (נ)
gouden rang (de)	ya'tsi'a	יָצִיעַ (ז)
loge (de)	ta	תָּא (ז)
rij (de)	ʃura	שׁוּרָה (נ)
plaats (de)	moʃav	מוֹשָׁב (ז)
publiek (het)	'kahal	קָהָל (ז)
kijker (de)	tsofe	צוֹפֶה (ז)
klappen (ww)	limχo ka'payim	לִמְחוֹא כַּפַּיִם
applaus (het)	meχi'ot ka'payim	מְחִיאוֹת כַּפַּיִם (נ"ר)
ovatie (de)	tʃu'ot	תְּשׁוּאוֹת (נ"ר)
toneel (op het ~ staan)	bama	בָּמָה (נ)
gordijn, doek (het)	masaχ	מָסָך (ז)
toneeldecor (het)	taf'ura	תַּפְאוּרָה (נ)
backstage (de)	klayim	קְלָעִים
scène (de)	'stsena	סְצֵינָה (נ)
bedrijf (het)	ma'araχa	מַעֲרָכָה (נ)
pauze (de)	hafsaka	הַפְסָקָה (נ)

150. Bioscoop

acteur (de)	saχkan	שַׂחְקָן (ז)
actrice (de)	saχkanit	שַׂחְקָנִית (נ)
bioscoop (de)	kol'no'a	קוֹלְנוֹעַ (ז)
speelfilm (de)	'seret	סֶרֶט (ז)
aflevering (de)	epi'zoda	אֶפִּיזוֹדָה (נ)
detectivefilm (de)	'seret balaʃi	סֶרֶט בַּלָשִׁי (ז)
actiefilm (de)	ma'arvon	מַעֲרָבוֹן (ז)
avonturenfilm (de)	'seret harpatka'ot	סֶרֶט הַרְפַּתְקָאוֹת (ז)
sciencefictionfilm (de)	'seret mada bidyoni	סֶרֶט מַדָע בְּדִיוֹנִי (ז)
griezelfilm (de)	'seret eima	סֶרֶט אֵימָה (ז)
komedie (de)	ko'medya	קוֹמֶדְיָה (נ)
melodrama (het)	melo'drama	מֶלוֹדְרָמָה (נ)
drama (het)	'drama	דְרָמָה (נ)
speelfilm (de)	'seret alilati	סֶרֶט עֲלִילָתִי (ז)
documentaire (de)	'seret ti'udi	סֶרֶט תִיעוּדִי (ז)
tekenfilm (de)	'seret ani'matsya	סֶרֶט אֲנִימַצְיָה (ז)
stomme film (de)	sratim ilmim	סְרָטִים אִילְמִים (ז"ר)
rol (de)	tafkid	תַפְקִיד (ז)
hoofdrol (de)	tafkid raʃi	תַפְקִיד רָאשִׁי (ז)
spelen (ww)	lesaχek	לְשַׂחֵק
filmster (de)	koχav kol'no'a	כּוֹכַב קוֹלְנוֹעַ (ז)
bekend (bn)	mefursam	מְפוּרְסָם
beroemd (bn)	mefursam	מְפוּרְסָם
populair (bn)	popu'lari	פּוֹפּוּלָרִי
scenario (het)	tasrit	תַסְרִיט (ז)
scenarioschrijver (de)	tasritai	תַסְרִיטַאי (ז)
regisseur (de)	bamai	בַּמַאי (ז)
filmproducent (de)	mefik	מֵפִיק (ז)
assistent (de)	ozer	עוֹזֵר (ז)
cameraman (de)	tsalam	צַלָם (ז)
stuntman (de)	pa'alulan	פַּעֲלוּלָן (ז)
stuntdubbel (de)	saχkan maχlif	שַׂחְקָן מַחֲלִיף (ז)
een film maken	letsalem 'seret	לְצַלֵם סֶרֶט
auditie (de)	mivdak	מִבְדָק (ז)
opnamen (mv.)	hasrata	הַסְרָטָה (נ)
filmploeg (de)	'tsevet ha'seret	צֶוֶות הַסֶרֶט (ז)
filmset (de)	atar hatsilum	אֲתַר הַצִילוּם (ז)
filmcamera (de)	matslema	מַצְלֵמָה (נ)
bioscoop (de)	beit kol'no'a	בֵּית קוֹלְנוֹעַ (ז)
scherm (het)	masaχ	מָסָך (ז)
een film vertonen	lehar'ot 'seret	לְהַרְאוֹת סֶרֶט
geluidsspoor (de)	paskol	פַּסְקוֹל (ז)
speciale effecten (mv.)	e'fektim meyuχadim	אֶפֶקְטִים מְיוּחָדִים (ז"ר)

ondertiteling (de)	ktuviyot	כְּתוּבִיּוֹת (נ״ר)
voortiteling, aftiteling (de)	ktuviyot	כְּתוּבִיּוֹת (נ״ר)
vertaling (de)	tirgum	תַּרְגּוּם (ז)

151. Schilderij

kunst (de)	amanut	אָמָנוּת (נ)
schone kunsten (mv.)	omanuyot yafot	אוֹמָנוּיוֹת יָפוֹת (נ״ר)
kunstgalerie (de)	ga'lerya le'amanut	גָּלֶרְיָה לְאָמָנוּת (נ)
kunsttentoonstelling (de)	ta'aruxat amanut	תַּעֲרוּכַת אָמָנוּת (נ)

schilderkunst (de)	tsiyur	צִיּוּר (ז)
grafiek (de)	'grafika	גְּרָפִיקָה (נ)
abstracte kunst (de)	amanut muf'fetet	אָמָנוּת מוּפְשֶׁטֶת (נ)
impressionisme (het)	impresyonizm	אִימְפְּרֶסְיוֹנִיזְם (ז)

schilderij (het)	tmuna	תְּמוּנָה (נ)
tekening (de)	tsiyur	צִיּוּר (ז)
poster (de)	'poster	פּוֹסְטֶר (ז)

illustratie (de)	iyur	אִיּוּר (ז)
miniatuur (de)	minya'tura	מִינְיָאטוּרָה (נ)
kopie (de)	he'etek	הֶעְתֵּק (ז)
reproductie (de)	fi'atuk	שִׁיעָתוּק (ז)

mozaïek (het)	psefas	פְּסֵיפָס (ז)
gebrandschilderd glas (het)	vitraʒ	וִיטְרָאז' (ז)
fresco (het)	fresko	פְרֶסְקוֹ (ז)
gravure (de)	taxrit	תַּחְרִיט (ז)

buste (de)	pro'toma	פְּרוֹטוֹמָה (נ)
beeldhouwwerk (het)	'pesel	פֶּסֶל (ז)
beeld (bronzen ~)	'pesel	פֶּסֶל (ז)
gips (het)	'geves	גֶּבֶס (ז)
gipsen (bn)	mi'geves	מִגֶּבֶס

portret (het)	dyukan	דְּיוֹקָן (ז)
zelfportret (het)	dyukan atsmi	דְּיוֹקָן עַצְמִי (ז)
landschap (het)	tsiyur nof	צִיּוּר נוֹף (ז)
stilleven (het)	'teva domem	טֶבַע דּוֹמֵם (ז)
karikatuur (de)	karika'tura	קָרִיקָטוּרָה (נ)
schets (de)	tarfim	תַּרְשִׁים (ז)

verf (de)	'tseva	צֶבַע (ז)
aquarel (de)	'tseva 'mayim	צֶבַע מַיִם (ז)
olieverf (de)	'femen	שֶׁמֶן (ז)
potlood (het)	iparon	עִיפָּרוֹן (ז)
Oostindische inkt (de)	tuf	טוּשׁ (ז)
houtskool (de)	pexam	פֶּחָם (ז)

tekenen (met krijt)	letsayer	לְצַיֵּיר
schilderen (ww)	letsayer	לְצַיֵּיר
poseren (ww)	ledagmen	לְדַגְמֵן
naaktmodel (man)	dugman eirom	דּוּגְמָן עֵירוֹם (ז)

naaktmodel (vrouw)	dugmanit erom	דּוּגְמָנִית עֵירוֹם (נ)
kunstenaar (de)	tsayar	צַיָּר (ז)
kunstwerk (het)	yetsirat amanut	יְצִירַת אָמָנוּת (נ)
meesterwerk (het)	yetsirat mofet	יְצִירַת מוֹפֵת (נ)
studio, werkruimte (de)	'studyo	סְטוּדְיוֹ (ז)

schildersdoek (het)	bad piʃtan	בַּד פִּשְׁתָּן (ז)
schildersezel (de)	kan tsiyur	כַּן צִיּוּר (ז)
palet (het)	'plata	פַּלֶטָה (נ)

lijst (een vergulde ~)	mis'geret	מִסְגֶּרֶת (נ)
restauratie (de)	ʃiχzur	שִׁחְזוּר (ז)
restaureren (ww)	leʃaχzer	לְשַׁחְזֵר

152. Literatuur & Poëzie

literatuur (de)	sifrut	סִפְרוּת (נ)
auteur (de)	sofer	סוֹפֵר (ז)
pseudoniem (het)	ʃem badui	שֵׁם בָּדוּי (ז)

boek (het)	'sefer	סֵפֶר (ז)
boekdeel (het)	'kereχ	כֶּרֶךְ (ז)
inhoudsopgave (de)	'toχen inyanim	תּוֹכֶן עִנְיָנִים (ז)
pagina (de)	amud	עַמּוּד (ז)
hoofdpersoon (de)	hagibor haraʃi	הַגִּבּוֹר הָרָאשִׁי (ז)
handtekening (de)	χatima	חֲתִימָה (נ)

verhaal (het)	sipur katsar	סִיפּוּר קָצָר (ז)
novelle (de)	sipur	סִיפּוּר (ז)
roman (de)	roman	רוֹמָן (ז)
werk (literatuur)	χibur	חִיבּוּר (ז)
fabel (de)	maʃal	מָשָׁל (ז)
detectiveroman (de)	roman balaʃi	רוֹמָן בַּלָּשִׁי (ז)

gedicht (het)	ʃir	שִׁיר (ז)
poëzie (de)	ʃira	שִׁירָה (נ)
epos (het)	po''ema	פּוֹאֶמָה (נ)
dichter (de)	meʃorer	מְשׁוֹרֵר (ז)

fictie (de)	sifrut yafa	סִפְרוּת יָפָה (נ)
sciencefiction (de)	mada bidyoni	מַדָּע בִּדְיוֹנִי (ז)
avonturenroman (de)	harpatka'ot	הַרְפַּתְקָאוֹת (נ"ר)
opvoedkundige literatuur (de)	sifrut limudit	סִפְרוּת לִימּוּדִית (נ)
kinderliteratuur (de)	sifrut yeladim	סִפְרוּת יְלָדִים (נ)

153. Circus

circus (de/het)	kirkas	קִרְקָס (ז)
chapiteau circus (de/het)	kirkas nayad	קִרְקָס נַיָּד (ז)
programma (het)	toχnit	תּוֹכְנִית (נ)
voorstelling (de)	hofa'a	הוֹפָעָה (נ)
nummer (circus ~)	hofa'a	הוֹפָעָה (נ)

arena (de)	zira	זִירָה (נ)
pantomime (de)	panto'mima	פַּנטוֹמִימָה (נ)
clown (de)	leitsan	לֵיצָן (ז)

acrobaat (de)	akrobat	אַקרוֹבָּט (ז)
acrobatiek (de)	akro'batika	אַקרוֹבָּטִיקָה (נ)
gymnast (de)	mit'amel	מִתעַמֵל (ז)
gymnastiek (de)	hit'amlut	הִתעַמלוּת (נ)
salto (de)	'salta	סַלטָה (נ)

sterke man (de)	atlet	אַתלֵט (ז)
temmer (de)	me'alef	מְאַלֵף (ז)
ruiter (de)	roxev	רוֹכֵב (ז)
assistent (de)	ozer	עוֹזֵר (ז)

stunt (de)	pa'alul	פַּעֲלוּל (ז)
goocheltruc (de)	'kesem	קֶסֶם (ז)
goochelaar (de)	kosem	קוֹסֵם (ז)

jongleur (de)	lahatutan	לַהֲטוּטָן (ז)
jongleren (ww)	lelahtet	לְלַהֲטֵט
dierentrainer (de)	me'alef hayot	מְאַלֵף חַיוֹת (ז)
dressuur (de)	iluf xayot	אִילוּף חַיוֹת (ז)
dresseren (ww)	le'alef	לְאַלֵף

154. Muziek. Popmuziek

muziek (de)	'muzika	מוּזִיקָה (נ)
muzikant (de)	muzikai	מוּזִיקַאי (ז)
muziekinstrument (het)	kli negina	כּלִי נְגִינָה (ז)
spelen (bijv. gitaar ~)	lenagen be...	לְנַגֵן בְּ...

gitaar (de)	gi'tara	גִיטָרָה (נ)
viool (de)	kinor	כִּינוֹר (ז)
cello (de)	'tʃelo	צֵ'לוֹ (ז)
contrabas (de)	kontrabas	קוֹנטרַבָּס (ז)
harp (de)	'nevel	נֵבֶל (ז)

piano (de)	psanter	פְּסַנתֵר (ז)
vleugel (de)	psanter kanaf	פְּסַנתֵר כָּנָף (ז)
orgel (het)	ugav	עוּגָב (ז)

blaasinstrumenten (mv.)	klei neʃifa	כּלֵי נְשִיפָה (ז"ר)
hobo (de)	abuv	אַבּוּב (ז)
saxofoon (de)	saksofon	סַקסוֹפוֹן (ז)
klarinet (de)	klarinet	קלָרִינֶט (ז)
fluit (de)	xalil	חָלִיל (ז)
trompet (de)	xatsotsra	חֲצוֹצרָה (נ)

| accordeon (de/het) | akordyon | אָקוֹרדִיוֹן (ז) |
| trommel (de) | tof | תוֹף (ז) |

| duet (het) | 'du'o | דוּאוֹ (ז) |
| trio (het) | ʃliʃiya | שׁלִישִׁייָה (נ) |

kwartet (het)	revi'iya	רְבִיעִיָּה (נ)
koor (het)	makhela	מַקְהֵלָה (נ)
orkest (het)	tiz'moret	תִּזְמוֹרֶת (נ)

popmuziek (de)	'muzikat pop	מוּזִיקַת פּוֹפּ (נ)
rockmuziek (de)	'muzikat rok	מוּזִיקַת רוֹק (נ)
rockgroep (de)	lehakat rok	לַהֲקַת רוֹק (נ)
jazz (de)	dʒez	גָ'ז (ז)

idool (het)	koχav	כּוֹכָב (ז)
bewonderaar (de)	ohed	אוֹהֵד (ז)

concert (het)	kontsert	קוֹנְצֶרְט (ז)
symfonie (de)	si'fonya	סִימְפוֹנְיָה (נ)
compositie (de)	yetsira	יְצִירָה (נ)
componeren (muziek ~)	leχaber	לְחַבֵּר

zang (de)	ʃira	שִׁירָה (נ)
lied (het)	ʃir	שִׁיר (ז)
melodie (de)	mangina	מַנְגִּינָה (נ)
ritme (het)	'ketsev	קֶצֶב (ז)
blues (de)	bluz	בְּלוּז (ז)

bladmuziek (de)	tavim	תָּוִים (ז"ר)
dirigeerstok (baton)	ʃarvit ni'tsuaχ	שַׁרְבִיט נִיצּוּחַ (ז)
strijkstok (de)	'keʃet	קֶשֶׁת (נ)
snaar (de)	meitar	מֵיתָר (ז)
koffer (de)	nartik	נַרְתִּיק (ז)

Rusten. Entertainment. Reizen

155. Trip. Reizen

toerisme (het)	tayarut	תַּיָּירוּת (נ)
toerist (de)	tayar	תַּיָּיר (ז)
reis (de)	tiyul	טִיוּל (ז)
avontuur (het)	harpatka	הַרְפַּתְקָה (נ)
tocht (de)	nesi'a	נְסִיעָה (נ)
vakantie (de)	χuʃʃa	חוּפְשָׁה (נ)
met vakantie zijn	lihyot beχuʃʃa	לִהְיוֹת בְּחוּפְשָׁה
rust (de)	menuχa	מְנוּחָה (נ)
trein (de)	ra'kevet	רַכֶּבֶת (נ)
met de trein	bera'kevet	בְּרַכֶּבֶת
vliegtuig (het)	matos	מָטוֹס (ז)
met het vliegtuig	bematos	בְּמָטוֹס
met de auto	bemeχonit	בִּמְכוֹנִית
per schip (bw)	be'oniya	בָּאוֹנִיָּיה
bagage (de)	mit'an	מִטְעָן (ז)
valies (de)	mizvada	מִזְוָודָה (נ)
bagagekarretje (het)	eglat mit'an	עֶגְלַת מִטְעָן (נ)
paspoort (het)	darkon	דַּרְכּוֹן (ז)
visum (het)	'viza, aʃra	וִיזָה, אַשְׁרָה (נ)
kaartje (het)	kartis	כַּרְטִיס (ז)
vliegticket (het)	kartis tisa	כַּרְטִיס טִיסָה (ז)
reisgids (de)	madriχ	מַדְרִיךְ (ז)
kaart (de)	mapa	מַפָּה (נ)
gebied (landelijk ~)	ezor	אֵזוֹר (ז)
plaats (de)	makom	מָקוֹם (ז)
exotische bestemming (de)	ek'zotika	אֶקְזוֹטִיקָה (נ)
exotisch (bn)	ek'zoti	אֶקְזוֹטִי
verwonderlijk (bn)	nifla	נִפְלָא
groep (de)	kvutsa	קְבוּצָה (נ)
rondleiding (de)	tiyul	טִיוּל (ז)
gids (de)	madriχ tiyulim	מַדְרִיךְ טִיוּלִים (ז)

156. Hotel

motel (het)	motel	מוֹטֶל (ז)
3-sterren	ʃloʃa koχavim	שְׁלוֹשָׁה כּוֹכָבִים
5-sterren	χamiʃa koχavim	חֲמִישָׁה כּוֹכָבִים

overnachten (ww)	lehit'aχsen	לְהִתְאַכְסֵן
kamer (de)	'χeder	חֶדֶר (ז)
eenpersoonskamer (de)	'χeder yaχid	חֶדֶר יָחִיד (ז)
tweepersoonskamer (de)	'χeder zugi	חֶדֶר זוּגִי (ז)
een kamer reserveren	lehazmin 'χeder	לְהַזְמִין חֶדֶר

| halfpension (het) | χatsi pensiyon | חֲצִי פֶּנְסְיוֹן (ז) |
| volpension (het) | pensyon male | פֶּנְסְיוֹן מָלֵא (ז) |

met badkamer	im am'batya	עִם אַמְבַּטְיָה
met douche	im mik'laχat	עִם מִקְלַחַת
satelliet-tv (de)	tele'vizya bekvalim	טֶלֶוִיזְיָה בְּכְבָלִים (נ)
airconditioner (de)	mazgan	מַזְגָן (ז)
handdoek (de)	ma'gevet	מַגֶּבֶת (נ)
sleutel (de)	maf'teaχ	מַפְתֵּחַ (ז)

administrateur (de)	amarkal	אֲמַרְכָּל (ז)
kamermeisje (het)	χadranit	חַדְרָנִית (נ)
piccolo (de)	sabal	סַבָּל (ז)
portier (de)	pakid kabala	פְּקִיד קַבָּלָה (ז)

restaurant (het)	mis'ada	מִסְעָדָה (נ)
bar (de)	bar	בָּר (ז)
ontbijt (het)	aruχat 'boker	אֲרוּחַת בּוֹקֶר (נ)
avondeten (het)	aruχat 'erev	אֲרוּחַת עֶרֶב (נ)
buffet (het)	miznon	מִזְנוֹן (ז)

| hal (de) | 'lobi | לוֹבִּי (ז) |
| lift (de) | ma'alit | מַעֲלִית (נ) |

| NIET STOREN | lo lehaf'ri'a | לֹא לְהַפְרִיעַ |
| VERBODEN TE ROKEN! | asur le'aʃen! | אָסוּר לְעַשֵׁן! |

157. Boeken. Lezen

boek (het)	'sefer	סֵפֶר (ז)
auteur (de)	sofer	סוֹפֵר (ז)
schrijver (de)	sofer	סוֹפֵר (ז)
schrijven (een boek)	liχtov	לִכְתּוֹב

lezer (de)	kore	קוֹרֵא (ז)
lezen (ww)	likro	לִקְרוֹא
lezen (het)	kri'a	קְרִיאָה (נ)

| stil (~ lezen) | belev, be'ʃeket | בְּלֵב, בְּשֶׁקֶט |
| hardop (~ lezen) | bekol ram | בְּקוֹל רָם |

uitgeven (boek ~)	lehotsi la'or	לְהוֹצִיא לָאוֹר
uitgeven (het)	hotsa'a la'or	הוֹצָאָה לָאוֹר (נ)
uitgever (de)	motsi le'or	מוֹצִיא לָאוֹר (ז)
uitgeverij (de)	hotsa'a la'or	הוֹצָאָה לָאוֹר (נ)

| verschijnen (bijv. boek) | latset le'or | לָצֵאת לָאוֹר |
| verschijnen (het) | hafatsa | הֲפָצָה (נ) |

oplage (de)	tfutsa	תְּפוּצָה (נ)
boekhandel (de)	χanut sfarim	חֲנוּת סְפָרִים (נ)
bibliotheek (de)	sifriya	סִפְרִיָּיה (נ)

novelle (de)	sipur	סִיפּוּר (ז)
verhaal (het)	sipur katsar	סִיפּוּר קָצָר (ז)
roman (de)	roman	רוֹמָן (ז)
detectiveroman (de)	roman balaʃi	רוֹמָן בַּלָּשִׁי (ז)

memoires (mv.)	ziχronot	זִיכרוֹנוֹת (ז"ר)
legende (de)	agada	אַגָּדָה (נ)
mythe (de)	'mitos	מִיתוֹס (ז)

gedichten (mv.)	ʃirim	שִׁירִים (ז"ר)
autobiografie (de)	otobio'grafya	אוֹטוֹבִּיוֹגרַפיָה (נ)
bloemlezing (de)	mivχar ktavim	מִבחָר כּתָבִים (ז)
sciencefiction (de)	mada bidyoni	מַדָע בִּדיוֹנִי (ז)
naam (de)	kotar	כּוֹתָר (ז)
inleiding (de)	mavo	מָבוֹא (ז)
voorblad (het)	amud ha'ʃa'ar	עַמוּד הַשַּׁעַר (ז)

hoofdstuk (het)	'perek	פֶּרֶק (ז)
fragment (het)	'keta	קֶטַע (ז)
episode (de)	epi'zoda	אֶפִּיזוֹדָה (נ)

intrige (de)	alila	עֲלִילָה (נ)
inhoud (de)	'toχen	תּוֹכֶן (ז)
inhoudsopgave (de)	'toχen inyanim	תּוֹכֶן עִנייָנִים (ז)
hoofdpersonage (het)	hagibor haraʃi	הַגִּיבּוֹר הָרָאשִׁי (ז)

boekdeel (het)	'kereχ	כֶּרֶך (ז)
omslag (de/het)	kriχa	כּרִיכָה (נ)
boekband (de)	kriχa	כּרִיכָה (נ)
bladwijzer (de)	simaniya	סִימָנִייָה (נ)

pagina (de)	amud	עַמוּד (ז)
bladeren (ww)	ledafdef	לְדַפדֵף
marges (mv.)	ʃu'layim	שׁוּלַיִים (ז"ר)
annotatie (de)	he'ara	הֶעָרָה (נ)
opmerking (de)	he'arat ʃu'layim	הֶעָרַת שׁוּלַיִים (נ)

tekst (de)	tekst	טֶקסט (ז)
lettertype (het)	gufan	גוּפָן (ז)
drukfout (de)	ta'ut dfus	טָעוּת דפוּס (נ)

vertaling (de)	tirgum	תִּרגוּם (ז)
vertalen (ww)	letargem	לְתַרגֵם
origineel (het)	makor	מָקוֹר (ז)

beroemd (bn)	mefursam	מְפוּרסָם
onbekend (bn)	lo ya'du'a	לֹא יָדוּעַ
interessant (bn)	me'anyen	מְעַנייֵן
bestseller (de)	rav 'meχer	רַב-מֶכֶר (ז)
woordenboek (het)	milon	מִילוֹן (ז)
leerboek (het)	'sefer limud	סֵפֶר לִימוּד (ז)
encyclopedie (de)	entsiklo'pedya	אֶנצִיקלוֹפֶּדיָה (נ)

158. Jacht. Vissen

jacht (de)	'tsayid	צַיִד (ז)
jagen (ww)	latsud	לָצוּד
jager (de)	tsayad	צַיָד (ז)
schieten (ww)	lirot	לִירוֹת
geweer (het)	rove	רוֹבֶה (ז)
patroon (de)	kadur	כַּדוּר (ז)
hagel (de)	kaduriyot	כַּדוּרִיוֹת (נ״ר)
val (de)	mal'kodet	מַלְכּוֹדֶת (נ)
valstrik (de)	mal'kodet	מַלְכּוֹדֶת (נ)
in de val trappen	lehilaxed bemal'kodet	לְהִילָכֵד בְּמַלְכּוֹדֶת
een val zetten	leha'niax mal'kodet	לְהָנִיחַ מַלְכּוֹדֶת
stroper (de)	tsayad lelo refut	צַיָד לְלֹא רְשׁוּת (ז)
wild (het)	xayot bar	חַיוֹת בַּר (נ״ר)
jachthond (de)	'kelev 'tsayid	כֶּלֶב צַיִד (ז)
safari (de)	sa'fari	סָפָארִי (ז)
opgezet dier (het)	puxlats	פּוּחְלָץ (ז)
visser (de)	dayag	דַיָיג (ז)
visvangst (de)	'dayig	דַיִג (ז)
vissen (ww)	ladug	לָדוּג
hengel (de)	xaka	חַכָּה (נ)
vislijn (de)	xut haxaka	חוּט הַחַכָּה (ז)
haak (de)	'keres	קֶרֶס (ז)
dobber (de)	matsof	מָצוֹף (ז)
aas (het)	pitayon	פִּיתָיוֹן (ז)
de hengel uitwerpen	lizrok et haxaka	לִזְרוֹק אֶת הַחַכָּה
bijten (ov. de vissen)	liv'lo'a pitayon	לִבְלוֹעַ פִּיתָיוֹן
vangst (de)	flal 'dayig	שְׁלַל דַיִג (ז)
wak (het)	mivka 'kerax	מִבְקַע קֶרַח (ז)
net (het)	'refet dayagim	רֶשֶׁת דַיָיגִים (נ)
boot (de)	sira	סִירָה (נ)
vissen met netten	ladug be'refet	לָדוּג בְּרֶשֶׁת
het net uitwerpen	lizrok 'refet	לִזְרוֹק רֶשֶׁת
het net binnenhalen	ligror 'refet	לִגְרוֹר רֶשֶׁת
in het net vallen	lehilaxed be'refet	לְהִילָכֵד בְּרֶשֶׁת
walvisvangst (de)	tsayad livyatanim	צַיָד לְוויָיתָנִים (ז)
walvisvaarder (de)	sfinat tseid livyetanim	סְפִינַת צֵיד לְוויָיתָנִית (נ)
harpoen (de)	tsiltsal	צִלְצָל (ז)

159. Spellen. Biljart

biljart (het)	bilyard	בִּילְיַארְד (ז)
biljartzaal (de)	'xeder bilyard	חֶדֶר בִּילְיַארְד (ז)
biljartbal (de)	kadur bilyard	כַּדוּר בִּילְיַארְד (ז)

een bal in het gat jagen	lehaχnis kadur lekis	לְהַכְנִיס כַּדוּר לְכִּיס
keu (de)	makel bilyard	מַקֵל בִּילְיַארְד (ז)
gat (het)	kis	כִּיס (ז)

160. Spellen. Speelkaarten

ruiten (mv.)	yahalom	יַהֲלוֹם (ז)
schoppen (mv.)	ale	עָלֶה (ז)
klaveren (mv.)	lev	לֵב (ז)
harten (mv.)	tiltan	תִּלְתָּן (ז)

aas (de)	as	אָס (ז)
koning (de)	'meleχ	מֶלֶךְ (ז)
dame (de)	malka	מַלְכָּה (נ)
boer (de)	nasiχ	נָסִיךְ (ז)

speelkaart (de)	klaf	קְלָף (ז)
kaarten (mv.)	klafim	קְלָפִים (ז"ר)
troef (de)	klaf nitsaχon	קְלָף נִיצָחוֹן (ז)
pak (het) kaarten	χafisat klafim	חֲפִיסַת קְלָפִים (נ)

punt (bijv. vijftig ~en)	nekuda	נְקוּדָה (נ)
uitdelen (kaarten ~)	leχalek klafim	לְחַלֵק קְלָפִים
schudden (de kaarten ~)	litrof	לִטְרוֹף
beurt (de)	tor	תּוֹר (ז)
valsspeler (de)	noχel klafim	נוֹכֵל קְלָפִים (ז)

161. Casino. Roulette

casino (het)	ka'zino	קָזִינוֹ (ז)
roulette (de)	ru'leta	רוּלֶטָה (נ)
inzet (de)	menat misχak	מְנַת מִשְׂחָק (נ)
een bod doen	leha'niaχ menat misχak	לְהָנִיחַ מְנַת מִשְׂחָק

rood (de)	adom	אָדוֹם
zwart (de)	ʃaχor	שָׁחוֹר
inzetten op rood	lehamer al adom	לְהַמֵר עַל אָדוֹם
inzetten op zwart	lehamer al ʃaχor	לְהַמֵר עַל שָׁחוֹר

croupier (de)	'diler	דִילֶר (ז)
de cilinder draaien	lesovev et hagalgal	לְסוֹבֵב אֶת הַגַלְגַל
spelregels (mv.)	klalei hamisχak	כְּלָלֵי הַמִשְׂחָק (ז"ר)
fiche (pokerfiche, etc.)	asimon	אָסִימוֹן (ז)

| winnen (ww) | lizkot | לִזְכּוֹת |
| winst (de) | zχiya | זְכִיָיה (נ) |

| verliezen (ww) | lehafsid | לְהַפְסִיד |
| verlies (het) | hefsed | הֶפְסֵד (ז) |

| speler (de) | saχkan | שַׂחְקָן (ז) |
| blackjack (kaartspel) | esrim ve'eχad | עֶשְׂרִים וְאֶחָד (ז) |

dobbelspel (het)	misχak kubiyot	מִשְׂחַק קוּבִּיּוֹת (ז)
dobbelstenen (mv.)	kubiyot	קוּבִּיּוֹת (נ״ר)
speelautomaat (de)	meχonat misχak	מְכוֹנַת מִשְׂחָק (נ)

162. Rusten. Spellen. Diversen

wandelen (on.ww.)	letayel ba'regel	לְטַיֵּל בָּרֶגֶל
wandeling (de)	tiyul ragli	טִיּוּל רַגְלִי (ז)
trip (per auto)	nesi'a bameχonit	נְסִיעָה בָּמְכוֹנִית (נ)
avontuur (het)	harpatka	הַרְפַּתְקָה (נ)
picknick (de)	'piknik	פִּיקְנִיק (ז)

spel (het)	misχak	מִשְׂחָק (ז)
speler (de)	saχkan	שַׂחְקָן (ז)
partij (de)	misχak	מִשְׂחָק (ז)

collectioneur (de)	asfan	אַסְפָן (ז)
collectioneren (ww)	le'esof	לֶאֱסוֹף
collectie (de)	'osef	אוֹסֶף (ז)

kruiswoordraadsel (het)	taʃbets	תַּשְׁבֵּץ (ז)
hippodroom (de)	hipodrom	הִיפּוֹדְרוֹם (ז)
discotheek (de)	diskotek	דִיסְקוֹטֶק (ז)

| sauna (de) | 'sa'una | סָאוּנָה (נ) |
| loterij (de) | 'loto | לוֹטוֹ (ז) |

trektocht (kampeertocht)	tiyul maχana'ut	טִיּוּל מַחֲנָאוֹת (ז)
kamp (het)	maχane	מַחֲנֶה (ז)
tent (de)	'ohel	אוֹהֶל (ז)
kompas (het)	matspen	מַצְפֵּן (ז)
rugzaktoerist (de)	maχnai	מַחֲנַאי (ז)

bekijken (een film ~)	lir'ot	לִרְאוֹת
kijker (televisie~)	tsofe	צוֹפֶה (ז)
televisie-uitzending (de)	toχnit tele'vizya	תּוֹכְנִית טֶלֶוְויזְיָה (נ)

163. Fotografie

| fotocamera (de) | matslema | מַצְלֵמָה (נ) |
| foto (de) | tmuna | תְמוּנָה (נ) |

fotograaf (de)	tsalam	צַלָם (ז)
fotostudio (de)	'studyo letsilum	סְטוּדִיוֹ לְצִילוּם (ז)
fotoalbum (het)	albom tmunot	אַלְבּוֹם תְמוּנוֹת (ז)

lens (de), objectief (het)	adaʃa	עֲדָשָׁה (נ)
telelens (de)	a'deʃet teleskop	עֲדָשֶׁת טֶלֶסְקוֹפ (נ)
filter (de/het)	masnen	מַסְנֵן (ז)
lens (de)	adaʃa	עֲדָשָׁה (נ)
optiek (de)	'optika	אוֹפְּטִיקָה (נ)
diafragma (het)	tsamtsam	צַמְצָם (ז)

| belichtingstijd (de) | zman hahe'ara | זְמַן הַהֶאָרָה (ז) |
| zoeker (de) | einit | עֵינִית (נ) |

digitale camera (de)	matslema digi'talit	מַצְלֵמָה דִּיגִיטָלִית (נ)
statief (het)	χatsuva	חֲצוּבָה (נ)
flits (de)	mavzek	מַבְזֵק (ז)

fotograferen (ww)	letsalem	לְצַלֵּם
kieken (foto's maken)	letsalem	לְצַלֵּם
zich laten fotograferen	lehitstalem	לְהִצְטַלֵּם

focus (de)	moked	מוֹקֵד (ז)
scherpstellen (ww)	lemaked	לְמַקֵּד
scherp (bn)	χad, memukad	חַד, מְמוּקָד
scherpte (de)	χadut	חַדּוּת (נ)

| contrast (het) | nigud | נִיגוּד (ז) |
| contrastrijk (bn) | menugad | מְנוּגָד |

kiekje (het)	tmuna	תְּמוּנָה (נ)
negatief (het)	taſlil	תַּשְׁלִיל (ז)
filmpje (het)	'seret	סֶרֶט (ז)
beeld (frame)	freim	פְרֵיים (ז)
afdrukken (foto's ~)	lehadpis	לְהַדְפִּיס

164. Strand. Zwemmen

strand (het)	χof yam	חוֹף יָם (ז)
zand (het)	χol	חוֹל (ז)
leeg (~ strand)	ſomem	שׁוֹמֵם

bruine kleur (de)	ſizuf	שִׁיזּוּף (ז)
zonnebaden (ww)	lehiſtazef	לְהִשְׁתַּזֵּף
gebruind (bn)	ſazuf	שָׁזוּף
zonnecrème (de)	krem hagana	קְרֶם הֲגָנָה (ז)

bikini (de)	bi'kini	בִּיקִינִי (ז)
badpak (het)	'beged yam	בֶּגֶד יָם (ז)
zwembroek (de)	'beged yam	בֶּגֶד יָם (ז)

zwembad (het)	breχa	בְּרֵיכָה (נ)
zwemmen (ww)	lisχot	לִשְׂחוֹת
douche (de)	mik'laχat	מִקְלַחַת (נ)
zich omkleden (ww)	lehaχlif bgadim	לְהַחֲלִיף בְּגָדִים
handdoek (de)	ma'gevet	מַגֶּבֶת (נ)

| boot (de) | sira | סִירָה (נ) |
| motorboot (de) | sirat ma'no'a | סִירַת מָנוֹעַ (נ) |

waterski's (mv.)	ski 'mayim	סְקִי מַיִם (ז)
waterfiets (de)	sirat pe'dalim	סִירַת פֶּדָלִים (נ)
surfen (het)	gliſat galim	גְּלִישַׁת גַּלִּים
surfer (de)	goleſ	גּוֹלֵשׁ (ז)
scuba, aqualong (de)	'skuba	סְקוּבָּה (נ)

zwemvliezen (mv.)	snapirim	סְנַפִּירִים (ז״ר)
duikmasker (het)	maseχa	מַסֵכָה (נ)
duiker (de)	tsolelan	צוֹלְלָן (ז)
duiken (ww)	litslol	לִצְלוֹל
onder water (bw)	mi'taχat lifnei ha'mayim	מִתַּחַת לִפְנֵי הַמַּיִם

parasol (de)	ʃimʃiya	שִׁמְשִׁיָּה (נ)
ligstoel (de)	kise 'noaχ	כִּיסֵא נוֹחַ (ז)
zonnebril (de)	miʃkefei 'ʃemeʃ	מִשְׁקְפֵי שֶׁמֶשׁ (ז״ר)
luchtmatras (de/het)	mizron mitna'peaχ	מִזְרוֹן מִתְנַפֵּחַ (ז)

spelen (ww)	lesaχek	לְשַׂחֵק
gaan zwemmen (ww)	lehitraχets	לְהִתְרַחֵץ

bal (de)	kadur yam	כַּדּוּר יָם (ז)
opblazen (oppompen)	lena'peaχ	לְנַפֵּחַ
lucht-, opblaasbare (bn)	menupaχ	מְנוּפָּח

golf (hoge ~)	gal	גַּל (ז)
boei (de)	matsof	מָצוֹף (ז)
verdrinken (ww)	lit'bo'a	לִטְבּוֹעַ

redden (ww)	lehatsil	לְהַצִּיל
reddingsvest (de)	χagorat hatsala	חֲגוֹרַת הַצָּלָה (נ)
waarnemen (ww)	litspot, lehaʃkif	לִצְפּוֹת, לְהַשְׁקִיף
redder (de)	matsil	מַצִּיל (ז)

TECHNISCHE APPARATUUR. VERVOER

Technische apparatuur

165. Computer

computer (de)	maxʃev	מַחְשֵׁב (ז)
laptop (de)	maxʃev nayad	מַחְשֵׁב נָיָיד (ז)
aanzetten (ww)	lehadlik	לְהַדְלִיק
uitzetten (ww)	lexabot	לְכַבּוֹת
toetsenbord (het)	mik'ledet	מִקְלֶדֶת (נ)
toets (enter~)	makaʃ	מָקָשׁ (ז)
muis (de)	axbar	עַכְבָּר (ז)
muismat (de)	ʃa'tiax le'axbar	שָׁטִיחַ לְעַכְבָּר (ז)
knopje (het)	kaftor	כַּפְתּוֹר (ז)
cursor (de)	saman	סַמָּן (ז)
monitor (de)	masax	מָסָךְ (ז)
scherm (het)	tsag	צַג (ז)
harde schijf (de)	disk ka'ʃiax	דִּיסְק קָשִׁיחַ (ז)
volume (het) van de harde schijf	'nefax disk ka'ʃiax	נֶפַח דִּיסְק קָשִׁיחַ (ז)
geheugen (het)	zikaron	זִיכָּרוֹן (ז)
RAM-geheugen (het)	zikaron giʃa akra'it	זִיכָּרוֹן גִּישָׁה אַקְרָאִית (ז)
bestand (het)	'kovets	קוֹבֶץ (ז)
folder (de)	tikiya	תִּיקִייָה (נ)
openen (ww)	lif'toax	לִפְתּוֹחַ
sluiten (ww)	lisgor	לִסְגּוֹר
opslaan (ww)	liʃmor	לִשְׁמוֹר
verwijderen (wissen)	limxok	לִמְחוֹק
kopiëren (ww)	leha'atik	לְהַעֲתִיק
sorteren (ww)	lemayen	לְמַייֵן
overplaatsen (ww)	leha'avir	לְהַעֲבִיר
programma (het)	toxna	תּוֹכְנָה (נ)
software (de)	toxna	תּוֹכְנָה (נ)
programmeur (de)	metaxnet	מְתַכְנֵת (ז)
programmeren (ww)	letaxnet	לְתַכְנֵת
hacker (computerkraker)	'haker	הָאקֶר (ז)
wachtwoord (het)	sisma	סִיסְמָה (נ)
virus (het)	'virus	וִירוּס (ז)
ontdekken (virus ~)	limtso, le'ater	לִמְצוֹא, לְאַתֵּר

| byte (de) | bait | בַּיְט (ז) |
| megabyte (de) | megabait | מֶגָבַּיְט (ז) |

| data (de) | netunim | נְתוּנִים (ז"ר) |
| databank (de) | bsis netunim | בְּסִיס נְתוּנִים (ז) |

kabel (USB-~, enz.)	'kevel	כֶּבֶל (ז)
afsluiten (ww)	lenatek	לְנַתֵּק
aansluiten op (ww)	leχaber	לְחַבֵּר

166. Internet. E-mail

internet (het)	'internet	אִינְטֶרְנֶט (ז)
browser (de)	dafdefan	דַפְדְּפָן (ז)
zoekmachine (de)	ma'no'a χipus	מָנוֹעַ חִיפּוּשׂ (ז)
internetprovider (de)	sapak	סַפָּק (ז)

webmaster (de)	menahel ha'atar	מְנַהֵל הָאֲתַר (ז)
website (de)	atar	אֲתַר (ז)
webpagina (de)	daf 'internet	דַף אִינְטֶרְנֶט (ז)

| adres (het) | 'ktovet | כְּתוֹבֶת (נ) |
| adresboek (het) | 'sefer ktovot | סֵפֶר כְּתוֹבוֹת (ז) |

postvak (het)	teivat 'do'ar	תֵּיבַת דּוֹאַר (נ)
post (de)	'do'ar, 'do'al	דּוֹאַר (ז), דּוֹא"ל (ז)
vol (~ postvak)	gaduʃ	גָדוּשׁ

bericht (het)	hoda'a	הוֹדָעָה (נ)
binnenkomende berichten (mv.)	hoda'ot niχnasot	הוֹדָעוֹת נִכְנָסוֹת (נ"ר)
uitgaande berichten (mv.)	hoda'ot yots'ot	הוֹדָעוֹת יוֹצְאוֹת (נ"ר)
verzender (de)	ʃo'leaχ	שׁוֹלֵחַ (ז)
verzenden (ww)	liʃ'loaχ	לִשְׁלוֹחַ
verzending (de)	ʃliχa	שְׁלִיחָה (נ)

| ontvanger (de) | nim'an | נִמְעָן (ז) |
| ontvangen (ww) | lekabel | לְקַבֵּל |

| correspondentie (de) | hitkatvut | הִתְכַּתְּבוּת (נ) |
| corresponderen (met ...) | lehitkatev | לְהִתְכַּתֵּב |

bestand (het)	'kovets	קוֹבֶץ (ז)
downloaden (ww)	lehorid	לְהוֹרִיד
creëren (ww)	litsor	לִיצוֹר
verwijderen (een bestand ~)	limχok	לִמְחוֹק
verwijderd (bn)	maχuk	מָחוּק

verbinding (de)	χibur	חִיבּוּר (ז)
snelheid (de)	mehirut	מְהִירוּת (נ)
modem (de)	'modem	מוֹדֶם (ז)
toegang (de)	giʃa	גִּישָׁה (נ)
poort (de)	port	פּוֹרְט (ז)
aansluiting (de)	χibur	חִיבּוּר (ז)

146

zich aansluiten (ww)	lehitχaber	לְהִתְחַבֵּר
selecteren (ww)	livχor	לִבְחוֹר
zoeken (ww)	leχapes	לְחַפֵּשׂ

167. Elektriciteit

elektriciteit (de)	χaʃmal	חַשְׁמַל (ז)
elektrisch (bn)	χaʃmali	חַשְׁמַלִי
elektriciteitscentrale (de)	taχanat 'koaχ	תַּחֲנַת כּוֹחַ (נ)
energie (de)	e'nergya	אֶנֶרְגְיָה (נ)
elektrisch vermogen (het)	e'nergya χaʃmalit	אֶנֶרְגְיָה חַשְׁמַלִית (נ)
lamp (de)	nura	נוּרָה (נ)
zaklamp (de)	panas	פָּנָס (ז)
straatlantaarn (de)	panas reχov	פָּנָס רְחוֹב (ז)
licht (elektriciteit)	or	אוֹר (ז)
aandoen (ww)	lehadlik	לְהַדְלִיק
uitdoen (ww)	leχabot	לְכַבּוֹת
het licht uitdoen	leχabot	לְכַבּוֹת
doorbranden (gloeilamp)	lehisaref	לְהִישָׂרֵף
kortsluiting (de)	'ketser	קֶצֶר (ז)
onderbreking (de)	χut ka'ru'a	חוּט קָרוּעַ (ז)
contact (het)	maga	מַגָּע (ז)
schakelaar (de)	'meteg	מֶתֶג (ז)
stopcontact (het)	'ʃeka	שֶׁקַע (ז)
stekker (de)	'teka	תֶּקַע (ז)
verlengsnoer (de)	'kabel ma'ariχ	כֶּבֶל מַאֲרִיךְ (ז)
zekering (de)	natiχ	נָתִיךְ (ז)
kabel (de)	χut	חוּט (ז)
bedrading (de)	χivut	חִיווּט (ז)
ampère (de)	amper	אַמְפֶּר (ז)
stroomsterkte (de)	'zerem χaʃmali	זֶרֶם חַשְׁמַלִי (ז)
volt (de)	volt	ווֹלְט (ז)
spanning (de)	'metaχ	מֶתַח (ז)
elektrisch toestel (het)	maχʃir χaʃmali	מַכְשִׁיר חַשְׁמַלִי (ז)
indicator (de)	maχvan	מַחֲווָן (ז)
elektricien (de)	χaʃmalai	חַשְׁמַלַאי (ז)
solderen (ww)	lehalχim	לְהַלְחִים
soldeerbout (de)	malχem	מַלְחֵם (ז)
stroom (de)	'zerem	זֶרֶם (ז)

168. Gereedschappen

werktuig (stuk gereedschap)	kli	כְּלִי (ז)
gereedschap (het)	klei avoda	כְּלֵי עֲבוֹדָה (ז"ר)

uitrusting (de)	tsiyud	צִיּוּד (ז)
hamer (de)	patiʃ	פַּטִישׁ (ז)
schroevendraaier (de)	mavreg	מַבְרֵג (ז)
bijl (de)	garzen	גַּרְזֶן (ז)

zaag (de)	masor	מַסּוֹר (ז)
zagen (ww)	lenaser	לְנַסֵּר
schaaf (de)	maktso'a	מַקְצוּעָה (נ)
schaven (ww)	lehak'tsi'a	לְהַקְצִיעַ
soldeerbout (de)	malχem	מַלְחֵם (ז)
solderen (ww)	lehalχim	לְהַלְחִים

vijl (de)	ptsira	פְּצִירָה (נ)
nijptang (de)	tsvatot	צְבָתוֹת (נ"ר)
combinatietang (de)	mel'kaχat	מֶלְקַחַת (נ)
beitel (de)	izmel	אִזְמֵל (ז)

boorkop (de)	mak'deaχ	מַקְדֵּחַ (ז)
boormachine (de)	makdeχa	מַקְדֵּחָה (נ)
boren (ww)	lik'doaχ	לִקְדֹּחַ

mes (het)	sakin	סַכִּין (ז, נ)
zakmes (het)	olar	אוֹלָר (ז)
lemmet (het)	'lahav	לַהַב (ז)

scherp (bijv. ~ mes)	χad	חַד
bot (bn)	kehe	קֵהֶה
bot raken (ww)	lehitkahot	לְהִתְקַהוֹת
slijpen (een mes ~)	lehaʃχiz	לְהַשְׁחִיז

bout (de)	'boreg	בּוֹרֶג (ז)
moer (de)	om	אוֹם (ז)
schroefdraad (de)	tavrig	תַּבְרִיג (ז)
houtschroef (de)	'boreg	בּוֹרֶג (ז)

nagel (de)	masmer	מַסְמֵר (ז)
kop (de)	roʃ hamasmer	רֹאשׁ הַמַּסְמֵר (ז)

liniaal (de/het)	sargel	סַרְגֵּל (ז)
rolmeter (de)	'seret meida	סֶרֶט מֵידָה (ז)
waterpas (de/het)	'peles	פֶּלֶס (ז)
loep (de)	zχuχit mag'delet	זְכוּכִית מַגְדֶּלֶת (נ)

meetinstrument (het)	maχʃir medida	מַכְשִׁיר מְדִידָה (ז)
opmeten (ww)	limdod	לִמְדֹּד
schaal (meetschaal)	'skala	סְקָאלָה (נ)
gegevens (mv.)	medida	מְדִידָה (נ)

compressor (de)	madχes	מַדְחֵס (ז)
microscoop (de)	mikroskop	מִיקְרוֹסְקוֹפ (ז)

pomp (de)	maʃeva	מַשְׁאֵבָה (נ)
robot (de)	robot	רוֹבּוֹט (ז)
laser (de)	'leizer	לֵייזֶר (ז)
moersleutel (de)	maf'teaχ bragim	מַפְתֵּחַ בְּרָגִים (ז)
plakband (de)	neyar 'devek	נְיַיר דֶּבֶק (ז)

lijm (de)	'devek	דֶּבֶק (ז)
schuurpapier (het)	neyar zχuχit	נְיָיר זכוכית (ז)
veer (de)	kfits	קְפִיץ (ז)
magneet (de)	magnet	מַגְנֵט (ז)
handschoenen (mv.)	kfafot	כְּפָפוֹת (נ"ר)

touw (bijv. henneptouw)	'χevel	חֶבֶל (ז)
snoer (het)	sroχ	שְׂרוֹךְ (ז)
draad (de)	χut	חוּט (ז)
kabel (de)	'kevel	כֶּבֶל (ז)

moker (de)	kurnas	קוּרְנָס (ז)
breekijzer (het)	lom	לוֹם (ז)
ladder (de)	sulam	סוּלָם (ז)
trapje (inklapbaar ~)	sulam	סוּלָם (ז)

aanschroeven (ww)	lehavrig	לְהַבְרִיג
losschroeven (ww)	lif'toaχ, lehavrig	לִפְתּוֹחַ, לְהַבְרִיג
dichtpersen (ww)	lehadek	לְהַדֵּק
vastlijmen (ww)	lehadbik	לְהַדְבִּיק
snijden (ww)	laχtoχ	לַחְתּוֹךְ

defect (het)	takala	תַּקָלָה (נ)
reparatie (de)	tikun	תִּיקוּן (ז)
repareren (ww)	letaken	לְתַקֵּן
regelen (een machine ~)	leχavnen	לְכַוְונֵן

nakijken (ww)	livdok	לִבְדּוֹק
controle (de)	bdika	בְּדִיקָה (נ)
gegevens (mv.)	kri'a	קְרִיאָה (נ)

degelijk (bijv. ~ machine)	amin	אָמִין
ingewikkeld (bn)	murkav	מוּרְכָּב

roesten (ww)	lehaχlid	לְהַחְלִיד
roestig (bn)	χalud	חָלוּד
roest (de/het)	χaluda	חֲלוּדָה (נ)

149

Vervoer

169. Vliegtuig

vliegtuig (het)	matos	מָטוֹס (ז)
vliegticket (het)	kartis tisa	כַּרְטִיס טִיסָה (ז)
luchtvaartmaatschappij (de)	χevrat te'ufa	חֶבְרַת תְּעוּפָה (נ)
luchthaven (de)	nemal te'ufa	נְמַל תְּעוּפָה (ז)
supersonisch (bn)	al koli	עַל קוֹלִי
gezagvoerder (de)	kabarnit	קַבַּרְנִיט (ז)
bemanning (de)	'tsevet	צֶוֶת (ז)
piloot (de)	tayas	טַיָּס (ז)
stewardess (de)	da'yelet	דַּיֶּלֶת (נ)
stuurman (de)	navat	נַוָּט (ז)
vleugels (mv.)	kna'fayim	כְּנָפַיִם (נ"ר)
staart (de)	zanav	זָנָב (ז)
cabine (de)	'kokpit	קוֹקְפִּיט (ז)
motor (de)	ma'no'a	מָנוֹעַ (ז)
landingsgestel (het)	kan nesi'a	כַּן נְסִיעָה (ז)
turbine (de)	tur'bina	טוּרְבִּינָה (נ)
propeller (de)	madχef	מַדְחֵף (ז)
zwarte doos (de)	kufsa ʃχora	קוּפְסָה שְׁחוֹרָה (נ)
stuur (het)	'hege	הֶגֶה (ז)
brandstof (de)	'delek	דֶּלֶק (ז)
veiligheidskaart (de)	hora'ot betiχut	הוֹרָאוֹת בְּטִיחוּת (נ"ר)
zuurstofmasker (het)	maseχat χamtsan	מַסֵּכַת חַמְצָן (נ)
uniform (het)	madim	מַדִּים (ז"ר)
reddingsvest (de)	χagorat hatsala	חֲגוֹרַת הַצָּלָה (נ)
parachute (de)	mitsnaχ	מִצְנָח (ז)
opstijgen (het)	hamra'a	הַמְרָאָה (נ)
opstijgen (ww)	lehamri	לְהַמְרִיא
startbaan (de)	maslul hamra'a	מַסְלוּל הַמְרָאָה (ז)
zicht (het)	re'ut	רְאוּת (נ)
vlucht (de)	tisa	טִיסָה (נ)
hoogte (de)	'gova	גּוֹבַהּ (ז)
luchtzak (de)	kis avir	כִּיס אֲוִויר (ז)
plaats (de)	moʃav	מוֹשָׁב (ז)
koptelefoon (de)	ozniyot	אוֹזְנִיּוֹת (נ"ר)
tafeltje (het)	magaʃ mitkapel	מַגָּשׁ מִתְקַפֵּל (ז)
venster (het)	tsohar	צוֹהַר (ז)
gangpad (het)	ma'avar	מַעֲבָר (ז)

170. Trein

trein (de)	ra'kevet	רַכֶּבֶת (נ)
elektrische trein (de)	ra'kevet parvarim	רַכֶּבֶת פַּרְבָּרִים (נ)
sneltrein (de)	ra'kevet mehira	רַכֶּבֶת מְהִירָה (נ)
diessellocomotief (de)	katar 'dizel	קַטָר דִיזָל (ז)
locomotief (de)	katar	קַטָר (ז)
rijtuig (het)	karon	קָרוֹן (ז)
restauratierijtuig (het)	kron mis'ada	קָרוֹן מִסְעָדָה (ז)
rails (mv.)	mesilot	מְסִילוֹת (נ״ר)
spoorweg (de)	mesilat barzel	מְסִילַת בַּרְזֶל (נ)
dwarsligger (de)	'eden	אֶדֶן (ז)
perron (het)	ratsif	רָצִיף (ז)
spoor (het)	mesila	מְסִילָה (נ)
semafoor (de)	ramzor	רַמְזוֹר (ז)
halte (bijv. kleine treinhalte)	taxana	תַּחֲנָה (נ)
machinist (de)	nahag ra'kevet	נַהַג רַכֶּבֶת (ז)
kruier (de)	sabal	סַבָּל (ז)
conducteur (de)	sadran ra'kevet	סַדְרָן רַכֶּבֶת (ז)
passagier (de)	no'se‘a	נוֹסֵעַ (ז)
controleur (de)	bodek	בּוֹדֵק (ז)
gang (in een trein)	prozdor	פְּרוֹזְדוֹר (ז)
noodrem (de)	ma‘atsar xirum	מַעֲצַר חִירוּם (ז)
coupé (de)	ta	תָּא (ז)
bed (slaapplaats)	dargaʃ	דַרְגָש (ז)
bovenste bed (het)	dargaʃ elyon	דַרְגָש עֶלְיוֹן (ז)
onderste bed (het)	dargaʃ taxton	דַרְגָש תַחְתוֹן (ז)
beddengoed (het)	matsa'im	מַצָעִים (ז״ר)
kaartje (het)	kartis	כַּרְטִיס (ז)
dienstregeling (de)	'luax zmanim	לוּחַ זְמַנִים (ז)
informatiebord (het)	ʃelet meida	שֶׁלֶט מֵידָע (ז)
vertrekken (De trein vertrekt ...)	latset	לָצֵאת
vertrek (ov. een trein)	yetsi'a	יְצִיאָה (נ)
aankomen (ov. de treinen)	leha'gi‘a	לְהַגִיעַ
aankomst (de)	haga‘a	הַגָעָה (נ)
aankomen per trein	leha'gi‘a bera'kevet	לְהַגִיעַ בְּרַכֶּבֶת
in de trein stappen	la‘alot lera'kevet	לַעֲלוֹת לְרַכֶּבֶת
uit de trein stappen	la'redet mehara'kevet	לָרֶדֶת מֵהָרַכֶּבֶת
treinwrak (het)	hitraskut	הִתְרַסְקוּת (נ)
ontspoord zijn	la'redet mipasei ra'kevet	לָרֶדֶת מִפַּסֵי רַכֶּבֶת
locomotief (de)	katar	קַטָר (ז)
stoker (de)	masik	מַסִיק (ז)
stookplaats (de)	kivʃan	כִּבְשָׁן (ז)
steenkool (de)	pexam	פֶּחָם (ז)

171. Schip

schip (het)	sfina	סְפִינָה (נ)
vaartuig (het)	sfina	סְפִינָה (נ)

stoomboot (de)	oniyat kitor	אוֹנִיַית קיטוֹר (נ)
motorschip (het)	sfinat nahar	סְפִינַת נָהָר (נ)
lijnschip (het)	oniyat ta'anugot	אוֹנִיַית תַעֲנוּגוֹת (נ)
kruiser (de)	sa'yeret	סַייֶרֶת (נ)

jacht (het)	'yaχta	יַכְטָה (נ)
sleepboot (de)	go'reret	גוֹרֶרֶת (נ)
duwbak (de)	arba	אַרְבָּה (נ)
ferryboot (de)	ma'a'boret	מַעֲבּוֹרֶת (נ)

zeilboot (de)	sfinat mifras	סְפִינַת מִפְרָשׂ (נ)
brigantijn (de)	briganit	בְּרִיגָנִית (נ)

IJsbreker (de)	ʃo'veret 'keraχ	שׁוֹבֶרֶת קֶרַח (נ)
duikboot (de)	tso'lelet	צוֹלֶלֶת (נ)

boot (de)	sira	סִירָה (נ)
sloep (de)	sira	סִירָה (נ)
reddingssloep (de)	sirat hatsala	סִירַת הַצָלָה (נ)
motorboot (de)	sirat ma'no'a	סִירַת מָנוֹעַ (נ)

kapitein (de)	rav χovel	רַב-חוֹבֵל (ז)
zeeman (de)	malaχ	מַלָח (ז)
matroos (de)	yamai	יַמַאי (ז)
bemanning (de)	'tsevet	צֶווֶת (ז)

bootsman (de)	rav malaχim	רַב-מַלָחִים (ז)
scheepsjongen (de)	'na'ar sipun	נַעַר סִיפּוּן (ז)
kok (de)	tabaχ	טַבָּח (ז)
scheepsarts (de)	rofe ha'oniya	רוֹפֵא הָאוֹנִייָה (ז)

dek (het)	sipun	סִיפּוּן (ז)
mast (de)	'toren	תוֹרֶן (ז)
zeil (het)	mifras	מִפְרָשׂ (ז)

ruim (het)	'beten oniya	בֶּטֶן אוֹנִייָה (נ)
voorsteven (de)	χartom	חַרְטוֹם (ז)
achtersteven (de)	yarketei hasfina	יַרְכְּתֵי הַסְפִינָה (ז"ר)
roeispaan (de)	maʃot	מָשׁוֹט (ז)
schroef (de)	madχef	מַדְחֵף (ז)

kajuit (de)	ta	תָא (ז)
officierskamer (de)	mo'adon ktsinim	מוֹעֲדוֹן קְצִינִים (ז)
machinekamer (de)	χadar meχonot	חֲדַר מְכוֹנוֹת (ז)
brug (de)	'geʃer hapikud	גֶשֶׁר הַפִּיקוּד (ז)
radiokamer (de)	ta alχutan	תָא אַלְחוּטָן (ז)
radiogolf (de)	'teder	תֶדֶר (ז)
logboek (het)	yoman ha'oniya	יוֹמַן הָאוֹנִייָה (ז)
verrekijker (de)	miʃ'kefet	מִשְׁקֶפֶת (נ)
klok (de)	pa'amon	פַּעֲמוֹן (ז)

vlag (de)	'degel	דֶּגֶל (ז)
kabel (de)	avot ha'oniya	עֲבוֹת הָאוֹנִיָּה (נ)
knoop (de)	'kefer	קֶשֶׁר (ז)
trapleuning (de)	ma'ake hasipun	מַעֲקֶה הַסִּיפּוּן (ז)
trap (de)	'kevef	כֶּבֶשׁ (ז)
anker (het)	'ogen	עוֹגֶן (ז)
het anker lichten	leharim 'ogen	לְהָרִים עוֹגֶן
het anker neerlaten	la'agon	לַעֲגוֹן
ankerketting (de)	far'feret ha'ogen	שַׁרְשֶׁרֶת הָעוֹגֶן (נ)
haven (bijv. containerhaven)	namal	נָמֵל (ז)
kaai (de)	'mezax	מֵזַח (ז)
aanleggen (ww)	la'agon	לַעֲגוֹן
wegvaren (ww)	lehaflig	לְהַפְלִיג
reis (de)	masa, tiyul	מַסָּע (ז), טִיוּל (ז)
cruise (de)	'fayit	שַׁיִט (ז)
koers (de)	kivun	כִּיווּן (ז)
route (de)	nativ	נָתִיב (ז)
vaarwater (het)	nativ 'fayit	נְתִיב שַׁיִט (ז)
zandbank (de)	sirton	שִׁרְטוֹן (ז)
stranden (ww)	la'alot al hasirton	לַעֲלוֹת עַל הַשִּׁרְטוֹן
storm (de)	sufa	סוּפָה (נ)
signaal (het)	ot	אוֹת (ז)
zinken (ov. een boot)	lit'bo'a	לִטְבּוֹעַ
Man overboord!	adam ba'mayim!	אָדָם בַּמַּיִם!
SOS (noodsignaal)	kri'at hatsala	קְרִיאַת הַצָּלָה
reddingsboei (de)	galgal hatsala	גַּלְגַּל הַצָּלָה (ז)

172. Vliegveld

luchthaven (de)	nemal te'ufa	נְמַל תְּעוּפָה (ז)
vliegtuig (het)	matos	מָטוֹס (ז)
luchtvaartmaatschappij (de)	xevrat te'ufa	חֶבְרַת תְּעוּפָה (נ)
luchtverkeersleider (de)	bakar tisa	בַּקָּר טִיסָה (ז)
vertrek (het)	hamra'a	הַמְרָאָה (נ)
aankomst (de)	nexita	נְחִיתָה (נ)
aankomen (per vliegtuig)	leha'gi'a betisa	לְהַגִּיעַ בְּטִיסָה
vertrektijd (de)	zman hamra'a	זְמַן הַמְרָאָה (ז)
aankomstuur (het)	zman nexita	זְמַן נְחִיתָה (ז)
vertraagd zijn (ww)	lehit'akev	לְהִתְעַכֵּב
vluchtvertraging (de)	ikuv hatisa	עִיכּוּב הַטִּיסָה (ז)
informatiebord (het)	'luax meida	לוּחַ מֵידַע (ז)
informatie (de)	meida	מֵידַע (ז)
aankondigen (ww)	leho'dia	לְהוֹדִיעַ
vlucht (bijv. KLM ~)	tisa	טִיסָה (נ)

153

douane (de)	'meχes	מֶכֶס (ז)
douanier (de)	pakid 'meχes	פָּקִיד מֶכֶס (ז)
douaneaangifte (de)	hatsharat meχes	הַצהָרַת מֶכֶס (נ)
invullen (douaneaangifte ~)	lemale	לְמַלֵא
een douaneaangifte invullen	lemale 'tofes hatshara	לְמַלֵא טוֹפֶס הַצהָרָה
paspoortcontrole (de)	bdikat darkonim	בּדִיקַת דַרכּוֹנִים (נ)
bagage (de)	kvuda	כּבוּדָה (נ)
handbagage (de)	kvudat yad	כּבוּדַת יָד (נ)
bagagekarretje (het)	eglat kvuda	עֶגלַת כּבוּדָה (נ)
landing (de)	neχita	נְחִיתָה (נ)
landingsbaan (de)	maslul neχita	מַסלוּל נְחִיתָה (ז)
landen (ww)	linχot	לִנחוֹת
vliegtuigtrap (de)	'keveʃ	כֶּבֶש (ז)
inchecken (het)	tʃek in	צֶ'ק אִין (ז)
incheckbalie (de)	dalpak tʃek in	דַלפָּק צֶ'ק אִין (ז)
inchecken (ww)	leva'tse'a tʃek in	לְבַצֵע צֶ'ק אִין
instapkaart (de)	kartis aliya lematos	כַּרטִיס עֲלָיָה לְמָטוֹס (ז)
gate (de)	'ʃa'ar yetsi'a	שַעַר יְצִיאָה (ז)
transit (de)	ma'avar	מַעֲבָר (ז)
wachten (ww)	lehamtin	לְהַמתִין
wachtzaal (de)	traklin tisa	טרַקלִין טִיסָה (ז)
begeleiden (uitwuiven)	lelavot	לְלַווֹת
afscheid nemen (ww)	lomar lehitra'ot	לוֹמַר לְהִתרָאוֹת

173. Fiets. Motorfiets

fiets (de)	ofa'nayim	אוֹפַנַיִים (ז"ר)
bromfiets (de)	kat'no'a	קַטנוֹעַ (ז)
motorfiets (de)	of'no'a	אוֹפנוֹעַ (ז)
met de fiets rijden	lirkov al ofa'nayim	לִרכּוֹב עַל אוֹפַנַיִים
stuur (het)	kidon	כִּידוֹן (ז)
pedaal (de/het)	davʃa	דַוושָה (נ)
remmen (mv.)	blamim	בּלָמִים (ז"ר)
fietszadel (de/het)	ukaf	אוּכָּף (ז)
pomp (de)	maʃeva	מַשאֵבָה (נ)
bagagedrager (de)	sabal	סַבָּל (ז)
fietslicht (het)	panas kidmi	פָּנָס קִדמִי (ז)
helm (de)	kasda	קַסדָה (נ)
wiel (het)	galgal	גַלגַל (ז)
spatbord (het)	kanaf	כָּנָף (נ)
velg (de)	χiʃuk	חִישוּק (ז)
spaak (de)	χiʃur	חִישוּר (ז)

Auto's

174. Soorten auto's

auto (de)	meχonit	מְכוֹנִית (נ)
sportauto (de)	meχonit sport	מְכוֹנִית סְפּוֹרְט (נ)
limousine (de)	limu'zina	לִימוּזִינָה (נ)
terreinwagen (de)	'reχev 'ʃetaχ	רֶכֶב שֶׁטַח (ז)
cabriolet (de)	meχonit gag niftaχ	מְכוֹנִית גַג נִפְתָּח (נ)
minibus (de)	'minibus	מִינִיבּוּס (ז)
ambulance (de)	'ambulans	אַמְבּוּלַנְס (ז)
sneeuwruimer (de)	maf'leset 'ʃeleg	מַפְלֶסֶת שֶׁלֶג (נ)
vrachtwagen (de)	masa'it	מַשָׂאִית (נ)
tankwagen (de)	meχalit 'delek	מֵיכָלִית דֶּלֶק (נ)
bestelwagen (de)	masa'it kala	מַשָׂאִית קַלָה (נ)
trekker (de)	gorer	גוֹרֵר (ז)
aanhangwagen (de)	garur	גָרוּר (ז)
comfortabel (bn)	'noaχ	נוֹחַ
tweedehands (bn)	meʃumaʃ	מְשׁוּמָשׁ

175. Auto's. Carrosserie

motorkap (de)	miχse hama'no'a	מִכְסֵה הַמָּנוֹעַ (ז)
spatbord (het)	kanaf	כָּנָף (נ)
dak (het)	gag	גַג (ז)
voorruit (de)	ʃimʃa kidmit	שִׁמְשָׁה קִדְמִית (נ)
achterruit (de)	mar'a aχorit	מַרְאָה אֲחוֹרִית (נ)
ruitensproeier (de)	mataz	מַתָז (ז)
wisserbladen (mv.)	magev	מַגֵב (ז)
zijruit (de)	ʃimʃat tsad	שִׁמְשַׁת צַד (נ)
raamlift (de)	χalon χaʃmali	חַלוֹן חַשְׁמַלִי (ז)
antenne (de)	an'tena	אַנְטֶנָה (נ)
zonnedak (het)	χalon gag	חַלוֹן גַג (ז)
bumper (de)	pagoʃ	פָּגוֹשׁ (ז)
koffer (de)	ta mit'an	תָא מִטְעָן (ז)
imperiaal (de/het)	gagon	גָגוֹן (ז)
portier (het)	'delet	דֶּלֶת (נ)
handvat (het)	yadit	יָדִית (נ)
slot (het)	man'ul	מַנְעוּל (ז)
nummerplaat (de)	luχit riʃui	לוֹחִית רִישׁוּי (נ)
knalpot (de)	am'am	עַמְעָם (ז)

benzinetank (de)	meiχal 'delek	מֵיכָל דֶּלֶק (ז)
uitlaatpijp (de)	maflet	מַפְלֵט (ז)

gas (het)	gaz	גַּז (ז)
pedaal (de/het)	davʃa	דַּוְושָׁה (נ)
gaspedaal (de/het)	davʃat gaz	דַּוְושַׁת גַּז (נ)

rem (de)	'belem	בֶּלֶם (ז)
rempedaal (de/het)	davʃat hablamim	דַּוְושַׁת הַבְּלָמִים (נ)
remmen (ww)	livlom	לִבְלוֹם
handrem (de)	'belem χaniya	בֶּלֶם חֲנִיָּה (ז)

koppeling (de)	matsmed	מַצְמֵד (ז)
koppelingspedaal (de/het)	davʃat hamatsmed	דַּוְושַׁת הַמַּצְמֵד (נ)
koppelingsschijf (de)	luχit hamatsmed	לוּחִית הַמַּצְמֵד (נ)
schokdemper (de)	bolem za'a'zu'a	בּוֹלֵם זַעֲזוּעִים (ז)

wiel (het)	galgal	גַּלְגַּל (ז)
reservewiel (het)	galgal χilufi	גַּלְגַּל חִילוּפִי (ז)
band (de)	tsmig	צְמִיג (ז)
wieldop (de)	tsa'laχat galgal	צַלַּחַת גַּלְגַּל (נ)

aandrijfwielen (mv.)	galgalim meni'im	גַּלְגַּלִים מֵנִיעִים (ז"ר)
met voorwielaandrijving	shel hana'a kidmit	שֶׁל הֲנָעָה קִדְמִית
met achterwielaandrijving	shel hana'a aχorit	שֶׁל הֲנָעָה אֲחוֹרִית
met vierwielaandrijving	shel hana'a male'a	שֶׁל הֲנָעָה מָלְאָה

versnellingsbak (de)	teivat hiluχim	תֵּיבַת הִילוּכִים (נ)
automatisch (bn)	oto'mati	אוֹטוֹמָטִי
mechanisch (bn)	me'χani	מֵכָנִי
versnellingspook (de)	yadit hiluχim	יָדִית הִילוּכִים (נ)

voorlicht (het)	panas kidmi	פָּנָס קִדְמִי (ז)
voorlichten (mv.)	panasim	פָּנָסִים (ז"ר)

dimlicht (het)	or namuχ	אוֹר נָמוּך (ז)
grootlicht (het)	or ga'voha	אוֹר גָּבוֹהַ (ז)
stoplicht (het)	or 'belem	אוֹר בֶּלֶם (ז)

standlichten (mv.)	orot χanaya	אוֹרוֹת חֲנִיָּה (ז"ר)
noodverlichting (de)	orot χerum	אוֹרוֹת חִירוּם (ז"ר)
mistlichten (mv.)	orot arafel	אוֹרוֹת עֲרָפֶל (ז"ר)
pinker (de)	panas itut	פָּנָס אִיתוּת (ז)
achteruitrijdlicht (het)	orot revers	אוֹרוֹת רֶבֶרְס (ז"ר)

176. Auto's. Passagiersruimte

interieur (het)	ta hanos'im	תָּא הַנּוֹסְעִים (ז)
leren (van leer gemaak)	asui me'or	עָשׂוּי מֵעוֹר
fluwelen (abn)	ktifati	קְטִיפָתִי
bekleding (de)	ripud	רִיפּוּד (ז)

toestel (het)	maχven	מַכְוֵון (ז)
instrumentenbord (het)	'luaχ maχvenim	לוּחַ מַכְוֵונִים (ז)

| snelheidsmeter (de) | mad mehirut | מַד מְהִירוּת (ז) |
| pijltje (het) | 'maxat | מַחַט (נ) |

kilometerteller (de)	mad merxak	מַד מֶרְחָק (ז)
sensor (de)	xaifan	חַיְישָׁן (ז)
niveau (het)	ramat mi'lui	רָמַת מִילּוּי (נ)
controlelampje (het)	nurat azhara	נוּרַת אַזְהָרָה (נ)

stuur (het)	'hege	הֶגֶה (ז)
toeter (de)	tsofar	צוֹפָר (ז)
knopje (het)	kaftor	כַּפְתּוֹר (ז)
schakelaar (de)	'meteg	מֶתֶג (ז)

stoel (bestuurders~)	mofav	מוֹשָׁב (ז)
rugleuning (de)	mif'enet	מִשְׁעֶנֶת (נ)
hoofdsteun (de)	mif'enet rof	מִשְׁעֶנֶת רֹאשׁ (נ)
veiligheidsgordel (de)	xagorat betixut	חֲגוֹרַת בְּטִיחוּת (נ)
de gordel aandoen	lehadek xagora	לְהַדֵּק חֲגוֹרָה
regeling (de)	kivnun	כִּיווּנוּן (ז)

| airbag (de) | karit avir | כָּרִית אֲווִיר (נ) |
| airconditioner (de) | mazgan | מַזְגָּן (ז) |

radio (de)	'radyo	רַדְיוֹ (ז)
CD-speler (de)	'diskmen	דִּיסְקְמֶן (ז)
aanzetten (bijv. radio ~)	lehadlik	לְהַדְלִיק
antenne (de)	an'tena	אַנְטֶנָה (נ)
handschoenenkastje (het)	ta kfafot	תָּא כְּפָפוֹת (ז)
asbak (de)	ma'afera	מַאֲפֵרָה (נ)

177. Auto's. Motor

motor (de)	ma'no'a	מָנוֹעַ (ז)
diesel- (abn)	shel 'dizel	שֶׁל דִּיזֶל
benzine- (~motor)	'delek	דֶּלֶק

motorinhoud (de)	'nefax ma'no'a	נֶפַח מָנוֹעַ (ז)
vermogen (het)	otsma	עוֹצְמָה (נ)
paardenkracht (de)	'koax sus	כּוֹחַ סוּס (ז)
zuiger (de)	buxna	בּוּכְנָה (נ)
cilinder (de)	tsi'linder	צִילִינְדֶר (ז)
klep (de)	fastom	שַׁסְתּוֹם (ז)

injectie (de)	mazrek	מַזְרֵק (ז)
generator (de)	mexolel	מְחוֹלֵל (ז)
carburator (de)	me'ayed	מְאַייֵד (ז)
motorolie (de)	'femen mano'im	שֶׁמֶן מָנוֹעִים (ז)

radiator (de)	matsnen	מַצְנֵן (ז)
koelvloeistof (de)	nozel kirur	נוֹזֵל קִירוּר (ז)
ventilator (de)	me'avrer	מְאַווְרֵר (ז)

| accu (de) | matsber | מַצְבֵּר (ז) |
| starter (de) | mat'ne'a | מַתְנֵעַ (ז) |

| contact (ontsteking) | hatsata | הַצָּתָה (נ) |
| bougie (de) | matset | מַצֵּת (ז) |

pool (de)	'hedek	הֶדֶק (ז)
positieve pool (de)	'hedek χiyuvi	הֶדֶק חִיּוּבִי (ז)
negatieve pool (de)	'hedek ʃlili	הֶדֶק שְׁלִילִי (ז)
zekering (de)	natiχ	נָתִיךְ (ז)

luchtfilter (de)	masnen avir	מַסְנֵן אֲוִיר (ז)
oliefilter (de)	masnen 'ʃemen	מַסְנֵן שֶׁמֶן (ז)
benzinefilter (de)	masnen 'delek	מַסְנֵן דֶּלֶק (ז)

178. Auto's. Botsing. Reparatie

auto-ongeval (het)	te'una	תְּאוּנָה (נ)
verkeersongeluk (het)	te'unat draχim	תְּאוּנַת דְּרָכִים (נ)
aanrijden	lehitnageʃ	לְהִתְנַגֵּשׁ
(tegen een boom, enz.)		
verongelukken (ww)	lehima'eχ	לְהֵימָעֵךְ
beschadiging (de)	'nezek	נֶזֶק (ז)
heelhuids (bn)	ʃalem	שָׁלֵם

pech (de)	takala	תַּקָּלָה (נ)
kapot gaan (zijn gebroken)	lehitkalkel	לְהִתְקַלְקֵל
sleeptouw (het)	'χevel grar	חֶבֶל גְּרָר (ז)

lek (het)	'teker	תֶּקֶר (ז)
lekke krijgen (band)	lehitpantʃer	לְהִתְפַּנְצֵ׳ר
oppompen (ww)	lena'peaχ	לְנַפֵּחַ
druk (de)	'laχats	לַחַץ (ז)
checken (controleren)	livdok	לִבְדּוֹק

reparatie (de)	ʃiputs	שִׁיפּוּץ (ז)
garage (de)	musaχ	מוּסָךְ (ז)
wisselstuk (het)	'χelek χiluf	חֵלֶק חִילּוּף (ז)
onderdeel (het)	'χelek	חֵלֶק (ז)

bout (de)	'boreg	בּוֹרֶג (ז)
schroef (de)	'boreg	בּוֹרֶג (ז)
moer (de)	om	אוֹם (ז)
sluitring (de)	diskit	דִּיסְקִית (נ)
kogellager (de/het)	mesav	מֵסַב (ז)

pijp (de)	tsinorit	צִינוֹרִית (נ)
pakking (de)	'etem	אֶטֶם (ז)
kabel (de)	χut	חוּט (ז)

dommekracht (de)	dʒek	גֵ׳ק (ז)
moersleutel (de)	maf'teaχ bragim	מַפְתֵּחַ בְּרָגִים (ז)
hamer (de)	patiʃ	פַּטִּישׁ (ז)
pomp (de)	maʃeva	מַשְׁאֵבָה (נ)
schroevendraaier (de)	mavreg	מַבְרֵג (ז)
brandblusser (de)	mataf	מַטָּף (ז)
gevarendriehoek (de)	meʃulaʃ χirum	מְשׁוּלָשׁ חֵירוּם (ז)

afslaan (ophouden te werken)	ledomem	לְדוֹמֵם
uitvallen (het)	hadmama	הַדְמָמָה (נ)
zijn gebroken	lihyot ʃavur	לִהְיוֹת שָׁבוּר

oververhitten (ww)	lehitχamem yoter midai	לְהִתְחַמֵּם יוֹתֵר מִדַּי
verstopt raken (ww)	lehisatem	לְהֵיסָתֵם
bevriezen (autodeur, enz.)	likpo	לִקְפּוֹא
barsten (leidingen, enz.)	lehitpa'ke'a	לְהִתְפַּקֵּעַ

druk (de)	'laχaʦ	לַחַץ (ז)
niveau (bijv. olieniveau)	ramat mi'lui	רָמַת מִילּוּי (נ)
slap (de drijfriem is ~)	rafe	רָפֶה

deuk (de)	dfika	דְּפִיקָה (נ)
geklop (vreemde geluiden)	'ra'aʃ	רַעַשׁ (ז)
barst (de)	'sedek	סֶדֶק (ז)
kras (de)	srita	שְׂרִיטָה (נ)

179. Auto's. Weg

weg (de)	'dereχ	דֶּרֶךְ (נ)
snelweg (de)	kviʃ mahir	כְּבִישׁ מָהִיר (ז)
autoweg (de)	kviʃ mahir	כְּבִישׁ מָהִיר (ז)
richting (de)	kivun	כִּיווּן (ז)
afstand (de)	merχak	מֶרְחָק (ז)

brug (de)	'geʃer	גֶּשֶׁר (ז)
parking (de)	χanaya	חֲנָיָה (נ)
plein (het)	kikar	כִּיכָּר (נ)
verkeersknooppunt (het)	meχlaf	מֶחְלָף (ז)
tunnel (de)	minhara	מִנְהָרָה (נ)

benzinestation (het)	taχanat 'delek	תַּחֲנַת דֶּלֶק (נ)
parking (de)	migraʃ χanaya	מִגְרַשׁ חֲנָיָה (ז)
benzinepomp (de)	maʃevat 'delek	מַשְׁאֵבַת דֶּלֶק (נ)
garage (de)	musaχ	מוּסָךְ (ז)
tanken (ww)	letadlek	לְתַדְלֵק
brandstof (de)	'delek	דֶּלֶק (ז)
jerrycan (de)	'dʒerikan	גֶ'רִיקָן (ז)

asfalt (het)	asfalt	אַסְפַלְט (ז)
markering (de)	simun	סִימּוּן (ז)
trottoirband (de)	sfat midraχa	שְׂפַת מִדְרָכָה (נ)
geleiderail (de)	ma'ake betiχut	מַעֲקֵה בְּטִיחוּת (ז)
greppel (de)	te'ala	תְּעָלָה (נ)
vluchtstrook (de)	ʃulei ha'dereχ	שׁוּלֵי הַדֶּרֶךְ (ז"ר)
lichtmast (de)	amud te'ura	עַמּוּד תְּאוּרָה (ז)

besturen (een auto ~)	linhog	לִנְהוֹג
afslaan (naar rechts ~)	lifnot	לִפְנוֹת
U-bocht maken (ww)	leva'ʦe'a pniyat parsa	לְבַצֵּעַ פְּנִיַּת פַּרְסָה
achteruit (de)	hiluχ aχori	הִילוּךְ אֲחוֹרִי (ז)
toeteren (ww)	liʦpor	לִצְפּוֹר

toeter (de)	tsfira	צְפִירָה (נ)
vastzitten (in modder)	lehitaka	לְהִיתָקַע
spinnen (wielen gaan ~)	lesovev et hagalgal al rek	לְסוֹבֵב אֶת הַגַּלְגַּלִים עַל רֵיק
uitzetten (ww)	ledomem	לְדוֹמֵם

snelheid (de)	mehirut	מְהִירוּת (נ)
een snelheidsovertreding maken	linhog bemehirut muf'rezet	לִנְהוֹג בְּמְהִירוּת מוּפְרֶזֶת
bekeuren (ww)	liknos	לִקְנוֹס
verkeerslicht (het)	ramzor	רַמְזוֹר (ז)
rijbewijs (het)	rifyon nehiga	רִשְׁיוֹן נְהִיגָה (ז)

overgang (de)	ma'avar pasei ra'kevet	מַעֲבָר פַּסֵי רַכֶּבֶת (ז)
kruispunt (het)	'tsomet	צוֹמֶת (ז)
zebrapad (oversteekplaats)	ma'avar xatsaya	מַעֲבָר חֲצָיָה (ז)
bocht (de)	pniya	פְּנִיָה (נ)
voetgangerszone (de)	midrexov	מִדְרְחוֹב (ז)

180. Verkeersborden

verkeersregels (mv.)	xukei hatnu'a	חוּקֵי הַתְּנוּעָה (ז״ר)
verkeersbord (het)	tamrur	תַּמְרוּר (ז)
inhalen (het)	akifa	עֲקִיפָה (נ)
bocht (de)	pniya	פְּנִיָה (נ)
U-bocht, kering (de)	sivuv parsa	סִיבוּב פַּרְסָה (ז)
Rotonde (de)	ma'agal tnu'a	מַעֲגַל תְּנוּעָה (ז)

Verboden richting	ein knisa	אֵין כְּנִיסָה
Verboden toegang	ein knisat rexavim	אֵין כְּנִיסַת רְכָבִים
Inhalen verboden	akifa asura	עֲקִיפָה אֲסוּרָה
Parkeerverbod	xanaya asura	חֲנָיָה אֲסוּרָה
Verbod stil te staan	atsira asura	עֲצִירָה אֲסוּרָה

Gevaarlijke bocht	sivuv xad	סִיבוּב חַד (ז)
Gevaarlijke daling	yerida tlula	יְרִידָה תְּלוּלָה (נ)
Eenrichtingsweg	tnu'a xad sitrit	תְּנוּעָה חַד־סִטְרִית (נ)
Voetgangers	ma'avar xatsaya	מַעֲבָר חֲצָיָה (ז)
Slipgevaar	vif xalaklak	כְּבִישׁ חֲלַקְלַק (ז)
Voorrang verlenen	zxut kdima	זְכוּת קְדִימָה

MENSEN. GEBEURTENISSEN IN HET LEVEN

Gebeurtenissen in het leven

181. Vakanties. Evenement

feest (het)	χagiga	חֲגִיגָה (נ)
nationale feestdag (de)	χag le'umi	חַג לְאוּמִי (ז)
feestdag (de)	yom χag	יוֹם חַג (ז)
herdenken (ww)	laχgog	לַחְגוֹג
gebeurtenis (de)	hitraχaʃut	הִתְרַחֲשׁוּת (נ)
evenement (het)	ei'ru'a	אֵירוּעַ (ז)
banket (het)	se'uda χagigit	סְעוּדָה חֲגִיגִית (נ)
receptie (de)	ei'ruaχ	אֵירוּחַ (ז)
feestmaal (het)	miʃte	מִשְׁתֶּה (ז)
verjaardag (de)	yom haʃana	יוֹם הַשָּׁנָה (ז)
jubileum (het)	χag hayovel	חַג הַיּוֹבֵל (ז)
vieren (ww)	laχgog	לַחְגוֹג
Nieuwjaar (het)	ʃana χadaʃa	שָׁנָה חֲדָשָׁה (נ)
Gelukkig Nieuwjaar!	ʃana tova!	שָׁנָה טוֹבָה!
Sinterklaas (de)	'santa 'kla'us	סַנְטָה קְלָאוּס
Kerstfeest (het)	χag hamolad	חַג הַמּוֹלָד (ז)
Vrolijk kerstfeest!	χag hamolad sa'meaχ!	חַג הַמּוֹלָד שָׂמֵחַ!
kerstboom (de)	ets χag hamolad	עֵץ חַג הַמּוֹלָד (ז)
vuurwerk (het)	zikukim	זִיקוּקִים (ז"ר)
bruiloft (de)	χatuna	חֲתוּנָה (נ)
bruidegom (de)	χatan	חָתָן (ז)
bruid (de)	kala	כַּלָּה (נ)
uitnodigen (ww)	lehazmin	לְהַזְמִין
uitnodiging (de)	hazmana	הַזְמָנָה (נ)
gast (de)	o'reaχ	אוֹרֵחַ (ז)
op bezoek gaan	levaker	לְבַקֵּר
gasten verwelkomen	lekabel orχim	לְקַבֵּל אוֹרְחִים
geschenk, cadeau (het)	matana	מַתָּנָה (נ)
geven (iets cadeau ~)	latet matana	לָתֵת מַתָּנָה
geschenken ontvangen	lekabel matanot	לְקַבֵּל מַתָּנוֹת
boeket (het)	zer	זֵר (ז)
felicitaties (mv.)	braχa	בְּרָכָה (נ)
feliciteren (ww)	levareχ	לְבָרֵךְ
wenskaart (de)	kartis braχa	כַּרְטִיס בְּרָכָה (ז)

| een kaartje versturen | liʃloax gluya | לִשְׁלוֹחַ גְּלוּיָה |
| een kaartje ontvangen | lekabel gluya | לְקַבֵּל גְּלוּיָה |

toast (de)	leharim kosit	לְהָרִים כּוֹסִית
aanbieden (een drankje ~)	lexabed	לְכַבֵּד
champagne (de)	ʃam'panya	שַׁמְפַּנְיָה (נ)

plezier hebben (ww)	lehanot	לֵיהָנוֹת
plezier (het)	alitsut	עֲלִיצוּת (נ)
vreugde (de)	simxa	שִׂמְחָה (נ)

| dans (de) | rikud | רִיקוּד (ז) |
| dansen (ww) | lirkod | לִרְקוֹד |

| wals (de) | vals | וַלְס (ז) |
| tango (de) | 'tango | טַנְגוֹ (ז) |

182. Begrafenissen. Begrafenis

kerkhof (het)	beit kvarot	בֵּית קְבָרוֹת (ז)
graf (het)	'kever	קֶבֶר (ז)
kruis (het)	tslav	צְלָב (ז)
grafsteen (de)	matseva	מַצֵּבָה (נ)
omheining (de)	gader	גָּדֵר (נ)
kapel (de)	beit tfila	בֵּית תְּפִילָה (ז)

dood (de)	'mavet	מָוֶת (ז)
sterven (ww)	lamut	לָמוּת
overledene (de)	niftar	נִפְטָר (ז)
rouw (de)	'evel	אֵבֶל (ז)

begraven (ww)	likbor	לִקְבּוֹר
begrafenisonderneming (de)	beit levayot	בֵּית לְוָויוֹת (ז)
begrafenis (de)	levaya	לְוָויָה (נ)

krans (de)	zer	זֵר (ז)
doodskist (de)	aron metim	אֲרוֹן מֵתִים (ז)
lijkwagen (de)	kron hamet	קְרוֹן הַמֵּת (ז)
lijkkleed (de)	taxrixim	תַּכְרִיכִים (ז״ר)

begrafenisstoet (de)	tahaluxat 'evel	תַּהֲלוּכַת אֵבֶל (נ)
urn (de)	kad 'efer	כַּד אֵפֶר (ז)
crematorium (het)	misrafa	מִשְׂרָפָה (נ)

overlijdensbericht (het)	moda'at 'evel	מוֹדָעַת אֵבֶל (נ)
huilen (wenen)	livkot	לִבְכּוֹת
snikken (huilen)	lehitya'peax	לְהִתְיַיפֵּחַ

183. Oorlog. Soldaten

| peloton (het) | maxlaka | מַחְלָקָה (נ) |
| compagnie (de) | pluga | פְּלוּגָה (נ) |

regiment (het)	χativa	חֲטִיבָה (נ)
leger (armee)	tsava	צָבָא (ז)
divisie (de)	ugda	אוּגְדָה (נ)

sectie (de)	kita	פִּיתָה (נ)
troep (de)	'χayil	חַיִל (ז)

soldaat (militair)	χayal	חַיָּיל (ז)
officier (de)	katsin	קָצִין (ז)

soldaat (rang)	turai	טוּרַאי (ז)
sergeant (de)	samal	סַמָּל (ז)
luitenant (de)	'segen	סֶגֶן (ז)
kapitein (de)	'seren	סֶרֶן (ז)
majoor (de)	rav 'seren	רַב־סֶרֶן (ז)
kolonel (de)	aluf miʃne	אַלוּף מִשְׁנֶה (ז)
generaal (de)	aluf	אַלוּף (ז)

matroos (de)	yamai	יַמַאי (ז)
kapitein (de)	rav χovel	רַב־חוֹבֵל (ז)
bootsman (de)	rav malaχim	רַב־מַלָחִים (ז)

artillerist (de)	totχan	תּוֹתְחָן (ז)
valschermjager (de)	tsanχan	צַנְחָן (ז)
piloot (de)	tayas	טַיָּיס (ז)
stuurman (de)	navat	נַוָּוט (ז)
mecanicien (de)	meχonai	מְכוֹנַאי (ז)

sappeur (de)	χablan	חַבְּלָן (ז)
parachutist (de)	tsanχan	צַנְחָן (ז)
verkenner (de)	iʃ modi'in kravi	אִישׁ מוֹדִיעִין קְרָבִי (ז)
scherpschutter (de)	tsalaf	צַלָּף (ז)

patrouille (de)	siyur	סִיוּר (ז)
patrouilleren (ww)	lefatrel	לְפַטְרֵל
wacht (de)	zakif	זָקִיף (ז)

krijger (de)	loχem	לוֹחֵם (ז)
patriot (de)	patriyot	פַּטְרִיּוֹט (ז)

held (de)	gibor	גִּיבּוֹר (ז)
heldin (de)	gibora	גִּיבּוֹרָה (נ)

verrader (de)	boged	בּוֹגֵד (ז)
verraden (ww)	livgod	לִבְגוֹד

deserteur (de)	arik	עָרִיק (ז)
deserteren (ww)	la'arok	לַעֲרוֹק

huurling (de)	sχir 'χerev	שְׂכִיר חָרֶב (ז)
rekruut (de)	tiron	טִירוֹן (ז)
vrijwilliger (de)	mitnadev	מִתְנַדֵּב (ז)

gedode (de)	harug	הָרוּג (ז)
gewonde (de)	pa'tsu'a	פָּצוּעַ (ז)
krijgsgevangene (de)	ʃavui	שָׁבוּי (ז)

184. Oorlog. Militaire acties. Deel 1

oorlog (de)	milχama	מִלְחָמָה (נ)
oorlog voeren (ww)	lehilaχem	לְהִילָחֵם
burgeroorlog (de)	mil'χemet ezraχim	מִלְחֶמֶת אֶזְרָחִים (נ)
achterbaks (bw)	bogdani	בּוֹגְדָנִי
oorlogsverklaring (de)	haχrazat milχama	הַכְרָזַת מִלְחָמָה (נ)
verklaren (de oorlog ~)	lehaχriz	לְהַכְרִיז
agressie (de)	tokfanut	תּוֹקְפָנוּת (נ)
aanvallen (binnenvallen)	litkof	לִתְקוֹף
binnenvallen (ww)	liχboʃ	לִכְבּוֹש
invaller (de)	koveʃ	כּוֹבֵש (ז)
veroveraar (de)	koveʃ	כּוֹבֵש (ז)
verdediging (de)	hagana	הֲגָנָה (נ)
verdedigen (je land ~)	lehagen al	לְהָגֵן עַל
zich verdedigen (ww)	lehitgonen	לְהִתְגּוֹנֵן
vijand (de)	oyev	אוֹיֵב (ז)
tegenstander (de)	yariv	יָרִיב (ז)
vijandelijk (bn)	ʃel oyev	שֶל אוֹיֵב
strategie (de)	astra'tegya	אַסְטְרָטֶגְיָה (נ)
tactiek (de)	'taktika	טַקְטִיקָה (נ)
order (de)	pkuda	פְּקוּדָה (נ)
bevel (het)	pkuda	פְּקוּדָה (נ)
bevelen (ww)	lifkod	לִפְקוֹד
opdracht (de)	mesima	מְשִׂימָה (נ)
geheim (bn)	sodi	סוֹדִי
slag (de)	krav	קְרָב (ז)
veldslag (de)	ma'araχa	מַעֲרָכָה (נ)
strijd (de)	krav	קְרָב (ז)
aanval (de)	hatkafa	הַתְקָפָה (נ)
bestorming (de)	hista'arut	הִסְתָּעֲרוּת (נ)
bestormen (ww)	lehista'er	לְהִסְתָּעֵר
bezetting (de)	matsor	מָצוֹר (ז)
aanval (de)	mitkafa	מִתְקָפָה (נ)
in het offensief te gaan	latset lemitkafa	לָצֵאת לְמִתְקָפָה
terugtrekking (de)	nesiga	נְסִיגָה (נ)
zich terugtrekken (ww)	la'seget	לָסֶגֶת
omsingeling (de)	kitur	כִּיתּוּר (ז)
omsingelen (ww)	leχater	לְכַתֵּר
bombardement (het)	haftsatsa	הַפְצָצָה (נ)
een bom gooien	lehatil ptsatsa	לְהָטִיל פְּצָצָה
bombarderen (ww)	lehaftsits	לְהַפְצִיץ
ontploffing (de)	pitsuts	פִּיצוּץ (ז)

schot (het)	yeriya	יְרִיָּה (נ)
een schot lossen	lirot	לִירוֹת
schieten (het)	'yeri	יְרִי (ז)

mikken op (ww)	leχaven 'neʃek	לְכַוֵּן נֶשֶׁק
aanleggen (een wapen ~)	leχaven	לְכַוֵּן
treffen (doelwit ~)	lik'lo'a	לִקְלוֹעַ

zinken (tot zinken brengen)	lehat'bi'a	לְהַטְבִּיעַ
kogelgat (het)	pirtsa	פִּרְצָה (נ)
zinken (gezonken zijn)	lit'bo'a	לִטְבּוֹעַ

front (het)	χazit	חֲזִית (נ)
evacuatie (de)	pinui	פִּנּוּי (ז)
evacueren (ww)	lefanot	לְפַנּוֹת

loopgraaf (de)	te'ala	תְּעָלָה (נ)
prikkeldraad (de)	'tayil dokrani	תַּיִל דּוֹקְרָנִי (ז)
verdedigingsobstakel (het)	maχsom	מַחְסוֹם (ז)
wachttoren (de)	migdal ʃmira	מִגְדַּל שְׁמִירָה (ז)

hospitaal (het)	beit χolim tsva'i	בֵּית חוֹלִים צְבָאִי (ז)
verwonden (ww)	lif'tso'a	לִפְצוֹעַ
wond (de)	'petsa	פֶּצַע (ז)
gewonde (de)	pa'tsu'a	פָּצוּעַ (ז)
gewond raken (ww)	lehipatsa	לְהִיפָּצַע
ernstig (~e wond)	kaʃe	קָשֶׁה

185. Oorlog. Militaire acties. Deel 2

krijgsgevangenschap (de)	'ʃevi	שֶׁבִי (ז)
krijgsgevangen nemen	la'kaχat be'ʃevi	לָקַחַת בְּשֶׁבִי
krijgsgevangene zijn	lihyot be'ʃevi	לִהְיוֹת בְּשֶׁבִי
krijgsgevangen genomen worden	lipol be'ʃevi	לִיפּוֹל בַּשֶּׁבִי

concentratiekamp (het)	maχane rikuz	מַחֲנֵה רִיכּוּז (ז)
krijgsgevangene (de)	ʃavui	שָׁבוּי (ז)
vluchten (ww)	liv'roaχ	לִבְרוֹחַ

verraden (ww)	livgod	לִבְגּוֹד
verrader (de)	boged	בּוֹגֵד (ז)
verraad (het)	bgida	בְּגִידָה (נ)

| fusilleren (executeren) | lehotsi la'horeg | לְהוֹצִיא לַהוֹרֵג |
| executie (de) | hotsa'a le'horeg | הוֹצָאָה לַהוֹרֵג (נ) |

uitrusting (de)	tsiyud	צִיּוּד (ז)
schouderstuk (het)	ko'tefet	כּוֹתֶפֶת (נ)
gasmasker (het)	maseχat 'abaχ	מַסֵּיכַת אַבָּ"ך (נ)

portofoon (de)	maχʃir 'keʃer	מַכְשִׁיר קֶשֶׁר (ז)
geheime code (de)	'tsofen	צוֹפֶן (ז)
samenzwering (de)	χaʃa'iut	חֲשָׁאִיּוּת (נ)

165

wachtwoord (het)	sisma	סִיסְמָה (נ)
mijn (landmijn)	mokeʃ	מוֹקֵשׁ (ז)
ondermijnen (legden mijnen)	lemakeʃ	לְמַקֵּשׁ
mijnenveld (het)	sde mokʃim	שְׂדֵה מוֹקְשִׁים (ז)
luchtalarm (het)	az'aka	אַזְעָקָה (נ)
alarm (het)	az'aka	אַזְעָקָה (נ)
signaal (het)	ot	אוֹת (ז)
vuurpijl (de)	zikuk az'aka	זִיקּוּק אַזְעָקָה (ז)

staf (generale ~)	mifkada	מִפְקָדָה (נ)
verkenningstocht (de)	isuf modi'in	אִיסוּף מוֹדִיעִין (ז)
toestand (de)	matsav	מַצָּב (ז)
rapport (het)	doχ	דוֹ"ח (ז)
hinderlaag (de)	ma'arav	מַאֲרָב (ז)
versterking (de)	tig'boret	תִּגְבּוֹרֶת (נ)

doel (bewegend ~)	matara	מַטָּרָה (נ)
proefterrein (het)	sde imunim	שְׂדֵה אִימוּנִים (ז)
manoeuvres (mv.)	timronim	תִּמְרוֹנִים (ז"ר)

paniek (de)	behala	בֶּהָלָה (נ)
verwoesting (de)	'heres	הֶרֶס (ז)
verwoestingen (mv.)	harisot	הֲרִיסוֹת (נ"ר)
verwoesten (ww)	laharos	לַהֲרוֹס

overleven (ww)	lisrod	לִשְׂרוֹד
ontwapenen (ww)	lifrok mi'neʃek	לִפְרוֹק מִנֶּשֶׁק
behandelen (een pistool ~)	lehiʃtameʃ be...	לְהִשְׁתַּמֵּשׁ בְּ...
Geeft acht!	amod dom!	עֲמוֹד דּוֹם!
Op de plaats rust!	amod 'noaχ!	עֲמוֹד נוֹחַ!

heldendaad (de)	ma'ase gvura	מַעֲשֵׂה גְבוּרָה (ז)
eed (de)	ʃvu'a	שְׁבוּעָה (נ)
zweren (een eed doen)	lehiʃava	לְהִישָּׁבַע

decoratie (de)	itur	עִיטּוּר (ז)
onderscheiden	leha'anik	לְהַעֲנִיק
(een ereteken geven)		
medaille (de)	me'dalya	מֶדַלְיָה (נ)
orde (de)	ot hitstainut	אוֹת הִצְטַיְּינוּת (ז)

overwinning (de)	nitsaχon	נִיצָּחוֹן (ז)
verlies (het)	tvusa	תְּבוּסָה (נ)
wapenstilstand (de)	hafsakat eʃ	הַפְסָקַת אֵשׁ (נ)

wimpel (vaandel)	'degel	דֶּגֶל (ז)
roem (de)	tehila	תְּהִילָּה (נ)
parade (de)	mits'ad	מִצְעָד (ז)
marcheren (ww)	lits'od	לִצְעוֹד

186. Wapens

| wapens (mv.) | 'neʃek | נֶשֶׁק (ז) |
| vuurwapens (mv.) | 'neʃek χam | נֶשֶׁק חַם (ז) |

koude wapens (mv.)	'neʃek kar	נֶשֶׁק קַר (ז)
chemische wapens (mv.)	'neʃek 'ximi	נֶשֶׁק כִּימִי (ז)
kern-, nucleair (bn)	gar'ini	גַּרְעִינִי
kernwapens (mv.)	'neʃek gar'ini	נֶשֶׁק גַּרְעִינִי (ז)

bom (de)	ptsatsa	פְּצָצָה (נ)
atoombom (de)	ptsatsa a'tomit	פְּצָצָה אָטוֹמִית (נ)

pistool (het)	ekdax	אֶקְדָּח (ז)
geweer (het)	rove	רוֹבֶה (ז)
machinepistool (het)	tat mak'le'a	תַּת־מַקְלֵעַ (ז)
machinegeweer (het)	mak'le'a	מַקְלֵעַ (ז)

loop (schietbuis)	kane	קָנֶה (ז)
loop (bijv. geweer met kortere ~)	kane	קָנֶה (ז)
kaliber (het)	ka'liber	קָלִיבֶּר (ז)

trekker (de)	'hedek	הֶדֶק (ז)
korrel (de)	ka'venet	כַּוֶּנֶת (נ)
magazijn (het)	maxsanit	מַחְסָנִית (נ)
geweerkolf (de)	kat	קַת (נ)

granaat (handgranaat)	rimon	רִימוֹן (ז)
explosieven (mv.)	'xomer 'nefets	חוֹמֶר נֶפֶץ (ז)

kogel (de)	ka'li'a	קָלִיעַ (ז)
patroon (de)	kadur	כַּדּוּר (ז)
lading (de)	te'ina	טְעִינָה (נ)
ammunitie (de)	tax'moʃet	תַּחְמֹשֶׁת (נ)

bommenwerper (de)	maftsits	מַפְצִיץ (ז)
straaljager (de)	metos krav	מְטוֹס קְרָב (ז)
helikopter (de)	masok	מַסּוֹק (ז)

afweergeschut (het)	totax 'neged metosim	תּוֹתָח נֶגֶד מְטוֹסִים (ז)
tank (de)	tank	טַנְק (ז)
kanon (tank met een ~ van 76 mm)	totax	תּוֹתָח (ז)

artillerie (de)	arti'lerya	אַרְטִילֶרְיָה (נ)
kanon (het)	totax	תּוֹתָח (ז)
aanleggen (een wapen ~)	lexaven	לְכַוֵּון

projectiel (het)	pagaz	פֶּגֶז (ז)
mortiergranaat (de)	ptsatsat margema	פְּצָצַת מַרְגֵּמָה (נ)
mortier (de)	margema	מַרְגֵּמָה (נ)
granaatscherf (de)	resis	רְסִיס (ז)

duikboot (de)	tso'lelet	צוֹלֶלֶת (נ)
torpedo (de)	tor'pedo	טוֹרְפֶּדוֹ (ז)
raket (de)	til	טִיל (ז)

laden (geweer, kanon)	lit'on	לִטְעוֹן
schieten (ww)	lirot	לִירוֹת
richten op (mikken)	lexaven	לְכַוֵּון

bajonet (de)	kidon	בִּידוֹן (ז)
degen (de)	'xerev	חֶרֶב (נ)
sabel (de)	'xerev paraʃim	חֶרֶב פָּרָשִׁים (ז)
speer (de)	xanit	חֲנִית (נ)
boog (de)	'keʃet	קֶשֶׁת (נ)
pijl (de)	xeʦ	חֵץ (ז)
musket (de)	musket	מוֹסְקֶט (ז)
kruisboog (de)	'keʃet metsu'levet	קֶשֶׁת מְצוֹלֶבֶת (נ)

187. Oude mensen

primitief (bn)	kadmon	קַדְמוֹן
voorhistorisch (bn)	prehis'tori	פְּרֶהִיסְטוֹרִי
eeuwenoude (~ beschaving)	atik	עַתִּיק

Steentijd (de)	idan ha''even	עִידַן הָאֶבֶן (ז)
Bronstijd (de)	idan ha'arad	עִידַן הָאָרָד (ז)
IJstijd (de)	idan ha'keraχ	עִידַן הַקֶּרַח (ז)

stam (de)	'ʃevet	שֵׁבֶט (ז)
menseneter (de)	oχel adam	אוֹכֵל אָדָם (ז)
jager (de)	ʦayad	צַיָּד (ז)
jagen (ww)	laʦud	לָצוּד
mammoet (de)	ma'muta	מָמוּטָה (נ)

grot (de)	me'ara	מְעָרָה (נ)
vuur (het)	eʃ	אֵשׁ (נ)
kampvuur (het)	medura	מְדוּרָה (נ)
rotstekening (de)	pet'roglif	פֶּטְרוֹגְלִיף (ז)

werkinstrument (het)	kli	כְּלִי (ז)
speer (de)	xanit	חֲנִית (נ)
stenen bijl (de)	garzen ha'even	גַרְזֶן הָאֶבֶן (ז)
oorlog voeren (ww)	lehilaχem	לְהִילָחֵם
temmen (bijv. wolf ~)	levayet	לְבַיֵּת

idool (het)	'pesel	פֶּסֶל (ז)
aanbidden (ww)	la'avod et	לַעֲבוֹד אֶת
bijgeloof (het)	emuna tfela	אֱמוּנָה תְּפֵלָה (נ)
ritueel (het)	'tekes	טֶקֶס (ז)

evolutie (de)	evo'luʦya	אֲבוֹלוּצְיָה (נ)
ontwikkeling (de)	hitpatχut	הִתְפַּתְחוּת (נ)
verdwijning (de)	he'almut	הֵיעָלְמוּת (נ)
zich aanpassen (ww)	lehistagel	לְהִסְתַּגֵּל

archeologie (de)	arχe'o'logya	אַרְכֵיאוֹלוֹגְיָה (נ)
archeoloog (de)	arχe'olog	אַרְכֵיאוֹלוֹג (ז)
archeologisch (bn)	arχe'o'logi	אַרְכֵיאוֹלוֹגִי

opgravingsplaats (de)	atar χafirot	אֲתַר חֲפִירוֹת (ז)
opgravingen (mv.)	χafirot	חֲפִירוֹת (נ"ר)
vondst (de)	mimtsa	מִמְצָא (ז)
fragment (het)	resis	רְסִיס (ז)

188. Middeleeuwen

volk (het)	am	עַם (ז)
volkeren (mv.)	amim	עַמִּים (ז״ר)
stam (de)	ʃevet	שֵׁבֶט (ז)
stammen (mv.)	ʃvatim	שְׁבָטִים (ז״ר)

barbaren (mv.)	bar'barim	בַּרְבָּרִים (ז״ר)
Galliërs (mv.)	'galim	גָּאלִים (ז״ר)
Goten (mv.)	'gotim	גּוֹתִים (ז״ר)
Slaven (mv.)	'slavim	סלָאבִים (ז״ר)
Vikings (mv.)	'vikingim	וִיקִינְגִים (ז״ר)

| Romeinen (mv.) | roma'im | רוֹמָאִים (ז״ר) |
| Romeins (bn) | 'romi | רוֹמִי |

Byzantijnen (mv.)	bi'zantim	בִּיזַנְטִים (ז״ר)
Byzantium (het)	bizantion, bizants	בִּיזַנְטִיוֹן, בִּיזַנְץ (נ)
Byzantijns (bn)	bi'zanti	בִּיזַנְטִי

keizer (bijv. Romeinse ~)	keisar	קֵיסָר (ז)
opperhoofd (het)	manhig	מַנְהִיג (ז)
machtig (bn)	rav 'koaχ	רַב־כּוֹחַ
koning (de)	'meleχ	מֶלֶךְ (ז)
heerser (de)	ʃalit	שַׁלִּיט (ז)

ridder (de)	abir	אַבִּיר (ז)
feodaal (de)	fe'odal	פִיאוֹדָל (ז)
feodaal (bn)	fe'o'dali	פִיאוֹדָלִי
vazal (de)	vasal	וָסָל (ז)

hertog (de)	dukas	דּוּכָס (ז)
graaf (de)	rozen	רוֹזֵן (ז)
baron (de)	baron	בָּרוֹן (ז)
bisschop (de)	'biʃof	בִּישׁוֹף (ז)

harnas (het)	ʃiryon	שִׁרְיוֹן (ז)
schild (het)	magen	מָגֵן (ז)
zwaard (het)	'χerev	חֶרֶב (נ)
vizier (het)	magen panim	מָגֵן פָּנִים (ז)
maliënkolder (de)	ʃiryon kaskasim	שִׁרְיוֹן קַשְׂקַשִּׂים (ז)

| kruistocht (de) | masa tslav | מַסָּע צְלָב (ז) |
| kruisvaarder (de) | tsalban | צַלְבָּן (ז) |

gebied (bijv. bezette ~en)	'ʃetaχ	שֶׁטַח (ז)
aanvallen (binnenvallen)	litkof	לִתְקוֹף
veroveren (ww)	liχboʃ	לִכְבּוֹשׁ
innemen (binnenvallen)	lehiʃtalet	לְהִשְׁתַּלֵּט

bezetting (de)	matsor	מָצוֹר (ז)
bezet (bn)	natsur	נָצוּר
belegeren (ww)	latsur	לָצוּר
inquisitie (de)	inkvi'zitsya	אִינְקווִיזִיצְיָה (נ)
inquisiteur (de)	inkvi'zitor	אִינְקווִיזִיטוֹר (ז)

foltering (de)	inui	עִינּוּי (ז)
wreed (bn)	aχzari	אַכְזָרִי
ketter (de)	kofer	כּוֹפֵר (ז)
ketterij (de)	kfira	כְּפִירָה (נ)

zeevaart (de)	haflaga bayam	הַפְלָגָה בַּיָּם (נ)
piraat (de)	ʃoded yam	שׁוֹדֵד יָם (ז)
piraterij (de)	pi'ratiyut	פִּירָטִיּוּת (נ)
enteren (het)	la'alot al	לַעֲלוֹת עַל
buit (de)	ʃalal	שָׁלָל (ז)
schatten (mv.)	otsarot	אוֹצָרוֹת (ז״ר)

ontdekking (de)	taglit	תַּגְלִית (נ)
ontdekken (bijv. nieuw land)	legalot	לְגַלּוֹת
expeditie (de)	miʃ'laχat	מִשְׁלַחַת (נ)

musketier (de)	musketer	מוּסְקֶטֶר (ז)
kardinaal (de)	χaʃman	חַשְׁמָן (ז)
heraldiek (de)	he'raldika	הֶרַלְדִיקָה (נ)
heraldisch (bn)	he'raldi	הֶרַלְדִי

189. Leider. Baas. Autoriteiten

koning (de)	'meleχ	מֶלֶךְ (ז)
koningin (de)	malka	מַלְכָּה (נ)
koninklijk (bn)	malχuti	מַלְכוּתִי
koninkrijk (het)	mamlaχa	מַמְלָכָה (נ)

| prins (de) | nasiχ | נָסִיךְ (ז) |
| prinses (de) | nesiχa | נְסִיכָה (נ) |

president (de)	nasi	נָשִׂיא (ז)
vicepresident (de)	sgan nasi	סְגַן נָשִׂיא (ז)
senator (de)	se'nator	סֶנָאטוֹר (ז)

monarch (de)	'meleχ	מֶלֶךְ (ז)
heerser (de)	ʃalit	שַׁלִּיט (ז)
dictator (de)	rodan	רוֹדָן (ז)
tiran (de)	aruts	עָרוּץ (ז)
magnaat (de)	eil hon	אֵיל הוֹן (ז)

directeur (de)	menahel	מְנַהֵל (ז)
chef (de)	menahel, roʃ	מְנַהֵל (ז), רֹאשׁ (ז)
beheerder (de)	menahel	מְנַהֵל (ז)
baas (de)	bos	בּוֹס (ז)
eigenaar (de)	'ba'al	בַּעַל (ז)

leider (de)	manhig	מַנְהִיג (ז)
hoofd	roʃ	רֹאשׁ (ז)
(bijv. ~ van de delegatie)		
autoriteiten (mv.)	ʃiltonot	שִׁלְטוֹנוֹת (ז״ר)
superieuren (mv.)	memunim	מְמֻנִּים (ז״ר)
gouverneur (de)	moʃel	מוֹשֵׁל (ז)
consul (de)	'konsul	קוֹנְסוּל (ז)

diplomaat (de)	diplomat	דִּיפּלוֹמָט (ז)
burgemeester (de)	roʃ ha'ir	רֹאשׁ הָעִיר (ז)
sheriff (de)	ʃerif	שֶׁרִיף (ז)

keizer (bijv. Romeinse ~)	keisar	קֵיסָר (ז)
tsaar (de)	tsar	צָאר (ז)
farao (de)	par'o	פַּרְעֹה (ז)
kan (de)	χan	חָאן (ז)

190. Weg. Weg. Routebeschrijving

weg (de)	'dereχ	דֶּרֶךְ (נ)
route (de kortste ~)	kivun	כִּיווּן (ז)

autoweg (de)	kviʃ mahir	כְּבִישׁ מָהִיר (ז)
snelweg (de)	kviʃ mahir	כְּבִישׁ מָהִיר (ז)
rijksweg (de)	kviʃ le'umi	כְּבִישׁ לְאוּמִי (ז)

hoofdweg (de)	kviʃ raʃi	כְּבִישׁ רָאשִׁי (ז)
landweg (de)	'dereχ afar	דֶּרֶךְ עָפָר (נ)

pad (het)	ʃvil	שְׁבִיל (ז)
paadje (het)	ʃvil	שְׁבִיל (ז)

Waar?	'eifo?	אֵיפֹה?
Waarheen?	le'an?	לְאָן?
Waaruit?	me''eifo?	מֵאֵיפֹה?

richting (de)	kivun	כִּיווּן (ז)
aanwijzen (de weg ~)	lenatev	לְנַתֵּב

naar links (bw)	'smola	שְׂמֹאלָה
naar rechts (bw)	ya'mina	יָמִינָה
rechtdoor (bw)	yaʃar	יָשָׁר
terug (bijv. ~ keren)	a'χora	אֲחוֹרָה

bocht (de)	ikul	עִיקּוּל (ז)
afslaan (naar rechts ~)	lifnot	לִפְנוֹת
U-bocht maken (ww)	leva'tse'a pniyat parsa	לְבַצֵּעַ פְּנִיַּת פַּרְסָה

zichtbaar worden (ww)	lihyot nir'a	לִהְיוֹת נִרְאֶה
verschijnen (in zicht komen)	leho'fi'a	לְהוֹפִיעַ

stop (korte onderbreking)	taχana	תַּחֲנָה (נ)
zich verpozen (uitrusten)	la'nuaχ	לָנוּחַ
rust (de)	menuχa	מְנוּחָה (נ)

verdwalen (de weg kwijt zijn)	lit'ot	לִתְעוֹת
leiden naar ... (de weg)	lehovil le...	לְהוֹבִיל לְ...
bereiken (ergens aankomen)	latset le...	לָצֵאת לְ...
deel (~ van de weg)	'keta	קֶטַע (ז)

asfalt (het)	asfalt	אַסְפַלְט (ז)
trottoirband (de)	sfat midraχa	שְׂפַת מִדְרָכָה (נ)

greppel (de)	te'ala	תְּעָלָה (נ)
putdeksel (het)	bor	בּוֹר (ז)
vluchtstrook (de)	ʃulei ha'derex	שׁוּלֵי הַדֶּרֶךְ (ז"ר)
kuil (de)	bor	בּוֹר (ז)

| gaan (te voet) | la'lexet | לָלֶכֶת |
| inhalen (voorbijgaan) | la'akof | לַעֲקוֹף |

| stap (de) | 'tsa'ad | צַעַד (ז) |
| te voet (bw) | ba'regel | בָּרֶגֶל |

blokkeren (de weg ~)	laxsom	לַחְסוֹם
slagboom (de)	maxsom	מַחְסוֹם (ז)
doodlopende straat (de)	mavoi satum	מָבוֹי סָתוּם (ז)

191. De wet overtreden. Criminelen. Deel 1

bandiet (de)	ʃoded	שׁוֹדֵד (ז)
misdaad (de)	'peʃa	פֶּשַׁע (ז)
misdadiger (de)	po'ʃe'a	פּוֹשֵׁעַ (ז)

dief (de)	ganav	גַּנָּב (ז)
stelen (ww)	lignov	לִגְנוֹב
stelen (de)	gneva	גְּנֵיבָה (נ)
diefstal (de)	gneva	גְּנֵיבָה (נ)

kidnappen (ww)	laxatof	לַחֲטוֹף
kidnapping (de)	xatifa	חֲטִיפָה (נ)
kidnapper (de)	xotef	חוֹטֵף (ז)

| losgeld (het) | 'kofer | כּוֹפֶר (ז) |
| eisen losgeld (ww) | lidroʃ 'kofer | לִדְרוֹשׁ כּוֹפֶר |

overvallen (ww)	liʃdod	לִשְׁדוֹד
overval (de)	ʃod	שׁוֹד (ז)
overvaller (de)	ʃoded	שׁוֹדֵד (ז)

afpersen (ww)	lisxot	לִסְחוֹט
afperser (de)	saxtan	סַחְטָן (ז)
afpersing (de)	saxtanut	סַחְטָנוּת (נ)

vermoorden (ww)	lir'tsoax	לִרְצוֹחַ
moord (de)	'retsax	רֶצַח (ז)
moordenaar (de)	ro'tseax	רוֹצֵחַ (ז)

schot (het)	yeriya	יְרִיָּה (נ)
een schot lossen	lirot	לִירוֹת
neerschieten (ww)	lirot la'mavet	לִירוֹת לַמָּוֶת
schieten (ww)	lirot	לִירוֹת
schieten (het)	'yeri	יֶרִי (ז)

ongeluk (gevecht, enz.)	takrit	תַּקְרִית (נ)
gevecht (het)	ktata	קְטָטָה (נ)
Help!	ha'tsilu!	הַצִּילוּ!

slachtoffer (het)	nifga	נִפְגָּע (ז)
beschadigen (ww)	lekalkel	לְקַלְקֵל
schade (de)	'nezek	נֶזֶק (ז)
lijk (het)	gufa	גּוּפָה (נ)
zwaar (~ misdrijf)	χamur	חָמוּר

aanvallen (ww)	litkof	לִתְקוֹף
slaan (iemand ~)	lehakot	לְהַכּוֹת
in elkaar slaan (toetakelen)	lehakot	לְהַכּוֹת
ontnemen (beroven)	la'kaχat be'koaχ	לָקַחַת בְּכוֹחַ
steken (met een mes)	lidkor le'mavet	לִדְקוֹר לָמָוֶת
verminken (ww)	lehatil mum	לְהָטִיל מוּם
verwonden (ww)	lif'tso'a	לִפְצוֹעַ

chantage (de)	saχtanut	סַחְטָנוּת (נ)
chanteren (ww)	lisχot	לִסְחוֹט
chanteur (de)	saχtan	סַחְטָן (ז)

afpersing (de)	dmei χasut	דְּמֵי חָסוּת (ז"ר)
afperser (de)	gove χasut	גּוֹבֶה חָסוּת (ז)
gangster (de)	'gangster	גַּנְגְּסְטֶר (ז)
maffia (de)	'mafya	מַאפְיָה (נ)

kruimeldief (de)	kayas	כַּיָּס (ז)
inbreker (de)	porets	פּוֹרֵץ (ז)
smokkelen (het)	havraχa	הַבְרָחָה (נ)
smokkelaar (de)	mav'riaχ	מַבְרִיחַ (ז)

namaak (de)	ziyuf	זִיּוּף (ז)
namaken (ww)	lezayef	לְזַיֵּף
namaak-, vals (bn)	mezuyaf	מְזוּיָף

192. De wet overtreden. Criminelen. Deel 2

verkrachting (de)	'ones	אוֹנֶס (ז)
verkrachten (ww)	le'enos	לֶאֱנוֹס
verkrachter (de)	anas	אַנָּס (ז)
maniak (de)	'manyak	מַנְיָאק (ז)

prostituee (de)	zona	זוֹנָה (נ)
prostitutie (de)	znut	זְנוּת (נ)
pooier (de)	sarsur	סַרְסוּר (ז)

drugsverslaafde (de)	narkoman	נַרְקוֹמָן (ז)
drugshandelaar (de)	soχer samim	סוֹחֵר סַמִּים (ז)

opblazen (ww)	lefotsets	לְפוֹצֵץ
explosie (de)	pitsuts	פִּיצוּץ (ז)
in brand steken (ww)	lehatsit	לְהַצִּית
brandstichter (de)	matsit	מַצִּית (ז)

terrorisme (het)	terorizm	טֵרוֹרִיזְם (ז)
terrorist (de)	meχabel	מְחַבֵּל (ז)
gijzelaar (de)	ben aruba	בֶּן עֲרוּבָּה (ז)

bedriegen (ww)	lehonot	לְהוֹנוֹת
bedrog (het)	hona'a	הוֹנָאָה (נ)
oplichter (de)	ramai	רַמַאי (ז)

omkopen (ww)	leʃaxed	לְשַׁחֵד
omkoperij (de)	ʃoxad	שׁוֹחַד (ז)
smeergeld (het)	ʃoxad	שׁוֹחַד (ז)

vergif (het)	'ra'al	רַעַל (ז)
vergiftigen (ww)	lehar'il	לְהַרְעִיל
vergif innemen (ww)	lehar'il et aʦmo	לְהַרְעִיל אֶת עַצְמוֹ

zelfmoord (de)	hit'abdut	הִתְאַבְּדוּת (נ)
zelfmoordenaar (de)	mit'abed	מִתְאַבֵּד (ז)

bedreigen (bijv. met een pistool)	le'ayem	לְאַיֵּם
bedreiging (de)	iyum	אִיּוּם (ז)
een aanslag plegen	lehitnakeʃ	לְהִתְנַקֵּשׁ
aanslag (de)	nisayon hitnakʃut	נִיסָיוֹן הִתְנַקְּשׁוּת (ז)

stelen (een auto)	lignov	לִגְנוֹב
kapen (een vliegtuig)	laxatof matos	לַחֲטוֹף מָטוֹס

wraak (de)	nekama	נְקָמָה (נ)
wreken (ww)	linkom	לִנְקוֹם

martelen (gevangenen)	la'anot	לְעַנּוֹת
foltering (de)	inui	עִינּוּי (ז)
folteren (ww)	leyaser	לְיַיסֵּר

piraat (de)	ʃoded yam	שׁוֹדֵד יָם (ז)
straatschender (de)	xuligan	חוּלִיגָאן (ז)
gewapend (bn)	mezuyan	מְזוּיָן
geweld (het)	alimut	אַלִּימוּת (נ)
onwettig (strafbaar)	'bilti le'gali	בִּלְתִּי לֶגָלִי

spionage (de)	rigul	רִיגּוּל (ז)
spioneren (ww)	leragel	לְרַגֵּל

193. Politie. Wet. Deel 1

gerecht (het)	'ʦedek	צֶדֶק (ז)
gerechtshof (het)	beit miʃpat	בֵּית מִשְׁפָּט (ז)

rechter (de)	ʃofet	שׁוֹפֵט (ז)
jury (de)	muʃba'im	מוּשְׁבָּעִים (ז"ר)
juryrechtspraak (de)	xaver muʃba'im	חָבֵר מוּשְׁבָּעִים (ז)
berechten (ww)	liʃpot	לִשְׁפּוֹט

advocaat (de)	orex din	עוֹרֵךְ דִּין (ז)
beklaagde (de)	omed lemiʃpat	עוֹמֵד לְמִשְׁפָּט (ז)
beklaagdenbank (de)	safsal ne'eʃamim	סַפְסַל נֶאֱשָׁמִים (ז)
beschuldiging (de)	ha'aʃama	הַאֲשָׁמָה (נ)

beschuldigde (de)	ne'eʃam	נֶאֱשָׁם (ז)
vonnis (het)	gzar din	גְּזַר דִּין (ז)
veroordelen (in een rechtszaak)	lifsok	לִפְסוֹק

schuldige (de)	aʃem	אָשֵׁם (ז)
straffen (ww)	leha'aniʃ	לְהַעֲנִישׁ
bestraffing (de)	'oneʃ	עוֹנֶשׁ (ז)

boete (de)	knas	קְנָס (ז)
levenslange opsluiting (de)	ma'asar olam	מַאֲסַר עוֹלָם (ז)
doodstraf (de)	'oneʃ 'mavet	עוֹנֶשׁ מָוֶת (ז)
elektrische stoel (de)	kise χaʃmali	כִּיסֵא חַשְׁמַלִּי (ז)
schavot (het)	gardom	גַּרְדּוֹם (ז)
executeren (ww)	lehotsi la'horeg	לְהוֹצִיא לַהוֹרֵג
executie (de)	hatsa'a le'horeg	הוֹצָאָה לַהוֹרֵג (ז)

gevangenis (de)	beit 'sohar	בֵּית סוֹהַר (ז)
cel (de)	ta	תָּא (ז)

konvooi (het)	miʃmar livui	מִשְׁמָר לִיוּוִי (ז)
gevangenisbewaker (de)	soher	סוֹהֵר (ז)
gedetineerde (de)	asir	אָסִיר (ז)

handboeien (mv.)	azikim	אֲזִיקִים (ז"ר)
handboeien omdoen	liχbol be'azikim	לִכְבּוֹל בָּאֲזִיקִים
ontsnapping (de)	briχa	בְּרִיחָה (נ)
ontsnappen (ww)	liv'roaχ	לִבְרוֹחַ
verdwijnen (ww)	lehe'alem	לְהֵיעָלֵם
vrijlaten (uit de gevangenis)	leʃaχrer	לְשַׁחְרֵר
amnestie (de)	χanina	חֲנִינָה (נ)

politie (de)	miʃtara	מִשְׁטָרָה (נ)
politieagent (de)	ʃoter	שׁוֹטֵר (ז)
politiebureau (het)	taχanat miʃtara	תַּחֲנַת מִשְׁטָרָה (נ)
knuppel (de)	ala	אַלָּה (נ)
megafoon (de)	megafon	מֶגָפוֹן (ז)

patrouilleerwagen (de)	na'yedet	נַיֶּידֶת (נ)
sirene (de)	tsofar	צוֹפָר (ז)
de sirene aansteken	lehaf'il tsofar	לְהַפְעִיל צוֹפָר
geloei (het) van de sirene	tsfira	צְפִירָה (נ)

plaats delict (de)	zirat 'peʃa	זִירַת פֶּשַׁע (נ)
getuige (de)	ed	עֵד (ז)
vrijheid (de)	'χofeʃ	חוֹפֶשׁ (ז)
handlanger (de)	ʃutaf	שׁוּתָף (ז)
ontvluchten (ww)	lehiχave	לְהֵיחָבֵא
spoor (het)	akev	עָקֵב (ז)

194. Politie. Wet. Deel 2

opsporing (de)	χipus	חִיפּוּשׂ (ז)
opsporen (ww)	leχapes	לְחַפֵּשׂ

verdenking (de)	χaʃad	חָשָׁד (ז)
verdacht (bn)	χaʃud	חָשׁוּד
aanhouden (stoppen)	la'atsor	לַעֲצוֹר
tegenhouden (ww)	la'atsor	לַעֲצוֹר

strafzaak (de)	tik	תִּיק (ז)
onderzoek (het)	χakira	חֲקִירָה (נ)
detective (de)	balaʃ	בַּלָּשׁ (ז)
onderzoeksrechter (de)	χoker	חוֹקֵר (ז)
versie (de)	haʃara	הַשְׁעָרָה (נ)

motief (het)	me'ni'a	מֵנִיעַ (ז)
verhoor (het)	χakira	חֲקִירָה (נ)
ondervragen (door de politie)	laχkor	לַחְקוֹר
ondervragen (omstanders ~)	letaʃel	לְתַשְׁאֵל
controle (de)	bdika	בְּדִיקָה (נ)

razzia (de)	matsod	מָצוֹד (ז)
huiszoeking (de)	χipus	חִיפּוּשׂ (ז)
achtervolging (de)	mirdaf	מִרְדָּף (ז)
achtervolgen (ww)	lirdof aχarei	לִרְדּוֹף אַחֲרֵי
opsporen (ww)	la'akov aχarei	לַעֲקוֹב אַחֲרֵי

arrest (het)	ma'asar	מַאֲסָר (ז)
arresteren (ww)	le'esor	לֶאֱסוֹר
vangen, aanhouden (een dief, enz.)	lilkod	לִלְכּוֹד
aanhouding (de)	leχida	לְכִידָה (נ)

document (het)	mismaχ	מִסְמָךְ (ז)
bewijs (het)	hoχaχa	הוֹכָחָה (נ)
bewijzen (ww)	leho'χiaχ	לְהוֹכִיחַ
voetspoor (het)	akev	עָקֵב (ז)
vingerafdrukken (mv.)	tvi'ot etsba'ot	טְבִיעוֹת אֶצְבָּעוֹת (נ"ר)
bewijs (het)	re'aya	רְאָיָה (נ)

alibi (het)	'alibi	אָלִיבִּי (ז)
onschuldig (bn)	χaf mi'peʃa	חַף מִפֶּשַׁע
onrecht (het)	i 'tsedek	אִי צֶדֶק (ז)
onrechtvaardig (bn)	lo tsodek	לֹא צוֹדֵק

crimineel (bn)	plili	פְּלִילִי
confisqueren (in beslag nemen)	lehaχrim	לְהַחְרִים
drug (de)	sam	סַם (ז)
wapen (het)	'neʃek	נֶשֶׁק (ז)
ontwapenen (ww)	lifrok mi'neʃek	לִפְרוֹק מֶנֶּשֶׁק
bevelen (ww)	lifkod	לִפְקוֹד
verdwijnen (ww)	lehe'alem	לְהֵיעָלֵם

wet (de)	χok	חוֹק (ז)
wettelijk (bn)	χuki	חוּקִי
onwettelijk (bn)	'bilti χuki	בִּלְתִּי חוּקִי

| verantwoordelijkheid (de) | aχrayut | אַחְרָיוּת (נ) |
| verantwoordelijk (bn) | aχrai | אַחְרַאי |

NATUUR

De Aarde. Deel 1

195. De kosmische ruimte

kosmos (de)	χalal	חָלָל (ז)
kosmisch (bn)	ʃel χalal	שֶׁל חָלָל
kosmische ruimte (de)	χalal χitson	חָלָל חִיצוֹן (ז)
wereld (de)	olam	עוֹלָם (ז)
heelal (het)	yekum	יְקוּם (ז)
sterrenstelsel (het)	ga'laksya	גָּלַקְסְיָה (נ)
ster (de)	koχav	כּוֹכָב (ז)
sterrenbeeld (het)	tsvir koχavim	צְבִיר כּוֹכָבִים (ז)
planeet (de)	koχav 'leχet	כּוֹכַב לֶכֶת (ז)
satelliet (de)	lavyan	לַוְיָן (ז)
meteoriet (de)	mete'orit	מֶטֶאוֹרִיט (ז)
komeet (de)	koχav ʃavit	כּוֹכַב שָׁבִיט (ז)
asteroïde (de)	aste'ro'id	אַסְטֶרוֹאִיד (ז)
baan (de)	maslul	מַסְלוּל (ז)
draaien (om de zon, enz.)	lesovev	לְסוֹבֵב
atmosfeer (de)	atmos'fera	אַטְמוֹסְפֶרָה (נ)
Zon (de)	'ʃemeʃ	שֶׁמֶשׁ (נ)
zonnestelsel (het)	ma'a'reχet ha'ʃemeʃ	מַעֲרֶכֶת הַשֶׁמֶשׁ (נ)
zonsverduistering (de)	likui χama	לִיקוּי חַמָה (ז)
Aarde (de)	kadur ha''arets	כַּדּוּר הָאָרֶץ (ז)
Maan (de)	ya'reaχ	יָרֵחַ (ז)
Mars (de)	ma'adim	מַאֲדִים (ז)
Venus (de)	'noga	נוֹגָה (ז)
Jupiter (de)	'tsedek	צֶדֶק (ז)
Saturnus (de)	ʃabtai	שַׁבְּתַאי (ז)
Mercurius (de)	koχav χama	כּוֹכַב חַמָה (ז)
Uranus (de)	u'ranus	אוּרָנוּס (ז)
Neptunus (de)	neptun	נֶפְטוּן (ז)
Pluto (de)	'pluto	פְּלוּטוֹ (ז)
Melkweg (de)	ʃvil haχalav	שְׁבִיל הֶחָלָב (ז)
Grote Beer (de)	duba gdola	דּוּבָּה גְדוֹלָה (נ)
Poolster (de)	koχav hatsafon	כּוֹכַב הַצָפוֹן (ז)
marsmannetje (het)	toʃav ma'adim	תוֹשָׁב מַאֲדִים (ז)
buitenaards wezen (het)	χutsan	חוּצָן (ז)

bovenaards (het)	χaizar	חַיְּזָר (ז)
vliegende schotel (de)	tsa'laχat me'o'fefet	צַלַחַת מְעוֹפֶפֶת (נ)
ruimtevaartuig (het)	χalalit	חָלָלִית (נ)
ruimtestation (het)	taχanat χalal	תַּחֲנַת חָלָל (נ)
start (de)	hamra'a	הַמְרָאָה (נ)
motor (de)	ma'no'a	מָנוֹעַ (ז)
straalpijp (de)	neχir	נְחִיר (ז)
brandstof (de)	'delek	דֶּלֶק (ז)
cabine (de)	'kokpit	קוֹקְפִּיט (ז)
antenne (de)	an'tena	אַנְטֶנָה (נ)
patrijspoort (de)	eʃnav	אֶשְׁנָב (ז)
zonnebatterij (de)	'luaχ so'lari	לוּחַ סוֹלָרִי (ז)
ruimtepak (het)	χalifat χalal	חֲלִיפַת חָלָל (נ)
gewichtloosheid (de)	'χoser miʃkal	חוֹסֶר מִשְׁקָל (ז)
zuurstof (de)	χamtsan	חַמְצָן (ז)
koppeling (de)	agina	עֲגִינָה (נ)
koppeling maken	la'agon	לַעֲגוֹן
observatorium (het)	mitspe koχavim	מִצְפֵּה כּוֹכָבִים (ז)
telescoop (de)	teleskop	טֶלֶסְקוֹפ (ז)
waarnemen (ww)	litspot, lehaʃkif	לִצְפּוֹת, לְהַשְׁקִיף
exploreren (ww)	laχkor	לַחְקוֹר

196. De Aarde

Aarde (de)	kadur ha''arets	כַּדּוּר הָאָרֶץ (ז)
aardbol (de)	kadur ha''arets	כַּדּוּר הָאָרֶץ (ז)
planeet (de)	koχav 'leχet	כּוֹכַב לֶכֶת (ז)
atmosfeer (de)	atmos'fera	אַטְמוֹסְפֵּרָה (נ)
aardrijkskunde (de)	ge'o'grafya	גִּיאוֹגְרַפְיָה (נ)
natuur (de)	'teva	טֶבַע (ז)
wereldbol (de)	'globus	גְּלוֹבּוּס (ז)
kaart (de)	mapa	מַפָּה (נ)
atlas (de)	'atlas	אַטְלָס (ז)
Europa (het)	ei'ropa	אֵירוֹפָּה (נ)
Azië (het)	'asya	אַסְיָה (נ)
Afrika (het)	'afrika	אַפְרִיקָה (נ)
Australië (het)	ost'ralya	אוֹסְטְרַלְיָה (נ)
Amerika (het)	a'merika	אָמֶרִיקָה (נ)
Noord-Amerika (het)	a'merika hatsfonit	אָמֶרִיקָה הַצְּפוֹנִית (נ)
Zuid-Amerika (het)	a'merika hadromit	אָמֶרִיקָה הַדְּרוֹמִית (נ)
Antarctica (het)	ya'befet an'tarktika	יַבֶּשֶׁת אַנְטַארְקְטִיקָה (נ)
Arctis (de)	'arktika	אַרְקְטִיקָה (נ)

197. Windrichtingen

noorden (het)	tsafon	צָפוֹן (ז)
naar het noorden	tsa'fona	צָפוֹנָה
in het noorden	batsafon	בַּצָּפוֹן
noordelijk (bn)	tsfoni	צְפוֹנִי

zuiden (het)	darom	דָּרוֹם (ז)
naar het zuiden	da'roma	דָּרוֹמָה
in het zuiden	badarom	בַּדָּרוֹם
zuidelijk (bn)	dromi	דְּרוֹמִי

westen (het)	ma'arav	מַעֲרָב (ז)
naar het westen	ma'a'rava	מַעֲרָבָה
in het westen	bama'arav	בַּמַּעֲרָב
westelijk (bn)	ma'aravi	מַעֲרָבִי

oosten (het)	mizraχ	מִזְרָח (ז)
naar het oosten	miz'raχa	מִזְרָחָה
in het oosten	bamizraχ	בַּמִּזְרָח
oostelijk (bn)	mizraχi	מִזְרָחִי

198. Zee. Oceaan

zee (de)	yam	יָם (ז)
oceaan (de)	ok'yanos	אוֹקְיָאנוֹס (ז)
golf (baai)	mifrats	מִפְרָץ (ז)
straat (de)	meitsar	מֵיצַר (ז)

grond (vaste grond)	yabaʃa	יַבָּשָׁה (נ)
continent (het)	ya'beʃet	יַבָּשֶׁת (נ)
eiland (het)	i	אִי (ז)
schiereiland (het)	χatsi i	חֲצִי אִי (ז)
archipel (de)	arχipelag	אַרְכִיפֶּלָג (ז)

baai, bocht (de)	mifrats	מִפְרָץ (ז)
haven (de)	namal	נָמָל (ז)
lagune (de)	la'guna	לָגוּנָה (נ)
kaap (de)	kef	כֵּף (ז)

atol (de)	atol	אָטוֹל (ז)
rif (het)	ʃunit	שׁוּנִית (נ)
koraal (het)	almog	אַלְמוֹג (ז)
koraalrif (het)	ʃunit almogim	שׁוּנִית אַלְמוֹגִים (נ)

diep (bn)	amok	עָמוֹק
diepte (de)	'omek	עוֹמֶק (ז)
diepzee (de)	tehom	תְּהוֹם (נ)
trog (bijv. Marianentrog)	maχteʃ	מַבְתֵּשׁ (ז)

stroming (de)	'zerem	זֶרֶם (ז)
omspoelen (ww)	lehakif	לְהַקִּיף
oever (de)	χof	חוֹף (ז)

kust (de)	χof yam	חוֹף יָם (ז)
vloed (de)	ge'ut	גַּאוּת (נ)
eb (de)	'ʃefel	שֶׁפֶל (ז)
ondiepte (ondiep water)	sirton	שִׂרְטוֹן (ז)
bodem (de)	karka'it	קַרְקָעִית (נ)

golf (hoge ~)	gal	גַּל (ז)
golfkam (de)	pisgat hagal	פִּסְגַּת הַגַּל (נ)
schuim (het)	'ketsef	קֶצֶף (ז)

storm (de)	sufa	סוּפָה (נ)
orkaan (de)	hurikan	הוּרִיקָן (ז)
tsunami (de)	tsu'nami	צוּנָאמִי (ז)
windstilte (de)	'roga	רוֹגַע (ז)
kalm (bijv. ~e zee)	ʃalev	שָׁלֵו

pool (de)	'kotev	קוֹטֶב (ז)
polair (bn)	kotbi	קוֹטְבִּי

breedtegraad (de)	kav 'roχav	קַו רוֹחַב (ז)
lengtegraad (de)	kav 'oreχ	קַו אוֹרֶךְ (ז)
parallel (de)	kav 'roχav	קַו רוֹחַב (ז)
evenaar (de)	kav hamaʃve	קַו הַמַּשְׁוֶה (ז)

hemel (de)	ʃa'mayim	שָׁמַיִם (ז"ר)
horizon (de)	'ofek	אוֹפֶק (ז)
lucht (de)	avir	אֲוִויר (ז)

vuurtoren (de)	migdalor	מִגְדַּלּוֹר (ז)
duiken (ww)	litslol	לִצְלֹל
zinken (ov. een boot)	lit'bo'a	לִטְבּוֹעַ
schatten (mv.)	otsarot	אוֹצָרוֹת (ז"ר)

199. Namen van zeeën en oceanen

Atlantische Oceaan (de)	ha'ok'yanus ha'at'lanti	הָאוֹקְיָנוֹס הָאַטְלַנְטִי (ז)
Indische Oceaan (de)	ha'ok'yanus ha'hodi	הָאוֹקְיָנוֹס הַהוֹדִי (ז)
Stille Oceaan (de)	ha'ok'yanus haʃaket	הָאוֹקְיָנוֹס הַשָּׁקֵט (ז)
Noordelijke IJszee (de)	ok'yanos ha'keraχ hatsfoni	אוֹקְיָנוֹס הַקֶּרַח הַצְּפוֹנִי (ז)

Zwarte Zee (de)	hayam haʃaχor	הַיָּם הַשָּׁחוֹר (ז)
Rode Zee (de)	yam suf	יַם סוּף (ז)
Gele Zee (de)	hayam hatsahov	הַיָּם הַצָּהֹב (ז)
Witte Zee (de)	hayam halavan	הַיָּם הַלָּבָן (ז)

Kaspische Zee (de)	hayam ha'kaspi	הַיָּם הַכַּסְפִּי (ז)
Dode Zee (de)	yam ha'melaχ	יַם הַמֶּלַח (ז)
Middellandse Zee (de)	hayam hatiχon	הַיָּם הַתִּיכוֹן (ז)

Egeïsche Zee (de)	hayam ha'e'ge'i	הַיָּם הָאֶגֵאִי (ז)
Adriatische Zee (de)	hayam ha'adri'yati	הַיָּם הָאַדְרִיָאתִי (ז)

Arabische Zee (de)	hayam ha'aravi	הַיָּם הָעֲרָבִי (ז)
Japanse Zee (de)	hayam haya'pani	הַיָּם הַיָּפָּנִי (ז)

| Beringzee (de) | yam 'bering | יַם בֵּרִינג (ז) |
| Zuid-Chinese Zee (de) | yam sin hadromi | יַם סִין הַדְּרוֹמִי (ז) |

Koraalzee (de)	yam ha'almogim	יַם הָאַלְמוֹגִים (ז)
Tasmanzee (de)	yam tasman	יַם טַסְמַן (ז)
Caribische Zee (de)	hayam haka'ribi	הַיָּם הַקָּרִיבִּי (ז)

| Barentszzee (de) | yam 'barents | יַם בָּרֶנְץ (ז) |
| Karische Zee (de) | yam 'kara | יַם קָאׁרָה (ז) |

Noordzee (de)	hayam hatsfoni	הַיָּם הַצְּפוֹנִי (ז)
Baltische Zee (de)	hayam ha'balti	הַיָּם הַבַּלְטִי (ז)
Noorse Zee (de)	hayam hanor'vegi	הַיָּם הַנּוֹרְבֶגִי (ז)

200. Bergen

berg (de)	har	הַר (ז)
bergketen (de)	'rexes harim	רֶכֶס הָרִים (ז)
gebergte (het)	'rexes har	רֶכֶס הַר (ז)

bergtop (de)	pisga	פִּסְגָּה (נ)
bergpiek (de)	pisga	פִּסְגָּה (נ)
voet (ov. de berg)	margelot	מַרְגְּלוֹת (נ"ר)
helling (de)	midron	מִדְרוֹן (ז)

vulkaan (de)	har 'ga'aʃ	הַר גַּעַשׁ (ז)
actieve vulkaan (de)	har 'ga'aʃ pa'il	הַר גַּעַשׁ פָּעִיל (ז)
uitgedoofde vulkaan (de)	har 'ga'aʃ radum	הַר גַּעַשׁ רָדוּם (ז)

uitbarsting (de)	hitpartsut	הִתְפָּרְצוּת (נ)
krater (de)	lo'a	לוֹעַ (ז)
magma (het)	megama	מַגְמָה (נ)
lava (de)	'lava	לָאבָה (נ)
gloeiend (~e lava)	lohet	לוֹהֵט

kloof (canyon)	kanyon	קַנְיוֹן (ז)
bergkloof (de)	gai	גַּיְא (ז)
spleet (de)	'beka	בֶּקַע (ז)
afgrond (de)	tehom	תְּהוֹם (נ)

bergpas (de)	ma'avar harim	מַעֲבַר הָרִים (ז)
plateau (het)	rama	רָמָה (נ)
klip (de)	tsuk	צוּק (ז)
heuvel (de)	giv'a	גִּבְעָה (נ)

gletsjer (de)	karxon	קַרְחוֹן (ז)
waterval (de)	mapal 'mayim	מַפַּל מַיִם (ז)
geiser (de)	'geizer	גֵּייְזֶר (ז)
meer (het)	agam	אֲגַם (ז)

vlakte (de)	miʃor	מִישׁוֹר (ז)
landschap (het)	nof	נוֹף (ז)
echo (de)	hed	הֵד (ז)
alpinist (de)	metapes harim	מְטַפֵּס הָרִים (ז)

181

bergbeklimmer (de)	metapes sla'im	מְטַפֵּס סְלָעִים (ז)
trotseren (berg ~)	liχboʃ	לִכְבּוֹשׁ
beklimming (de)	tipus	טִיפּוּס (ז)

201. Bergen namen

Alpen (de)	harei ha''alpim	הָרֵי הָאָלְפִּים (ז"ר)
Mont Blanc (de)	mon blan	מוֹן בְּלָאן (ז)
Pyreneeën (de)	pire'ne'im	פִּירֶנָאִים (ז"ר)

Karpaten (de)	kar'patim	קַרְפָּטִים (ז"ר)
Oeralgebergte (het)	harei ural	הָרֵי אוּרָל (ז"ר)
Kaukasus (de)	harei hakavkaz	הָרֵי הַקַּווְקָז (ז"ר)
Elbroes (de)	elbrus	אֶלְבְּרוּס (ז)

Altaj (de)	harei altai	הָרֵי אַלְטַאי (ז"ר)
Tiensjan (de)	tyan ʃan	טִיאָן שָׁאן (ז)
Pamir (de)	harei pamir	הָרֵי פָּאמִיר (ז"ר)
Himalaya (de)	harei hehima'laya	הָרֵי הַהִימָלָאיָה (ז"ר)
Everest (de)	everest	אֶוֶורֶסט (ז)

Andes (de)	harei ha''andim	הָרֵי הָאַנְדִים (ז"ר)
Kilimanjaro (de)	kiliman'dʒaro	קִילִימַנְגֵ'רוֹ (ז)

202. Rivieren

rivier (de)	nahar	נָהָר (ז)
bron (~ van een rivier)	ma'ayan	מַעְיָין (ז)
rivierbedding (de)	afik	אָפִיק (ז)
rivierbekken (het)	agan nahar	אַגַן נָהָר (ז)
uitmonden in ...	lehiʃapeχ	לְהִישָׁפֵךְ

zijrivier (de)	yuval	יוּבַל (ז)
oever (de)	χof	חוֹף (ז)

stroming (de)	'zerem	זֶרֶם (ז)
stroomafwaarts (bw)	bemorad hanahar	בְּמוֹרַד הַנָּהָר
stroomopwaarts (bw)	bema'ale hanahar	בְּמַעֲלֵה הַזֶּרֶם

overstroming (de)	hatsafa	הֲצָפָה (נ)
overstroming (de)	ʃitafon	שִׁיטָפוֹן (ז)
buiten zijn oevers treden	la'alot al gdotav	לַעֲלוֹת עַל גְדוֹתָיו
overstromen (ww)	lehatsif	לְהָצִיף

zandbank (de)	sirton	שִׂרְטוֹן (ז)
stroomversnelling (de)	'eʃed	אֶשֶׁד (ז)

dam (de)	'seχer	סֶכֶר (ז)
kanaal (het)	te'ala	תְּעָלָה (נ)
spaarbekken (het)	ma'agar 'mayim	מַאֲגָר מַיִם (ז)
sluis (de)	ta 'ʃayit	תָא שַׁיִט (ז)
waterlichaam (het)	ma'agar 'mayim	מַאֲגָר מַיִם (ז)

moeras (het)	biṯsa	בִּיצָה (נ)
broek (het)	biṯsa	בִּיצָה (נ)
draaikolk (de)	me'ar'bolet	מְעַרְבּוֹלֶת (נ)

stroom (de)	'naχal	נַחַל (ז)
drink- (abn)	ʃel ʃtiya	שֶׁל שְׁתִיָּה
zoet (~ water)	metukim	מְתוּקִים

IJs (het)	'keraχ	קֶרַח (ז)
bevriezen (rivier, enz.)	likpo	לִקְפּוֹא

203. Namen van rivieren

Seine (de)	hasen	הַסֶן (ז)
Loire (de)	lu'ar	לוֹאָר (ז)

Theems (de)	'temza	תָּמְזָה (ז)
Rijn (de)	hrain	הָרַיִין (ז)
Donau (de)	da'nuba	דָנוּבָּה (ז)

Wolga (de)	'volga	וֹולְגָה (ז)
Don (de)	nahar don	נָהָר דּוֹן (ז)
Lena (de)	'lena	לֶנָה (ז)

Gele Rivier (de)	hvang ho	הוֹונג הוֹ (ז)
Blauwe Rivier (de)	yangṯse	יַאנְגְצֶה (ז)
Mekong (de)	mekong	מֶקוֹנג (ז)
Ganges (de)	'ganges	גַנְגְס (ז)

Nijl (de)	'nilus	נִילוּס (ז)
Kongo (de)	'kongo	קוֹנגוֹ (ז)
Okavango (de)	ok'vango	אוֹקבַנגוֹ (ז)
Zambezi (de)	zam'bezi	זַמְבֵּזִי (ז)
Limpopo (de)	limpopo	לִימפּוֹפוֹ (ז)
Mississippi (de)	misi'sipi	מִיסִיסִיפִּי (ז)

204. Bos

bos (het)	'ya'ar	יַעַר (ז)
bos- (abn)	ʃel 'ya'ar	שֶׁל יַעַר

oerwoud (dicht bos)	avi ha'ya'ar	עֲבִי הַיַעַר (ז)
bosje (klein bos)	χurʃa	חוּרשָׁה (נ)
open plek (de)	ka'raχat 'ya'ar	קָרַחַת יַעַר (נ)

struikgewas (het)	svaχ	סְבַךְ (ז)
struiken (mv.)	'siaχ	שִׂיח (ז)

paadje (het)	ʃvil	שְׁבִיל (ז)
ravijn (het)	'emek ṯsar	עֶמֶק צַר (ז)
boom (de)	eṯs	עֵץ (ז)
blad (het)	ale	עָלֶה (ז)

gebladerte (het)	alva	עָלְוָה (נ)
vallende bladeren (mv.)	ʃa'leχet	שַׁלֶּכֶת (נ)
vallen (ov. de bladeren)	linʃor	לִנְשֹׁר
boomtop (de)	tsa'meret	צַמֶּרֶת (נ)

tak (de)	anaf	עָנָף (ז)
ent (de)	anaf ave	עָנָף עָבֶה (ז)
knop (de)	nitsan	נִיצָן (ז)
naald (de)	'maχat	מַחַט (נ)
dennenappel (de)	itstrubal	אִצְטְרוּבָּל (ז)

boom holte (de)	χor ba'ets	חוֹר בָּעֵץ (ז)
nest (het)	ken	קַן (ז)
hol (het)	meχila	מְחִילָה (נ)

stam (de)	'geza	גֶּזַע (ז)
wortel (bijv. boom~s)	'ʃoreʃ	שׁוֹרֶשׁ (ז)
schors (de)	klipa	קְלִיפָּה (נ)
mos (het)	taχav	טַחַב (ז)

ontwortelen (een boom)	la'akor	לַעֲקוֹר
kappen (een boom ~)	liχrot	לִכְרוֹת
ontbossen (ww)	levare	לְבָרֵא
stronk (de)	'gedem	גֶּדֶם (ז)

kampvuur (het)	medura	מְדוּרָה (נ)
bosbrand (de)	srefa	שְׂרֵיפָה (נ)
blussen (ww)	leχabot	לְכַבּוֹת

boswachter (de)	ʃomer 'ya'ar	שׁוֹמֵר יַעַר (ז)
bescherming (de)	ʃmira	שְׁמִירָה (נ)
beschermen (bijv. de natuur ~)	liʃmor	לִשְׁמוֹר
stroper (de)	tsayad lelo reʃut	צַייָד לְלֹא רְשׁוּת (ז)
val (de)	mal'kodet	מַלְכּוֹדֶת (נ)

plukken (vruchten, enz.)	lelaket	לְלַקֵּט
verdwalen (de weg kwijt zijn)	lit'ot	לִתְעוֹת

205. Natuurlijke hulpbronnen

natuurlijke rijkdommen (mv.)	otsarot 'teva	אוֹצְרוֹת טֶבַע (ז"ר)
delfstoffen (mv.)	mine'ralim	מִינֶרָלִים (ז"ר)
lagen (mv.)	mirbats	מִרְבָּץ (ז)
veld (bijv. olie~)	mirbats	מִרְבָּץ (ז)

winnen (uit erts ~)	liχrot	לִכְרוֹת
winning (de)	kriya	כְּרִייָה (נ)
erts (het)	afra	עַפְרָה (נ)
mijn (bijv. kolenmijn)	miχre	מִכְרֶה (ז)
mijnschacht (de)	pir	פִּיר (ז)
mijnwerker (de)	kore	כּוֹרֶה (ז)
gas (het)	gaz	גָּז (ז)
gasleiding (de)	tsinor gaz	צִינוֹר גָּז (ז)

olie (aardolie)	neft	נֵפְט (ז)
olieleiding (de)	tsinor neft	צִינוֹר נֵפְט (ז)
oliebron (de)	be'er neft	בְּאֵר נֵפְט (נ)
boortoren (de)	migdal ki'duaχ	מִגְדַּל קִידּוּחַ (ז)
tanker (de)	meχalit	מֵיכָלִית (נ)

zand (het)	χol	חוֹל (ז)
kalksteen (de)	'even gir	אֶבֶן גִּיר (נ)
grind (het)	χatsats	חָצָץ (ז)
veen (het)	kavul	כָּבוּל (ז)
klei (de)	tit	טִיט (ז)
steenkool (de)	peχam	פֶּחָם (ז)

IJzer (het)	barzel	בַּרְזֶל (ז)
goud (het)	zahav	זָהָב (ז)
zilver (het)	'kesef	כֶּסֶף (ז)
nikkel (het)	'nikel	נִיקֶל (ז)
koper (het)	ne'χoʃet	נְחוֹשֶׁת (נ)

zink (het)	avats	אָבָץ (ז)
mangaan (het)	mangan	מַנְגָּן (ז)
kwik (het)	kaspit	כַּסְפִּית (נ)
lood (het)	o'feret	עוֹפֶרֶת (נ)

mineraal (het)	mineral	מִינְרָל (ז)
kristal (het)	gaviʃ	גָּבִישׁ (ז)
marmer (het)	ʃayiʃ	שַׁיִשׁ (ז)
uraan (het)	u'ranyum	אוּרָנְיוּם (ז)

De Aarde. Deel 2

206. Weer

weer (het)	'mezeg avir	מֶזֶג אֲוִיר (ז)
weersvoorspelling (de)	taχazit 'mezeg ha'avir	תַחֲזִית מֶזֶג הָאֲוִיר (נ)
temperatuur (de)	tempera'tura	טֶמְפֶּרָטוּרָה (נ)
thermometer (de)	madχom	מַדְחֹם (ז)
barometer (de)	ba'rometer	בָּרוֹמֶטֶר (ז)
vochtig (bn)	laχ	לַח
vochtigheid (de)	laχut	לַחוּת (נ)
hitte (de)	χom	חֹם (ז)
heet (bn)	χam	חַם
het is heet	χam	חַם
het is warm	χamim	חָמִים
warm (bn)	χamim	חָמִים
het is koud	kar	קַר
koud (bn)	kar	קַר
zon (de)	'ʃemeʃ	שֶׁמֶשׁ (נ)
schijnen (de zon)	lizhor	לִזְהוֹר
zonnig (~e dag)	ʃimʃi	שִׁמְשִׁי
opgaan (ov. de zon)	liz'roaχ	לִזְרוֹחַ
ondergaan (ww)	liʃ'ko'a	לִשְׁקוֹעַ
wolk (de)	anan	עָנָן (ז)
bewolkt (bn)	me'unan	מְעוֹנָן
regenwolk (de)	av	עָב (ז)
somber (bn)	sagriri	סַגְרִירִי
regen (de)	'geʃem	גֶּשֶׁם (ז)
het regent	yored 'geʃem	יוֹרֵד גֶּשֶׁם
regenachtig (bn)	gaʃum	גָּשׁוּם
motregenen (ww)	letaftef	לְטַפְטֵף
plensbui (de)	matar	מָטָר (ז)
stortbui (de)	mabul	מַבּוּל (ז)
hard (bn)	χazak	חָזָק
plas (de)	ʃlulit	שְׁלוּלִית (נ)
nat worden (ww)	lehitratev	לְהִתְרַטֵּב
mist (de)	arapel	עֲרָפֶל (ז)
mistig (bn)	me'urpal	מְעוֹרְפָּל
sneeuw (de)	'ʃeleg	שֶׁלֶג (ז)
het sneeuwt	yored 'ʃeleg	יוֹרֵד שֶׁלֶג

207. Zwaar weer. Natuurrampen

noodweer (storm)	sufat re'amim	סוּפַת רְעָמִים (נ)
bliksem (de)	barak	בָּרָק (ז)
flitsen (ww)	livhok	לִבְהוֹק
donder (de)	'ra'am	רַעַם (ז)
donderen (ww)	lir'om	לִרְעוֹם
het dondert	lir'om	לִרְעוֹם
hagel (de)	barad	בָּרָד (ז)
het hagelt	yored barad	יוֹרֵד בָּרָד
overstromen (ww)	lehatsif	לְהַצִיף
overstroming (de)	ʃitafon	שִׁיטָפוֹן (ז)
aardbeving (de)	re'idat adama	רְעִידַת אֲדָמָה (נ)
aardschok (de)	re'ida	רְעִידָה (נ)
epicentrum (het)	moked	מוֹקֵד (ז)
uitbarsting (de)	hitpartsut	הִתְפָּרְצוּת (נ)
lava (de)	'lava	לָאבָה (נ)
wervelwind (de)	hurikan	הוֹרִיקָן (ז)
windhoos (de)	tor'nado	טוֹרְנָדוֹ (ז)
tyfoon (de)	taifun	טַייפוּן (ז)
orkaan (de)	hurikan	הוֹרִיקָן (ז)
storm (de)	sufa	סוּפָה (נ)
tsunami (de)	tsu'nami	צוּנָאמִי (ז)
cycloon (de)	tsiklon	צִיקְלוֹן (ז)
onweer (het)	sagrir	סַגְרִיר (ז)
brand (de)	srefa	שְׂרֵיפָה (נ)
ramp (de)	ason	אָסוֹן (ז)
meteoriet (de)	mete'orit	מֶטָאוֹרִיט (ז)
lawine (de)	ma'polet ʃlagim	מַפּוֹלֶת שְׁלָגִים (נ)
sneeuwverschuiving (de)	ma'polet ʃlagim	מַפּוֹלֶת שְׁלָגִים (נ)
sneeuwjacht (de)	sufat ʃlagim	סוּפַת שְׁלָגִים (נ)
sneeuwstorm (de)	sufat ʃlagim	סוּפַת שְׁלָגִים (נ)

208. Geluiden. Geluiden

stilte (de)	'ʃeket	שֶׁקֶט (ז)
geluid (het)	tslil	צְלִיל (ז)
lawaai (het)	'ra'aʃ	רַעַשׁ (ז)
lawaai maken (ww)	lir'oʃ	לִרְעוֹשׁ
lawaaierig (bn)	ro'eʃ	רוֹעֵשׁ
luid (~ spreken)	bekol	בְּקוֹל
luid (bijv. ~e stem)	ram	רָם
aanhoudend (voortdurend)	ka'vu'a	קָבוּעַ

schreeuw (de)	tse'aka	צְעָקָה (נ)
schreeuwen (ww)	lits'ok	לִצְעוֹק
gefluister (het)	lexiʃa	לְחִישָׁה (נ)
fluisteren (ww)	lilxoʃ	לִלְחוֹשׁ

| geblaf (het) | nevixa | נְבִיחָה (נ) |
| blaffen (ww) | lin'boax | לִנְבּוֹחַ |

gekreun (het)	anaka	אֲנָקָה (נ)
kreunen (ww)	lehe'anek	לְהֵיאָנֵק
hoest (de)	ʃi'ul	שִׁיעוּל (ז)
hoesten (ww)	lehiʃta'el	לְהִשְׁתַּעֵל

gefluit (het)	ʃrika	שְׁרִיקָה (נ)
fluiten (op het fluitje blazen)	liʃrok	לִשְׁרוֹק
geklop (het)	hakaʃa	הַקָּשָׁה (נ)
kloppen (aan een deur)	lidfok	לִדְפּוֹק

| kraken (hout, ijs) | lehitba'ke'a | לְהִתְבַּקֵּעַ |
| gekraak (het) | naftsuts | נִפְצוּץ (ז) |

sirene (de)	tsofar	צוֹפָר (ז)
fluit (stoom ~)	tsfira	צְפִירָה (נ)
fluiten (schip, trein)	litspor	לִצְפּוֹר
toeter (de)	tsfira	צְפִירָה (נ)
toeteren (ww)	litspor	לִצְפּוֹר

209. Winter

winter (de)	'xoref	חוֹרֶף (ז)
winter- (abn)	xorpi	חׇרְפִּי
in de winter (bw)	ba'xoref	בַּחוֹרֶף

sneeuw (de)	'ʃeleg	שֶׁלֶג (ז)
het sneeuwt	yored 'ʃeleg	יוֹרֵד שֶׁלֶג
sneeuwval (de)	yeridat 'ʃeleg	יְרִידַת שֶׁלֶג (נ)
sneeuwhoop (de)	aremat 'ʃeleg	עֲרֵימַת שֶׁלֶג (נ)

sneeuwvlok (de)	ptit 'ʃeleg	פְּתִית שֶׁלֶג (ז)
sneeuwbal (de)	kadur 'ʃeleg	כַּדּוּר שֶׁלֶג (ז)
sneeuwman (de)	iʃ 'ʃeleg	אִישׁ שֶׁלֶג (ז)
IJspegel (de)	netif 'kerax	נְטִיף קֶרַח (ז)

december (de)	de'tsember	דֶּצֶמְבָּר (ז)
januari (de)	'yanu'ar	יָנוּאָר (ז)
februari (de)	'febru'ar	פֶבְּרוּאָר (ז)

| vorst (de) | kfor | כְּפוֹר (ז) |
| vries- (abn) | kfori | כְּפוֹרִי |

onder nul (bw)	mi'taxat la''efes	מִתַּחַת לָאֶפֶס
eerste vorst (de)	kara	קָרָה (נ)
rijp (de)	kfor	כְּפוֹר (ז)
koude (de)	kor	קוֹר (ז)

het is koud	kar	קַר
bontjas (de)	me'il parva	מְעִיל פַּרְוָה (ז)
wanten (mv.)	kfafot	כְּפָפוֹת (נ״ר)

ziek worden (ww)	laxalot	לַחֲלוֹת
verkoudheid (de)	hitstanenut	הִצְטַנְּנוּת (נ)
verkouden raken (ww)	lehitstanen	לְהִצְטַנֵּן

IJs (het)	'kerax	קֶרַח (ז)
IJzel (de)	ʃixvat 'kerax	שִׁכְבַת קֶרַח (נ)
bevriezen (rivier, enz.)	likpo	לִקְפּוֹא
IJsschol (de)	karxon	קַרְחוֹן (ז)

ski's (mv.)	ski	סְקִי (ז)
skiër (de)	goleʃ	גּוֹלֵשׁ (ז)
skiën (ww)	la'asot ski	לַעֲשׂוֹת סְקִי
schaatsen (ww)	lehaxlik	לְהַחֲלִיק

Fauna

210. Zoogdieren. Roofdieren

roofdier (het)	χayat 'teref	חַיַּת טֶרֶף (נ)
tijger (de)	'tigris	טִיגְרִיס (ז)
leeuw (de)	arye	אַרְיֵה (ז)
wolf (de)	ze'ev	זְאֵב (ז)
vos (de)	ʃu'al	שׁוּעָל (ז)
jaguar (de)	yagu'ar	יָגוּאָר (ז)
luipaard (de)	namer	נָמֵר (ז)
jachtluipaard (de)	bardelas	בַּרְדְּלָס (ז)
panter (de)	panter	פַּנְתֵּר (ז)
poema (de)	'puma	פּוּמָה (נ)
sneeuwluipaard (de)	namer 'ʃeleg	נָמֵר שֶׁלֶג (ז)
lynx (de)	ʃunar	שׁוּנָר (ז)
coyote (de)	ze'ev ha'aravot	זְאֵב הָעֲרָבוֹת (ז)
jakhals (de)	tan	תַּן (ז)
hyena (de)	tsa'vo'a	צָבוֹעַ (ז)

211. Wilde dieren

dier (het)	'ba'al χayim	בַּעַל חַיִּים (ז)
beest (het)	χaya	חַיָּה (נ)
eekhoorn (de)	sna'i	סְנָאִי (ז)
egel (de)	kipod	קִיפּוֹד (ז)
haas (de)	arnav	אַרְנָב (ז)
konijn (het)	ʃafan	שָׁפָן (ז)
das (de)	girit	גִּירִית (נ)
wasbeer (de)	dvivon	דְּבִיבוֹן (ז)
hamster (de)	oger	אוֹגֵר (ז)
marmot (de)	mar'mita	מַרְמִיטָה (נ)
mol (de)	χafar'peret	חֲפַרְפֶּרֶת (נ)
muis (de)	aχbar	עַכְבָּר (ז)
rat (de)	χulda	חוּלְדָּה (נ)
vleermuis (de)	atalef	עֲטַלֵּף (ז)
hermelijn (de)	hermin	הֶרְמִין (ז)
sabeldier (het)	tsobel	צוֹבֶּל (ז)
marter (de)	dalak	דָּלָק (ז)
wezel (de)	χamus	חָמוּס (ז)
nerts (de)	χorfan	חוֹרְפָּן (ז)

| bever (de) | bone | בּוֹנֶה (ז) |
| otter (de) | lutra | לוּטְרָה (נ) |

paard (het)	sus	סוּס (ז)
eland (de)	ayal hakore	אַיִל הַקּוֹרֵא (ז)
hert (het)	ayal	אַיִל (ז)
kameel (de)	gamal	גָּמָל (ז)

bizon (de)	bizon	בִּיזוֹן (ז)
oeros (de)	bizon ei'ropi	בִּיזוֹן אֵירוֹפִּי (ז)
buffel (de)	te'o	תְּאוֹ (ז)

zebra (de)	'zebra	זֶבְּרָה (נ)
antilope (de)	anti'lopa	אַנְטִילוֹפָּה (ז)
ree (de)	ayal hakarmel	אַיִל הַכַּרְמֶל (ז)
damhert (het)	yaχmur	יַחְמוּר (ז)
gems (de)	ya'el	יָעֵל (ז)
everzwijn (het)	χazir bar	חֲזִיר בָּר (ז)

walvis (de)	livyatan	לִוְיָתָן (ז)
rob (de)	'kelev yam	כֶּלֶב יָם (ז)
walrus (de)	sus yam	סוּס יָם (ז)
zeehond (de)	dov yam	דּוֹב יָם (ז)
dolfijn (de)	dolfin	דוֹלְפִין (ז)

beer (de)	dov	דּוֹב (ז)
IJsbeer (de)	dov 'kotev	דּוֹב קוֹטֶב (ז)
panda (de)	'panda	פַּנְדָּה (נ)

aap (de)	kof	קוֹף (ז)
chimpansee (de)	ʃimpanze	שִׁימְפַּנְזָה (נ)
orang-oetan (de)	orang utan	אוֹרַנְג-אוּטָן (ז)
gorilla (de)	go'rila	גּוֹרִילָה (נ)
makaak (de)	makak	מָקָק (ז)
gibbon (de)	gibon	גִּיבּוֹן (ז)

olifant (de)	pil	פִּיל (ז)
neushoorn (de)	karnaf	קַרְנָף (ז)
giraffe (de)	dʒi'rafa	ג'ירָפָּה (נ)
nijlpaard (het)	hipopotam	הִיפּוֹפּוֹטָם (ז)

| kangoeroe (de) | 'kenguru | קֶנְגּוּרוּ (ז) |
| koala (de) | ko''ala | קוֹאָלָה (ז) |

mangoest (de)	nemiya	נְמִיָּה (נ)
chinchilla (de)	tʃin'tʃila	צ'ינצ'ילָה (נ)
stinkdier (het)	bo'eʃ	בּוֹאֵשׁ (ז)
stekelvarken (het)	darban	דַּרְבָּן (ז)

212. Huisdieren

poes (de)	χatula	חֲתוּלָה (נ)
kater (de)	χatul	חָתוּל (ז)
hond (de)	'kelev	כֶּלֶב (ז)

paard (het)	sus	סוּס (ז)
hengst (de)	sus harba'a	סוּס הַרְבָּעָה (ז)
merrie (de)	susa	סוּסָה (נ)

koe (de)	para	פָּרָה (נ)
stier (de)	ʃor	שׁוֹר (ז)
os (de)	ʃor	שׁוֹר (ז)

schaap (het)	kivsa	כִּבְשָׂה (נ)
ram (de)	'ayil	אַיִל (ז)
geit (de)	ez	עֵז (נ)
bok (de)	'tayiʃ	תַּיִשׁ (ז)

| ezel (de) | χamor | חֲמוֹר (ז) |
| muilezel (de) | 'pered | פֶּרֶד (ז) |

varken (het)	χazir	חֲזִיר (ז)
biggetje (het)	χazarzir	חֲזַרְזִיר (ז)
konijn (het)	arnav	אַרְנָב (ז)

| kip (de) | tarne'golet | תַּרְנְגֹלֶת (נ) |
| haan (de) | tarnegol | תַּרְנְגוֹל (ז) |

eend (de)	barvaz	בַּרְוָז (ז)
woerd (de)	barvaz	בַּרְוָז (ז)
gans (de)	avaz	אַוָּז (ז)

| kalkoen haan (de) | tarnegol 'hodu | תַּרְנְגוֹל הוֹדוּ (ז) |
| kalkoen (de) | tarne'golet 'hodu | תַּרְנְגֹלֶת הוֹדוּ (נ) |

huisdieren (mv.)	χayot 'bayit	חַיּוֹת בַּיִת (נ"ר)
tam (bijv. hamster)	mevuyat	מְבֻיַּת
temmen (tam maken)	levayet	לְבַיֵּת
fokken (bijv. paarden ~)	lehar'bi'a	לְהַרְבִּיעַ

boerderij (de)	χava	חַוָּה (נ)
gevogelte (het)	ofot 'bayit	עוֹפוֹת בַּיִת (נ"ר)
rundvee (het)	bakar	בָּקָר (ז)
kudde (de)	'eder	עֵדֶר (ז)

paardenstal (de)	urva	אוּרְוָה (נ)
zwijnenstal (de)	dir χazirim	דִּיר חֲזִירִים (ז)
koeienstal (de)	'refet	רֶפֶת (נ)
konijnenhok (het)	arnaviya	אַרְנָבִיָּה (נ)
kippenhok (het)	lul	לוּל (ז)

213. Honden. Hondenrassen

hond (de)	'kelev	כֶּלֶב (ז)
herdershond (de)	'kelev ro'e	כֶּלֶב רוֹעֶה (ז)
Duitse herdershond (de)	ro'e germani	רוֹעֶה גֶּרְמָנִי (ז)
poedel (de)	'pudel	פּוּדֶל (ז)
teckel (de)	'taχaʃ	תַּחַשׁ (ז)
buldog (de)	buldog	בּוּלְדּוֹג (ז)

boxer (de)	'bokser	בּוֹקְסֶר (ז)
mastiff (de)	mastif	מַסְטִיף (ז)
rottweiler (de)	rot'vailer	רוֹטְווַיילֶר (ז)
doberman (de)	'doberman	דּוֹבֶּרְמָן (ז)
basset (de)	'baset 'ha'und	בָּאסֶט-הָאוּנד (ז)
bobtail (de)	bobteil	בּוֹבּטַייל (ז)
dalmatiër (de)	dal'mati	דַּלְמָטִי (ז)
cockerspaniël (de)	'koker 'spani'el	קוֹקֶר סְפָּנְיֶאל (ז)
newfoundlander (de)	nyu'fa'undlend	נְיוּפָאוּנדלֶנד (ז)
sint-bernard (de)	sen bernard	סֶן בֶּרְנַרד (ז)
poolhond (de)	'haski	הָאסְקִי (ז)
chowchow (de)	'ʧa'u 'ʧa'u	צָ'אוּ צָ'אוּ (ז)
spits (de)	ʃpits	שְׁפִּיץ (ז)
mopshond (de)	pag	פָּאג (ז)

214. Dierengeluiden

geblaf (het)	neviχa	נְבִיחָה (נ)
blaffen (ww)	lin'boaχ	לִנְבּוֹחַ
miauwen (ww)	leyalel	לְיַלֵּל
spinnen (katten)	legarger	לְגַרְגֵּר
loeien (ov. een koe)	lig'ot	לִגְעוֹת
brullen (stier)	lig'ot	לִגְעוֹת
grommen (ov. de honden)	linhom	לִנְהוֹם
gehuil (het)	yelala	יְלָלָה (נ)
huilen (wolf, enz.)	leyalel	לְיַלֵּל
janken (ov. een hond)	leyabev	לְיַבֵּב
mekkeren (schapen)	lif'ot	לִפְעוֹת
knorren (varkens)	leχarχer	לְחַרְחֵר
gillen (bijv. varken)	lits'voaχ	לִצְווֹחַ
kwaken (kikvorsen)	lekarker	לְקַרְקֵר
zoemen (hommel, enz.)	lezamzem	לְזַמְזֵם
tjirpen (sprinkhanen)	letsartser	לְצַרְצֵר

215. Jonge dieren

jong (het)	gur	גּוּר (ז)
poesje (het)	χataltul	חֲתַלְתּוּל (ז)
muisje (het)	aχbaron	עַכְבָּרוֹן (ז)
puppy (de)	klavlav	כְּלַבְלַב (ז)
jonge haas (de)	arnavon	אַרְנָבוֹן (ז)
konijntje (het)	ʃfanfan	שְׁפַנְפַן (ז)
wolfje (het)	gur ze'evim	גּוּר זְאֵבִים (ז)
vosje (het)	ʃu'alon	שׁוּעָלוֹן (ז)

beertje (het)	dubon	דֻּבּוֹן (ז)
leeuwenjong (het)	gur arye	גּוּר אַרְיֵה (ז)
tijgertje (het)	gur namerim	גּוּר נְמֵרִים (ז)
olifantenjong (het)	pilon	פִּילוֹן (ז)
biggetje (het)	xazarzir	חֲזַרְזִיר (ז)
kalf (het)	'egel	עֵגֶל (ז)
geitje (het)	gdi	גְּדִי (ז)
lam (het)	tale	טָלֶה (ז)
reekalf (het)	'ofer	עוֹפֶר (ז)
jonge kameel (de)	'bexer	בֶּכֶר (ז)
slangenjong (het)	gur naxaʃim	גּוּר נְחָשִׁים (ז)
kikkertje (het)	tsfarde'on	צְפַרְדְּעוֹן (ז)
vogeltje (het)	gozal	גּוֹזָל (ז)
kuiken (het)	ef'roax	אֶפְרוֹחַ (ז)
eendje (het)	barvazon	בַּרְוָזוֹן (ז)

216. Vogels

vogel (de)	tsipor	צִיפּוֹר (נ)
duif (de)	yona	יוֹנָה (נ)
mus (de)	dror	דְּרוֹר (ז)
koolmees (de)	yargazi	יַרְגָּזִי (ז)
ekster (de)	orev nexalim	עוֹרֵב נְחָלִים (ז)
raaf (de)	orev ʃaxor	עוֹרֵב שָׁחוֹר (ז)
kraai (de)	orev afor	עוֹרֵב אָפוֹר (ז)
kauw (de)	ka'ak	קָאָק (ז)
roek (de)	orev hamizra	עוֹרֵב הַמִּזְרָע (ז)
eend (de)	barvaz	בַּרְוָז (ז)
gans (de)	avaz	אַוָּז (ז)
fazant (de)	pasyon	פַסְיוֹן (ז)
arend (de)	'ayit	עַיִט (ז)
havik (de)	nets	נֵץ (ז)
valk (de)	baz	בַּז (ז)
gier (de)	ozniya	עוֹזְנִיָּה (ז)
condor (de)	kondor	קוֹנְדּוֹר (ז)
zwaan (de)	barbur	בַּרְבּוּר (ז)
kraanvogel (de)	agur	עָגוּר (ז)
ooievaar (de)	xasida	חֲסִידָה (נ)
papegaai (de)	'tuki	תֻּכִּי (ז)
kolibrie (de)	ko'libri	קוֹלִיבְּרִי (ז)
pauw (de)	tavas	טַוָּס (ז)
struisvogel (de)	bat ya'ana	בַּת יַעֲנָה (נ)
reiger (de)	anafa	אֲנָפָה (נ)
flamingo (de)	fla'mingo	פְלָמִינְגוֹ (ז)
pelikaan (de)	saknai	שַׂקְנַאי (ז)

| nachtegaal (de) | zamir | זָמִיר (ז) |
| zwaluw (de) | snunit | סְנוּנִית (נ) |

lijster (de)	kiχli	קִיכְלִי (ז)
zanglijster (de)	kiχli mezamer	קִיכְלִי מְזַמֵר (ז)
merel (de)	kiχli ʃaχor	קִיכְלִי שָׁחוֹר (ז)

gierzwaluw (de)	sis	סִיס (ז)
leeuwerik (de)	efroni	עֶפְרוֹנִי (ז)
kwartel (de)	slav	שְׂלָיו (ז)

specht (de)	'neker	נָקָר (ז)
koekoek (de)	kukiya	קוֹקִיָּה (נ)
uil (de)	yanʃuf	יַנְשׁוּף (ז)
oehoe (de)	'oaχ	אוֹחַ (ז)
auerhoen (het)	seχvi 'ya'ar	שְׂכְוִי יַעַר (ז)
korhoen (het)	seχvi	שְׂכְוִי (ז)
patrijs (de)	χogla	חוֹגְלָה (נ)

spreeuw (de)	zarzir	זַרְזִיר (ז)
kanarie (de)	ka'narit	קָנָרִית (נ)
hazelhoen (het)	seχvi haya'arot	שְׂכְוִי הַיְעָרוֹת (ז)
vink (de)	paroʃ	פָּרוֹשׁ (ז)
goudvink (de)	admonit	אַדְמוֹנִית (נ)

meeuw (de)	ʃaχaf	שַׁחַף (ז)
albatros (de)	albatros	אַלְבַּטְרוֹס (ז)
pinguïn (de)	pingvin	פִּינְגְּוִוין (ז)

217. Vogels. Zingen en geluiden

fluiten, zingen (ww)	laʃir	לָשִׁיר
schreeuwen (dieren, vogels)	lits'ok	לִצְעוֹק
kraaien (ov. een haan)	lekarker	לְקַרְקֵר
kukeleku	kuku'riku	קוּקוּרִיקוּ

klokken (hen)	lekarker	לְקַרְקֵר
krassen (kraai)	lits'roaχ	לִצְרוֹחַ
kwaken (eend)	lega'a'ge'a	לְגַעְגֵּעַ
piepen (kuiken)	letsayets	לְצַיֵּץ
tjilpen (bijv. een mus)	letsaftsef, letsayets	לְצַפְצֵף, לְצַיֵּץ

218. Vis. Zeedieren

brasem (de)	avroma	אַבְרוֹמָה (נ)
karper (de)	karpiyon	קַרְפִּיוֹן (ז)
baars (de)	'okunus	אוֹקוּנוּס (ז)
meerval (de)	sfamnun	שְׂפַמְנוּן (ז)
snoek (de)	ze'ev 'mayim	זְאֵב מַיִם (ז)

| zalm (de) | 'salmon | סַלְמוֹן (ז) |
| steur (de) | χidkan | חִדְקָן (ז) |

haring (de)	ma'liaχ	מָלִיחַ (ז)
atlantische zalm (de)	iltit	אִילְתִּית (נ)
makreel (de)	makarel	מָקָרֶל (ז)
platvis (de)	dag moʃe ra'benu	דַג מֹשֶה רַבֵּנוּ (ז)

snoekbaars (de)	amnun	אָמְנוּן (ז)
kabeljauw (de)	ʃibut	שִיבּוּט (ז)
tonijn (de)	'tuna	טוּנָה (נ)
forel (de)	forel	פּוֹרֶל (ז)

paling (de)	tslofaχ	צְלוֹפַח (ז)
sidderrog (de)	trisanit	תְּרִיסָנִית (נ)
murene (de)	mo'rena	מוֹרֶנָה (נ)
piranha (de)	pi'ranya	פִּירַנְיָה (נ)

haai (de)	kariʃ	כָּרִיש (ז)
dolfijn (de)	dolfin	דוֹלְפִין (ז)
walvis (de)	livyatan	לִוְויָתָן (ז)

krab (de)	sartan	סַרְטָן (ז)
kwal (de)	me'duza	מֶדוּזָה (נ)
octopus (de)	tamnun	תַמְנוּן (ז)

zeester (de)	koχav yam	כּוֹכַב יָם (ז)
zee-egel (de)	kipod yam	קִיפּוֹד יָם (ז)
zeepaardje (het)	suson yam	סוּסוֹן יָם (ז)

oester (de)	tsidpa	צִדְפָּה (נ)
garnaal (de)	χasilon	חֲסִילוֹן (ז)
kreeft (de)	'lobster	לוֹבְּסְטֶר (ז)
langoest (de)	'lobster kotsani	לוֹבְּסְטֶר קוֹצָנִי (ז)

219. Amfibieën. Reptielen

slang (de)	naχaʃ	נָחָש (ז)
giftig (slang)	arsi	אַרְסִי

adder (de)	'tsefa	צֶפַע (ז)
cobra (de)	'peten	פֶּתֶן (ז)
python (de)	piton	פִּיתוֹן (ז)
boa (de)	χanak	חָנָק (ז)

ringslang (de)	naχaʃ 'mayim	נָחָש מַיִם (ז)
ratelslang (de)	ʃfifon	שְפִיפוֹן (ז)
anaconda (de)	ana'konda	אֲנָקוֹנְדָה (נ)

hagedis (de)	leta'a	לְטָאָה (נ)
leguaan (de)	igu''ana	אִיגוּאָנָה (נ)
varaan (de)	'koaχ	כֹּוחַ (ז)
salamander (de)	sala'mandra	סָלָמַנְדְרָה (נ)
kameleon (de)	zikit	זִיקִית (נ)
schorpioen (de)	akrav	עַקְרָב (ז)
schildpad (de)	tsav	צָב (ז)
kikker (de)	tsfar'de'a	צְפַרְדֵּעַ (נ)

| pad (de) | karpada | קַרְפָּדָה (נ) |
| krokodil (de) | tanin | תַּנִּין (ז) |

220. Insecten

insect (het)	χarak	חָרָק (ז)
vlinder (de)	parpar	פַּרְפַּר (ז)
mier (de)	nemala	נְמָלָה (נ)
vlieg (de)	zvuv	זְבוּב (ז)
mug (de)	yatuʃ	יַתּוּשׁ (ז)
kever (de)	χipuʃit	חִיפּוּשִׁית (נ)

wesp (de)	tsir'a	צִרְעָה (נ)
bij (de)	dvora	דְּבוֹרָה (נ)
hommel (de)	dabur	דַּבּוּר (ז)
horzel (de)	zvuv hasus	זְבוּב הַסּוּס (ז)

| spin (de) | akaviʃ | עַכָּבִישׁ (ז) |
| spinnenweb (het) | kurei akaviʃ | קוּרֵי עַכָּבִישׁ (ז"ר) |

libel (de)	ʃapirit	שַׁפִּירִית (נ)
sprinkhaan (de)	χagav	חָגָב (ז)
nachtvlinder (de)	aʃ	עָשׁ (ז)

kakkerlak (de)	makak	מַקָּק (ז)
mijt (de)	kartsiya	קַרְצִיָּה (נ)
vlo (de)	par'oʃ	פַּרְעוֹשׁ (ז)
kriebelmug (de)	yavχuʃ	יַבְחוּשׁ (ז)

treksprinkhaan (de)	arbe	אַרְבֶּה (ז)
slak (de)	χilazon	חִילָזוֹן (ז)
krekel (de)	tsartsar	צְרָצַר (ז)
glimworm (de)	gaχlilit	גַּחְלִילִית (נ)
lieveheersbeestje (het)	parat moʃe ra'benu	פָּרַת מֹשֶׁה רַבֵּנוּ (נ)
meikever (de)	χipuʃit aviv	חִיפּוּשִׁית אָבִיב (נ)

bloedzuiger (de)	aluka	עֲלוּקָה (נ)
rups (de)	zaχal	זַחַל (ז)
aardworm (de)	to'la'at	תּוֹלַעַת (נ)
larve (de)	'deren	דֶּרֶן (ז)

221. Dieren. Lichaamsdelen

snavel (de)	makor	מָקוֹר (ז)
vleugels (mv.)	kna'fayim	כְּנָפַיִם (נ"ר)
poot (ov. een vogel)	'regel	רֶגֶל (נ)
verenkleed (het)	pluma	פְּלוּמָה (נ)
veer (de)	notsa	נוֹצָה (נ)
kuifje (het)	tsitsa	צִיצָה (נ)

| kieuwen (mv.) | zimim | זִימִים (ז"ר) |
| kuit, dril (de) | beitsei dagim | בֵּיצֵי דָּגִים (נ"ר) |

197

larve (de)	'deren	דֶּרֶן (ז)
vin (de)	snapir	סְנַפִּיר (ז)
schubben (mv.)	kaskasim	קַשְׂקַשִּׂים (ז"ר)

slagtand (de)	niv	נִיב (ז)
poot (bijv. ~ van een kat)	'regel	רֶגֶל (נ)
muil (de)	partsuf	פַּרְצוּף (ז)
bek (mond van dieren)	lo'a	לוֹעַ (ז)
staart (de)	zanav	זָנָב (ז)
snorharen (mv.)	safam	שָׂפָם (ז)

| hoef (de) | parsa | פַּרְסָה (נ) |
| hoorn (de) | 'keren | קֶרֶן (נ) |

schild (schildpad, enz.)	ʃiryon	שִׁרְיוֹן (ז)
schelp (de)	konχiya	קוֹנְכִיָּה (נ)
eierschaal (de)	klipa	קְלִיפָּה (נ)

| vacht (de) | parva | פַּרְוָה (נ) |
| huid (de) | or | עוֹר (ז) |

222. Acties van de dieren

| vliegen (ww) | la'uf | לָעוּף |
| cirkelen (vogel) | laχug | לָחוּג |

| wegvliegen (ww) | la'uf | לָעוּף |
| klapwieken (ww) | lenafnef | לְנַפְנֵף |

| pikken (vogels) | lenaker | לְנַקֵּר |
| broeden (de eend zit te ~) | lidgor | לִדְגֹּר |

| uitbroeden (ww) | liv'ko'a | לִבְקֹעַ |
| een nest bouwen | lekanen | לְקַנֵּן |

kruipen (ww)	lizχol	לִזְחֹל
steken (bij)	la'akots	לַעֲקֹץ
bijten (de hond, enz.)	linʃoχ	לִנְשֹׁךְ

snuffelen (ov. de dieren)	leraχ'reaχ	לְרַחְרֵחַ
blaffen (ww)	lin'boaχ	לִנְבֹּחַ
sissen (slang)	lirʃof	לִרְשֹׁף

| doen schrikken (ww) | lehafχid | לְהַפְחִיד |
| aanvallen (ww) | litkof | לִתְקֹף |

knagen (ww)	leχarsem	לְכַרְסֵם
schrammen (ww)	lisrot	לִשְׂרֹט
zich verbergen (ww)	lehistater	לְהִסְתַּתֵּר

spelen (ww)	lesaχek	לְשַׂחֵק
jagen (ww)	latsud	לָצוּד
winterslapen	laχrof	לַחְרֹף
uitsterven (dinosauriërs, enz.)	lehikaχed	לְהִיכָּחֵד

223. Dieren. Leefomgevingen

leefgebied (het)	beit gidul	בֵּית גִידוּל (ז)
migratie (de)	hagira	הַגִירָה (נ)
berg (de)	har	הַר (ז)
rif (het)	ʃunit	שׁוּנִית (נ)
klip (de)	'sela	סֶלַע (ז)
bos (het)	'ya'ar	יַעַר (ז)
jungle (de)	'dʒungel	גַ'ונְגֶל (ז)
savanne (de)	sa'vana	סָוָונָה (נ)
toendra (de)	'tundra	טוּנְדְרָה (נ)
steppe (de)	arava	עֲרָבָה (נ)
woestijn (de)	midbar	מִדְבָּר (ז)
oase (de)	neve midbar	נְוֵה מִדְבָּר (ז)
zee (de)	yam	יָם (ז)
meer (het)	agam	אֲגַם (ז)
oceaan (de)	ok'yanos	אוֹקְיָאנוֹס (ז)
moeras (het)	bitsa	בִּיצָה (נ)
zoetwater- (abn)	ʃel 'mayim metukim	שֶׁל מַיִם מְתוּקִים
vijver (de)	breχa	בְּרֵיכָה (נ)
rivier (de)	nahar	נָהָר (ז)
berenhol (het)	me'ura	מְאוּרָה (נ)
nest (het)	ken	קֵן (ז)
boom holte (de)	χor ba'ets	חוֹר בְּעֵץ (ז)
hol (het)	meχila	מְחִילָה (נ)
mierenhoop (de)	kan nemalim	קַן נְמָלִים (ז)

224. Dierverzorging

dierentuin (de)	gan hayot	גַן חַיוֹת (ז)
natuurreservaat (het)	ʃmurat 'teva	שׁמוּרַת טֶבַע (נ)
fokkerij (de)	beit gidul	בֵּית גִידוּל (ז)
openluchtkooi (de)	kluv	כְּלוּב (ז)
kooi (de)	kluv	כְּלוּב (ז)
hondenhok (het)	meluna	מְלוּנָה (נ)
duiventil (de)	ʃovaχ	שׁוֹבָךְ (ז)
aquarium (het)	ak'varyum	אָקְוַוריוּם (ז)
dolfinarium (het)	dolfi'naryum	דוֹלְפִינָריוּם (ז)
fokken (bijv. honden ~)	legadel	לְגַדֵל
nakomelingen (mv.)	tse'etsa'im	צֶאֱצָאִים (ז"ר)
temmen (tam maken)	levayet	לְבַיֵית
dresseren (ww)	le'alef	לְאַלֵף
voeding (de)	mazon, mispo	מָזוֹן (ז), מִסְפּוֹא (ז)
voederen (ww)	leha'aχil	לְהַאֲכִיל

dierenwinkel (de)	χanut χayot	חֲנוּת חַיּוֹת (נ)
muilkorf (de)	maχsom	מַחְסוֹם (ז)
halsband (de)	kolar	קוֹלָר (ז)
naam (ov. een dier)	kinui	כִּינוּי (ז)
stamboom (honden met ~)	ʃalˈʃelet yuχsin	שַׁלְשֶׁלֶת יוֹחֲסִין (נ)

225. Dieren. Diversen

meute (wolven)	lahaka	לַהֲקָה (נ)
zwerm (vogels)	lahaka	לַהֲקָה (נ)
school (vissen)	lahaka	לַהֲקָה (נ)
kudde (wilde paarden)	'eder	עֵדֶר (ז)
mannetje (het)	zaχar	זָכָר (ז)
vrouwtje (het)	nekeva	נְקֵבָה (נ)
hongerig (bn)	ra'ev	רָעֵב
wild (bn)	pra'i	פְּרָאִי
gevaarlijk (bn)	mesukan	מְסוּכָּן

226. Paarden

paard (het)	sus	סוּס (ז)
ras (het)	'geza	גֶּזַע (ז)
veulen (het)	syaχ	סְיָח (ז)
merrie (de)	susa	סוּסָה (נ)
mustang (de)	mustang	מוּסְטַנְג (ז)
pony (de)	'poni	פּוֹנִי (ז)
koudbloed (de)	sus avoda	סוּס עֲבוֹדָה (ז)
manen (mv.)	ra'ama	רַעֲמָה (נ)
staart (de)	zanav	זָנָב (ז)
hoef (de)	parsa	פַּרְסָה (נ)
hoefijzer (het)	parsa	פַּרְסָה (נ)
beslaan (ww)	lefarzel	לְפַרְזֵל
paardensmid (de)	'nefaχ	נַפָּח (ז)
zadel (het)	ukaf	אוּכָּף (ז)
stijgbeugel (de)	arkuba	אַרְכּוּבָה (נ)
breidel (de)	'resen	רֶסֶן (ז)
leidsels (mv.)	moʃχot	מוֹשְׁכוֹת (נ״ר)
zweep (de)	ʃot	שׁוֹט (ז)
ruiter (de)	roχev	רוֹכֵב (ז)
zadelen (ww)	le'akef	לְאַכֵּף
een paard bestijgen	la'alot al sus	לַעֲלוֹת עַל סוּס
galop (de)	dehira	דְּהִירָה (נ)
galopperen (ww)	lidhor	לִדְהוֹר

draf (de)	tfifa	טְפִיפָה (נ)
in draf (bw)	bidhira	בִּדְהִירָה
draven (ww)	litpof	לִטְפּוֹף

| renpaard (het) | sus merots | סוּס מֵירוֹץ (ז) |
| paardenrace (de) | merots susim | מֵירוֹץ סוּסִים (ז) |

paardenstal (de)	urva	אוּרְוָה (נ)
voederen (ww)	leha'axil	לְהַאֲכִיל
hooi (het)	xatsil	חָצִיל (ז)
water geven (ww)	lehaʃkot	לְהַשְׁקוֹת
wassen (paard ~)	lirxots	לִרְחוֹץ

paardenkar (de)	agala	עֲגָלָה (נ)
grazen (gras eten)	lir'ot	לִרְעוֹת
hinniken (ww)	litshol	לִצְהוֹל
een trap geven	liv'ot	לִבְעוֹט

Flora

227. Bomen

Nederlands	Transcriptie	עברית
boom (de)	ets	עֵץ (ז)
loof- (abn)	naʃir	נָשִׁיר
dennen- (abn)	maχtani	מַחְטָנִי
groenblijvend (bn)	yarok ad	יָרוֹק עַד
appelboom (de)	ta'puaχ	תַּפּוּחַ (ז)
perenboom (de)	agas	אַגָּס (ז)
zoete kers (de)	gudgedan	גּוּדְגְּדָן (ז)
zure kers (de)	duvdevan	דּוּבְדְּבָן (ז)
pruimelaar (de)	ʃezif	שְׁזִיף (ז)
berk (de)	ʃadar	שָׂדָר (ז)
eik (de)	alon	אַלּוֹן (ז)
linde (de)	'tilya	טִילְיָה (נ)
esp (de)	aspa	אַסְפָּה (נ)
esdoorn (de)	'eder	אֶדֶר (ז)
spar (de)	a'ʃuaχ	אַשּׁוּחַ (ז)
den (de)	'oren	אוֹרֶן (ז)
lariks (de)	arzit	אַרְזִית (נ)
zilverspar (de)	a'ʃuaχ	אַשּׁוּחַ (ז)
ceder (de)	'erez	אֶרֶז (ז)
populier (de)	tsaftsefa	צַפְצָפָה (נ)
lijsterbes (de)	ben χuzrar	בֶּן־חֻזְרָר (ז)
wilg (de)	arava	עֲרָבָה (נ)
els (de)	alnus	אַלְנוּס (ז)
beuk (de)	aʃur	אַשּׁוּר (ז)
iep (de)	bu'kitsa	בּוּקִיצָה (נ)
es (de)	mela	מֵילָה (נ)
kastanje (de)	armon	עַרְמוֹן (ז)
magnolia (de)	mag'nolya	מַגְנוֹלְיָה (נ)
palm (de)	'dekel	דֶּקֶל (ז)
cipres (de)	broʃ	בְּרוֹשׁ (ז)
mangrove (de)	mangrov	מַנְגְּרוֹב (ז)
baobab (apenbroodboom)	ba'obab	בָּאוֹבָּב (ז)
eucalyptus (de)	eika'liptus	אֵיקָלִיפְטוּס (ז)
mammoetboom (de)	sek'voya	סְקְווֹיָה (נ)

228. Heesters

Nederlands	Transcriptie	עברית
struik (de)	'siaχ	שִׂיחַ (ז)
heester (de)	'siaχ	שִׂיחַ (ז)

wijnstok (de)	'gefen	גֶּפֶן (נ)
wijngaard (de)	'kerem	כֶּרֶם (ז)

frambozenstruik (de)	'petel	פֶּטֶל (ז)
zwarte bes (de)	'siaχ dumdemaniyot ʃχorot	שִׂיחַ דּוּמְדְּמָנִיּוֹת שְׁחוֹרוֹת (ז)
rode bessenstruik (de)	'siaχ dumdemaniyot adumot	שִׂיחַ דּוּמְדְּמָנִיּוֹת אֲדוּמוֹת (ז)
kruisbessenstruik (de)	χazarzar	חֲזַרְזַר (ז)

acacia (de)	ʃita	שִׁיטָה (נ)
zuurbes (de)	berberis	בַּרְבָּרִיס (ז)
jasmijn (de)	yasmin	יַסְמִין (ז)

jeneverbes (de)	ar'ar	עַרְעָר (ז)
rozenstruik (de)	'siaχ vradim	שִׂיחַ וְרָדִים (ז)
hondsroos (de)	'vered bar	וֶרֶד בָּר (ז)

229. Champignons

paddenstoel (de)	pitriya	פִּטְרִיָּה (נ)
eetbare paddenstoel (de)	pitriya ra'uya lema'aχal	פִּטְרִיָּה רְאוּיָה לְמַאֲכָל
giftige paddenstoel (de)	pitriya ra'ila	פִּטְרִיָּה רְעִילָה (נ)
hoed (de)	kipat pitriya	כִּיפַּת פִּטְרִיָּה (נ)
steel (de)	'regel	רֶגֶל (נ)

gewoon eekhoorntjesbrood (het)	por'tʃini	פּוֹרְצִ'ינִי (ז)
rosse populierenboleet (de)	pitriyat 'kova aduma	פִּטְרִיַּת כּוֹבַע אֲדוּמָה (נ)
berkenboleet (de)	pitriyat 'ya'ar	פִּטְרִיַּת יַעַר (נ)
cantharel (de)	gvi'onit ne'e'χelet	גְּבִיעוֹנִית נֶאֱכֶלֶת (נ)
russula (de)	χarifit	חֲרִיפִית (נ)

morille (de)	gamtsuts	גַּמְצוּץ (ז)
vliegenzwam (de)	zvuvanit	זְבוּבָנִית (נ)
groene knolzwam (de)	pitriya ra'ila	פִּטְרִיָּה רְעִילָה (נ)

230. Vruchten. Bessen

vrucht (de)	pri	פְּרִי (ז)
vruchten (mv.)	perot	פֵּירוֹת (ז״ר)
appel (de)	ta'puaχ	תַּפּוּחַ (ז)
peer (de)	agas	אַגָּס (ז)
pruim (de)	ʃezif	שְׁזִיף (ז)

aardbei (de)	tut sade	תּוּת שָׂדֶה (ז)
zure kers (de)	duvdevan	דּוּבְדְּבָן (ז)
zoete kers (de)	gudgedan	גּוּדְגְּדָן (ז)
druif (de)	anavim	עֲנָבִים (ז״ר)

framboos (de)	'petel	פֶּטֶל (ז)
zwarte bes (de)	dumdemanit ʃχora	דּוּמְדְּמָנִית שְׁחוֹרָה (נ)
rode bes (de)	dumdemanit aduma	דּוּמְדְּמָנִית אֲדוּמָה (נ)
kruisbes (de)	χazarzar	חֲזַרְזַר (ז)

veenbes (de)	χamutsit	חֲמוּצִית (נ)
sinaasappel (de)	tapuz	תַּפּוּז (ז)
mandarijn (de)	klemen'tina	קְלֶמֶנְטִינָה (נ)
ananas (de)	'ananas	אֲנָנָס (ז)
banaan (de)	ba'nana	בַּנָנָה (נ)
dadel (de)	tamar	תָּמָר (ז)

citroen (de)	limon	לִימוֹן (ז)
abrikoos (de)	'miʃmeʃ	מִשְׁמֵשׁ (ז)
perzik (de)	afarsek	אֲפַרְסֵק (ז)
kiwi (de)	'kivi	קִיוִוי (ז)
grapefruit (de)	eʃkolit	אֶשְׁכּוֹלִית (נ)

bes (de)	garger	גַּרְגַּר (ז)
bessen (mv.)	gargerim	גַּרְגְּרִים (ז״ר)
vossenbes (de)	uχmanit aduma	אוּכְמָנִית אֲדוּמָה (נ)
bosaardbei (de)	tut 'ya'ar	תּוּת יַעַר (ז)
bosbes (de)	uχmanit	אוּכְמָנִית (נ)

231. Bloemen. Planten

| bloem (de) | 'peraχ | פֶּרַח (ז) |
| boeket (het) | zer | זֵר (ז) |

roos (de)	'vered	וֶרֶד (ז)
tulp (de)	tsiv'oni	צִבְעוֹנִי (ז)
anjer (de)	tsi'poren	צִפּוֹרֶן (ז)
gladiool (de)	glad'yola	גְּלַדְיוֹלָה (נ)

korenbloem (de)	dganit	דְּגָנִיָה (נ)
klokje (het)	pa'amonit	פַּעֲמוֹנִית (נ)
paardenbloem (de)	ʃinan	שִׁינָן (ז)
kamille (de)	kamomil	קָמוֹמִיל (ז)

aloë (de)	alvai	אַלְוַי (ז)
cactus (de)	'kaktus	קַקְטוּס (ז)
ficus (de)	'fikus	פִיקוּס (ז)

lelie (de)	ʃoʃana	שׁוֹשַׁנָּה (נ)
geranium (de)	ge'ranyum	גֶּרַנְיוּם (ז)
hyacint (de)	yakinton	יָקִינְטוֹן (ז)

mimosa (de)	mi'moza	מִימוֹזָה (נ)
narcis (de)	narkis	נַרְקִיס (ז)
Oostindische kers (de)	'kova hanazir	כּוֹבַע הַנָּזִיר (ז)

orchidee (de)	saχlav	סַחְלָב (ז)
pioenroos (de)	admonit	אַדְמוֹנִית (נ)
viooltje (het)	sigalit	סִיגָלִית (נ)

driekleurig viooltje (het)	amnon vetamar	אַמְנוֹן וְתָמָר (ז)
vergeet-mij-nietje (het)	ziχ'rini	זִכְרִינִי (ז)
madeliefje (het)	marganit	מַרְגָּנִית (נ)
papaver (de)	'pereg	פֶּרֶג (ז)

| hennep (de) | ka'nabis | קָנַאבִּיס (ז) |
| munt (de) | 'menta | מֶנְתָה (נ) |

| lelietje-van-dalen (het) | zivanit | זִיוָנִית (נ) |
| sneeuwklokje (het) | ga'lantus | גָלַנְטוּס (ז) |

brandnetel (de)	sirpad	סִרְפָּד (ז)
veldzuring (de)	χum'a	חוּמְעָה (נ)
waterlelie (de)	nufar	נוּפָר (ז)
varen (de)	ʃaraχ	שֶׁרֶךְ (ז)
korstmos (het)	χazazit	חֲזָזִית (נ)

oranjerie (de)	χamama	חֲמָמָה (נ)
gazon (het)	midʃa'a	מִדְשָׁאָה (נ)
bloemperk (het)	arugat praχim	עֲרוּגַת פְּרָחִים (נ)

plant (de)	'tsemaχ	צֶמַח (ז)
gras (het)	'deʃe	דֶשֶׁא (ז)
grasspriet (de)	giv'ol 'esev	גִבְעוֹל עֵשֶׂב (ז)

blad (het)	ale	עָלֶה (ז)
bloemblad (het)	ale ko'teret	עָלֶה כּוֹתֶרֶת (ז)
stengel (de)	giv'ol	גִבְעוֹל (ז)
knol (de)	'pka'at	פְּקַעַת (נ)

| scheut (de) | 'nevet | נֶבֶט (ז) |
| doorn (de) | kots | קוֹץ (ז) |

bloeien (ww)	lif'roaχ	לִפְרוֹחַ
verwelken (ww)	linbol	לִנְבּוֹל
geur (de)	'reaχ	רֵיחַ (ז)
snijden (bijv. bloemen ~)	ligzom	לִגְזוֹם
plukken (bloemen ~)	liktof	לִקְטוֹף

232. Granen, graankorrels

graan (het)	tvu'a	תְבוּאָה (נ)
graangewassen (mv.)	dganim	דְגָנִים (ז"ר)
aar (de)	ʃi'bolet	שִׁיבּוֹלֶת (נ)

tarwe (de)	χita	חִיטָה (נ)
rogge (de)	ʃifon	שִׁיפוֹן (ז)
haver (de)	ʃi'bolet ʃu'al	שִׁיבּוֹלֶת שׁוּעָל (נ)
gierst (de)	'doχan	דוֹחַן (ז)
gerst (de)	se'ora	שְׂעוֹרָה (נ)
maïs (de)	'tiras	תִירָס (ז)
rijst (de)	'orez	אוֹרֶז (ז)
boekweit (de)	ku'semet	כּוּסֶמֶת (נ)

erwt (de)	afuna	אֲפוּנָה (נ)
boon (de)	ʃu'it	שְׁעוּעִית (נ)
soja (de)	'soya	סוֹיָה (נ)
linze (de)	adaʃim	עֲדָשִׁים (נ"ר)
bonen (mv.)	pol	פּוֹל (ז)

233. Groenten. Groene groenten

| groenten (mv.) | yerakot | יְרָקוֹת (ז״ר) |
| verse kruiden (mv.) | 'yerek | יֶרֶק (ז) |

tomaat (de)	agvaniya	עַגְבָנִיָּה (נ)
augurk (de)	melafefon	מְלָפְפוֹן (ז)
wortel (de)	'gezer	גֶּזֶר (ז)
aardappel (de)	ta'puaχ adama	תַּפּוּחַ אֲדָמָה (ז)
ui (de)	batsal	בָּצָל (ז)
knoflook (de)	ʃum	שׁוּם (ז)

kool (de)	kruv	כְּרוּב (ז)
bloemkool (de)	kruvit	כְּרוּבִית (נ)
spruitkool (de)	kruv nitsanim	כְּרוּב נִצָּנִים (ז)
broccoli (de)	'brokoli	בְּרוֹקוֹלִי (ז)

rode biet (de)	'selek	סֶלֶק (ז)
aubergine (de)	χatsil	חָצִיל (ז)
courgette (de)	kiʃu	קִישׁוּא (ז)
pompoen (de)	'dla'at	דְּלַעַת (נ)
knolraap (de)	'lefet	לֶפֶת (נ)

peterselie (de)	petro'zilya	פֶּטְרוֹזִילְיָה (נ)
dille (de)	ʃamir	שָׁמִיר (ז)
sla (de)	'χasa	חַסָּה (נ)
selderij (de)	'seleri	סֶלֶרִי (ז)
asperge (de)	aspa'ragos	אַסְפָּרָגוֹס (ז)
spinazie (de)	'tered	תֶּרֶד (ז)

erwt (de)	afuna	אֲפוּנָה (נ)
bonen (mv.)	pol	פּוֹל (ז)
maïs (de)	'tiras	תִּירָס (ז)
boon (de)	ʃu'it	שְׁעוּעִית (נ)

peper (de)	'pilpel	פִּלְפֵּל (ז)
radijs (de)	tsnonit	צְנוֹנִית (נ)
artisjok (de)	artiʃok	אַרְטִישׁוֹק (ז)

REGIONALE AARDRIJKSKUNDE

Landen. Nationaliteiten

234. West-Europa

Europa (het)	ei'ropa	אֵירוֹפָּה (נ)
Europese Unie (de)	ha'ixud ha'eiro'pe'i	הָאִיחוּד הָאֵירוֹפִּי (ז)
Europeaan (de)	eiro'pe'i	אֵירוֹפָּאִי (ז)
Europees (bn)	eiro'pe'i	אֵירוֹפָּאִי
Oostenrijk (het)	'ostriya	אוֹסְטְרְיָה (נ)
Oostenrijker (de)	'ostri	אוֹסְטְרִי (ז)
Oostenrijkse (de)	'ostrit	אוֹסְטְרִית (נ)
Oostenrijks (bn)	'ostri	אוֹסְטְרִי
Groot-Brittannië (het)	bri'tanya hagdola	בְּרִיטַנְיָה הַגְדוֹלָה (נ)
Engeland (het)	'angliya	אַנְגְלִיָה (נ)
Engelsman (de)	'briti	בְּרִיטִי (ז)
Engelse (de)	'btitit	בְּרִיטִית (נ)
Engels (bn)	angli	אַנְגְלִי
België (het)	'belgya	בֶּלְגִיָה (נ)
Belg (de)	'belgi	בֶּלְגִי (ז)
Belgische (de)	'belgit	בֶּלְגִית (נ)
Belgisch (bn)	'belgi	בֶּלְגִי
Duitsland (het)	ger'manya	גֶּרְמַנְיָה (נ)
Duitser (de)	germani	גֶּרְמָנִי (ז)
Duitse (de)	germaniya	גֶּרְמָנְיָה (נ)
Duits (bn)	germani	גֶּרְמָנִי
Nederland (het)	'holand	הוֹלַנְד (נ)
Holland (het)	'holand	הוֹלַנְד (נ)
Nederlander (de)	ho'landi	הוֹלַנְדִי (ז)
Nederlandse (de)	ho'landit	הוֹלַנְדִית (נ)
Nederlands (bn)	ho'landi	הוֹלַנְדִי
Griekenland (het)	yavan	יָוָון (נ)
Griek (de)	yevani	יְוָונִי (ז)
Griekse (de)	yevaniya	יְוָונְיָה (נ)
Grieks (bn)	yevani	יְוָונִי
Denemarken (het)	'denemark	דֶּנְמַרק (נ)
Deen (de)	'deni	דָּנִי (ז)
Deense (de)	'denit	דָּנִית (נ)
Deens (bn)	'deni	דָּנִי
Ierland (het)	'irland	אִירלַנְד (נ)
Ier (de)	'iri	אִירִי (ז)

Ierse (de)	ir'landit	אִירְלַנְדִּית (נ)
Iers (bn)	'iri	אִירִי
IJsland (het)	'island	אִיסְלַנְד (נ)
IJslander (de)	is'landi	אִיסְלַנְדִּי (ז)
IJslandse (de)	is'landit	אִיסְלַנְדִּית (נ)
IJslands (bn)	is'landi	אִיסְלַנְדִּי
Spanje (het)	sfarad	סְפָרַד (נ)
Spanjaard (de)	sfaradi	סְפָרַדִּי (ז)
Spaanse (de)	sfaradiya	סְפָרַדִּיָה (נ)
Spaans (bn)	sfaradi	סְפָרַדִּי
Italië (het)	i'talya	אִיטַלְיָה (נ)
Italiaan (de)	italki	אִיטַלְקִי (ז)
Italiaanse (de)	italkiya	אִיטַלְקִיָה (נ)
Italiaans (bn)	italki	אִיטַלְקִי
Cyprus (het)	kafrisin	קַפְרִיסִין (נ)
Cyprioot (de)	kafri'sa'i	קַפְרִיסָאִי (ז)
Cypriotische (de)	kafri'sa'it	קַפְרִיסָאִית (נ)
Cypriotisch (bn)	kafri'sa'i	קַפְרִיסָאִי
Malta (het)	'malta	מַלְטָה (נ)
Maltees (de)	'malti	מַלְטִי (ז)
Maltese (de)	'maltit	מַלְטִית (נ)
Maltees (bn)	'malti	מַלְטִי
Noorwegen (het)	nor'vegya	נוֹרְבֶגְיָה (נ)
Noor (de)	nor'vegi	נוֹרְבֶגִי (ז)
Noorse (de)	nor'vegit	נוֹרְבֶגִית (נ)
Noors (bn)	nor'vegi	נוֹרְבֶגִי
Portugal (het)	portugal	פּוֹרְטוּגָל (נ)
Portugees (de)	portu'gali	פּוֹרְטוּגָלִי (ז)
Portugese (de)	portu'galit	פּוֹרְטוּגָלִית (נ)
Portugees (bn)	portu'gezi	פּוֹרְטוּגְזִי
Finland (het)	'finland	פִינְלַנְד (נ)
Fin (de)	'fini	פִינִי (ז)
Finse (de)	'finit	פִינִית (נ)
Fins (bn)	'fini	פִינִי
Frankrijk (het)	tsarfat	צָרְפַת (נ)
Fransman (de)	tsarfati	צָרְפָתִי (ז)
Française (de)	tsarfatiya	צָרְפָתִיָה (נ)
Frans (bn)	tsarfati	צָרְפָתִי
Zweden (het)	'ʃvedya	שְבֶדְיָה (נ)
Zweed (de)	'ʃvedi	שְבֶדִי (ז)
Zweedse (de)	'ʃvedit	שְבֶדִית (נ)
Zweeds (bn)	'ʃvedi	שְבֶדִי
Zwitserland (het)	'ʃvaits	שְווַיִץ (נ)
Zwitser (de)	ʃvei'tsari	שְווַיְצָרִי (ז)
Zwitserse (de)	ʃvei'tsarit	שְווַיְצָרִית (נ)

Zwitsers (bn)	ʃveˈtsari	שְׁוַיְיצָרִי
Schotland (het)	ˈskotland	סְקוֹטְלַנד (נ)
Schot (de)	ˈskoti	סְקוֹטִי (ז)
Schotse (de)	ˈskotit	סְקוֹטִית (נ)
Schots (bn)	ˈskoti	סְקוֹטִי

Vaticaanstad (de)	vatikan	וָתִיקָן (ז)
Liechtenstein (het)	liχtenʃtain	לִיכְטֶנְשְׁטַיְין (נ)
Luxemburg (het)	luksemburg	לוּקְסֶמְבּוּרג (נ)
Monaco (het)	moˈnako	מוֹנָקוֹ (נ)

235. Centraal- en Oost-Europa

Albanië (het)	alˈbanya	אַלְבַּנְיָה (נ)
Albanees (de)	alˈbani	אַלְבָּנִי (ז)
Albanese (de)	alˈbanit	אַלְבָּנִית (נ)
Albanees (bn)	alˈbani	אַלְבָּנִי

Bulgarije (het)	bulˈgarya	בּוּלְגַרְיָה (נ)
Bulgaar (de)	bulˈgari	בּוּלְגָרִי (ז)
Bulgaarse (de)	bulgariya	בּוּלְגָרְיָה (נ)
Bulgaars (bn)	bulˈgari	בּוּלְגָרִי

Hongarije (het)	hunˈgarya	הוּנְגַרְיָה (נ)
Hongaar (de)	hungari	הוּנְגָרִי (ז)
Hongaarse (de)	hungariya	הוּנְגָרְיָה (נ)
Hongaars (bn)	hunˈgari	הוּנְגָרִי

Letland (het)	ˈlatviya	לַטְבִיָה (נ)
Let (de)	ˈlatvi	לַטְבִי (ז)
Letse (de)	ˈlatvit	לַטְבִית (נ)
Lets (bn)	ˈlatvi	לַטְבִי

Litouwen (het)	ˈlita	לִיטָא (נ)
Litouwer (de)	litaˈi	לִיטָאִי (ז)
Litouwse (de)	litaˈit	לִיטָאִית (נ)
Litouws (bn)	litaˈi	לִיטָאִי

Polen (het)	polin	פּוֹלִין (נ)
Pool (de)	polani	פּוֹלָנִי (ז)
Poolse (de)	polaniya	פּוֹלָנְיָה (נ)
Pools (bn)	polani	פּוֹלָנִי

Roemenië (het)	roˈmanya	רוֹמַנְיָה (נ)
Roemeen (de)	romani	רוֹמָנִי (ז)
Roemeense (de)	romaniya	רוֹמַנְיָה (נ)
Roemeens (bn)	roˈmani	רוֹמָנִי

Servië (het)	ˈserbya	סֶרְבְיָה (נ)
Serviër (de)	ˈserbi	סֶרְבִּי (ז)
Servische (de)	ˈserbit	סֶרְבִּית (נ)
Servisch (bn)	ˈserbi	סֶרְבִּי
Slowakije (het)	sloˈvakya	סְלוֹבַקְיָה (נ)
Slowaak (de)	sloˈvaki	סְלוֹבָקִי (ז)

| Slowaakse (de) | slo'vakit | סלוֹבָקִית (נ) |
| Slowaakse (bn) | slo'vaki | סלוֹבָקִי |

Kroatië (het)	kro''atya	קרוֹאָטיָה (נ)
Kroaat (de)	kro''ati	קרוֹאָטִי (ז)
Kroatische (de)	kro''atit	קרוֹאָטִית (נ)
Kroatisch (bn)	kro''ati	קרוֹאָטִי

Tsjechië (het)	'tʃexya	צֶ'כיָה (נ)
Tsjech (de)	'tʃexi	צֶ'כִי (ז)
Tsjechische (de)	'tʃexit	צֶ'כִית (נ)
Tsjechisch (bn)	'tʃexi	צֶ'כִי

Estland (het)	es'tonya	אֶסטוֹניָה (נ)
Est (de)	es'toni	אֶסטוֹנִי (ז)
Estse (de)	es'tonit	אֶסטוֹנִית (נ)
Ests (bn)	es'toni	אֶסטוֹנִי

Bosnië en Herzegovina (het)	'bosniya	בּוֹסניָה (נ)
Macedonië (het)	make'donya	מָקֶדוֹניָה (נ)
Slovenië (het)	slo'venya	סלוֹבֶניָה (נ)
Montenegro (het)	monte'negro	מוֹנטֶנֶגרוֹ (נ)

236. Voormalige USSR landen

Azerbeidzjan (het)	azerbaidʒan	אָזֶרבָּייגָ'ן (נ)
Azerbeidzjaan (de)	azerbai'dʒani	אָזֶרבָּייגָ'נִי (ז)
Azerbeidjaanse (de)	azerbai'dʒanit	אָזֶרבָּייגָ'נִית (נ)
Azerbeidjaans (bn)	azerbai'dʒani	אָזֶרבָּייגָ'נִי

Armenië (het)	ar'menya	אַרמֶניָה (נ)
Armeen (de)	ar'meni	אַרמֶנִי (ז)
Armeense (de)	ar'menit	אַרמֶנִית (נ)
Armeens (bn)	ar'meni	אַרמֶנִי

Wit-Rusland (het)	'belarus	בֶּלָרוּס (נ)
Wit-Rus (de)	bela'rusi	בֶּלָרוּסִי (ז)
Wit-Russische (de)	bela'rusit	בֶּלָרוּסִית (נ)
Wit-Russisch (bn)	byelo'rusi	בּיֶלוֹרוּסִי

Georgië (het)	'gruzya	גרוּזיָה (נ)
Georgiër (de)	gru'zini	גרוּזִינִי (ז)
Georgische (de)	gru'zinit	גרוּזִינִית (נ)
Georgisch (bn)	gru'zini	גרוּזִינִי

Kazakstan (het)	kazaxstan	קָזַחסטָן (נ)
Kazak (de)	ka'zaxi	קָזַחִי (ז)
Kazakse (de)	ka'zaxit	קָזַחִית (נ)
Kazakse (bn)	ka'zaxi	קָזַחִי

Kirgizië (het)	kirgizstan	קִירגִיזסטָן (נ)
Kirgiziër (de)	kir'gizi	קִירגִיזִי (ז)
Kirgizische (de)	kir'gizit	קִירגִיזִית (נ)
Kirgizische (bn)	kir'gizi	קִירגִיזִי

Moldavië (het)	mol'davya	מוֹלְדָבְיָה (נ)
Moldaviër (de)	mol'davi	מוֹלְדָבִי (ז)
Moldavische (de)	mol'davit	מוֹלְדָבִית (נ)
Moldavisch (bn)	mol'davi	מוֹלְדָבִי

Rusland (het)	'rusya	רוֹסְיָה (נ)
Rus (de)	rusi	רוֹסִי (ז)
Russin (de)	rusiya	רוֹסִיָּה (נ)
Russisch (bn)	rusi	רוֹסִי

Tadzjikistan (het)	tadʒikistan	טָגִ'יקִיסְטָן (נ)
Tadzjiek (de)	ta'dʒiki	טָגִ'יקִי (ז)
Tadzjiekse (de)	ta'dʒikit	טָגִ'יקִית (נ)
Tadzjieks (bn)	ta'dʒiki	טָגִ'יקִי

Turkmenistan (het)	turkmenistan	טוּרקְמָנִיסְטָן (נ)
Turkmeen (de)	turk'meni	טוּרקְמָנִי (ז)
Turkmeense (de)	turk'menit	טוּרקְמָנִית (נ)
Turkmeens (bn)	turk'meni	טוּרקְמָנִי

Oezbekistan (het)	uzbekistan	אוֹזְבָּקִיסְטָן (נ)
Oezbeek (de)	uz'beki	אוֹזְבָּקִי (ז)
Oezbeekse (de)	uz'bekit	אוֹזְבָּקִית (נ)
Oezbeeks (bn)	uz'beki	אוֹזְבָּקִי

Oekraïne (het)	uk'rayna	אוֹקְרָאִינָה (נ)
Oekraïner (de)	ukra''ini	אוֹקְרָאִינִי (ז)
Oekraïense (de)	ukra''init	אוֹקְרָאִינִית (נ)
Oekraïens (bn)	ukra''ini	אוֹקְרָאִינִי

237. Azië

| Azië (het) | 'asya | אַסְיָה (נ) |
| Aziatisch (bn) | as'yati | אַסְיָיתִי |

Vietnam (het)	vyetnam	וְיֵיטְנָאם (נ)
Vietnamees (de)	vyet'nami	וְיֵיטְנָאמִי (ז)
Vietnamese (de)	vyet'namit	וְיֵיטְנָאמִית (נ)
Vietnamees (bn)	vyet'nami	וְיֵיטְנָאמִי

India (het)	'hodu	הוֹדוּ (נ)
Indiër (de)	'hodi	הוֹדִי (ז)
Indische (de)	'hodit	הוֹדִית (נ)
Indisch (bn)	'hodi	הוֹדִי

Israël (het)	yisra'el	יִשְׂרָאֵל (נ)
Israëliër (de)	yisra'eli	יִשְׂרָאֵלִי (ז)
Israëlische (de)	yisra'elit	יִשְׂרָאֵלִית (נ)
Israëlisch (bn)	yisra'eli	יִשְׂרָאֵלִי

Jood (etniciteit)	yehudi	יְהוּדִי (ז)
Jodin (de)	yehudiya	יְהוּדִיָּה (נ)
Joods (bn)	yehudi	יְהוּדִי
China (het)	sin	סִין (נ)

211

Chinees (de)	'sini	סִינִי (ז)
Chinese (de)	'sinit	סִינִית (נ)
Chinees (bn)	'sini	סִינִי

Koreaan (de)	korei''ani	קוֹרֵיאָנִי (ז)
Koreaanse (de)	korei''anit	קוֹרֵיאָנִית (נ)
Koreaans (bn)	korei''ani	קוֹרֵיאָנִי

Libanon (het)	levanon	לְבָנוֹן (נ)
Libanees (de)	leva'noni	לְבָנוֹנִי (ז)
Libanese (de)	leva'nonit	לְבָנוֹנִית (נ)
Libanees (bn)	leva'noni	לְבָנוֹנִי

Mongolië (het)	mon'golya	מוֹנגוֹלְיָה (נ)
Mongool (de)	mon'goli	מוֹנגוֹלִי (ז)
Mongoolse (de)	mon'golit	מוֹנגוֹלִית (נ)
Mongools (bn)	mon'goli	מוֹנגוֹלִי

Maleisië (het)	ma'lezya	מָלֶזְיָה (נ)
Maleisiër (de)	ma'la'i	מָלָאִי (ז)
Maleisische (de)	ma'la'it	מָלָאִית (נ)
Maleisisch (bn)	ma'la'i	מָלָאִי

Pakistan (het)	pakistan	פָּקִיסטָן (נ)
Pakistaan (de)	pakis'tani	פָּקִיסטָנִי (ז)
Pakistaanse (de)	pakis'tanit	פָּקִיסטָנִית (נ)
Pakistaans (bn)	pakis'tani	פָּקִיסטָנִי

Saoedi-Arabië (het)	arav hasa'udit	עֲרָב הַסָעוּדִית (נ)
Arabier (de)	aravi	עֲרָבִי (ז)
Arabische (de)	araviya	עֲרָבִיָה (נ)
Arabisch (bn)	aravi	עֲרָבִי

Thailand (het)	'tailand	תַאילַנד (נ)
Thai (de)	tai'landi	תַאילַנדִי (ז)
Thaise (de)	tai'landit	תַאילַנדִית (נ)
Thai (bn)	tai'landi	תַאילַנדִי

Taiwan (het)	taivan	טַייוָון (נ)
Taiwanees (de)	tai'vani	טַייוָונִי (ז)
Taiwanese (de)	tai'vanit	טַייוָונִית (נ)
Taiwanees (bn)	tai'vani	טַייוָונִי

Turkije (het)	'turkiya	טוּרקִיָה (נ)
Turk (de)	turki	טוּרקִי (ז)
Turkse (de)	turkiya	טוּרקִיָה (נ)
Turks (bn)	turki	טוּרקִי

Japan (het)	yapan	יַפָּן (נ)
Japanner (de)	ya'pani	יַפָּנִי (ז)
Japanse (de)	ya'panit	יַפָּנִית (נ)
Japans (bn)	ya'pani	יַפָּנִי

Afghanistan (het)	afganistan	אַפגָנִיסטָן (נ)
Bangladesh (het)	bangladeʃ	בַּנגלָדָש (נ)
Indonesië (het)	indo'nezya	אִינדוֹנֶזיָה (נ)

Jordanië (het)	yarden	יַרְדֵן (ז)
Irak (het)	irak	עִירָאק (ז)
Iran (het)	iran	אִירָן (ז)
Cambodja (het)	kam'bodya	קַמְבּוֹדְיָה (ז)
Koeweit (het)	kuveit	כּוּוֵית (ז)

Laos (het)	la'os	לָאוֹס (ז)
Myanmar (het)	miyanmar	מְיַאנְמָר (ז)
Nepal (het)	nepal	נֵפָּאל (ז)
Verenigde Arabische Emiraten	iχud ha'emi'royot ha'araviyot	אִיחוּד הָאֱמִירוּיוֹת הָעַרְבִיוֹת (ז)

Syrië (het)	'surya	סוּרְיָה (ז)
Palestijnse autonomie (de)	falastin	פָּלַסְטִין (ז)
Zuid-Korea (het)	ko'rei'a hadromit	קוֹרֵיאָה הַדְרוֹמִית (ז)
Noord-Korea (het)	ko'rei'a hatsfonit	קוֹרֵיאָה הַצְפוֹנִית (ז)

238. Noord-Amerika

Verenigde Staten van Amerika	artsot habrit	אַרְצוֹת הַבְּרִית (נ״ר)
Amerikaan (de)	ameri'ka'i	אָמֶרִיקָאִי (ז)
Amerikaanse (de)	ameri'ka'it	אָמֶרִיקָאִית (נ)
Amerikaans (bn)	ameri'ka'i	אָמֶרִיקָאִי

Canada (het)	'kanada	קָנָדָה (ז)
Canadees (de)	ka'nadi	קָנָדִי (ז)
Canadese (de)	ka'nadit	קָנָדִית (נ)
Canadees (bn)	ka'nadi	קָנָדִי

Mexico (het)	'meksiko	מֶקְסִיקוֹ (ז)
Mexicaan (de)	meksi'kani	מֶקְסִיקָנִי (ז)
Mexicaanse (de)	meksi'kanit	מֶקְסִיקָנִית (נ)
Mexicaans (bn)	meksi'kani	מֶקְסִיקָנִי

239. Midden- en Zuid-Amerika

Argentinië (het)	argen'tina	אַרְגֶנְטִינָה (ז)
Argentijn (de)	argentinai	אַרְגֶנְטִינָאִי (ז)
Argentijnse (de)	argenti'na'it	אַרְגֶנְטִינָאִית (נ)
Argentijns (bn)	argenti'na'it	אַרְגֶנְטִינָאִי

Brazilië (het)	brazil	בְּרָזִיל (ז)
Braziliaan (de)	brazil'a'i	בְּרָזִילָאִי (ז)
Braziliaanse (de)	brazi'la'it	בְּרָזִילָאִית (נ)
Braziliaans (bn)	brazi'la'i	בְּרָזִילָאִי

Colombia (het)	ko'lombya	קוֹלוֹמְבִּיָה (ז)
Colombiaan (de)	kolom'byani	קוֹלוֹמְבִּיָאנִי (ז)
Colombiaanse (de)	kolomb'yanit	קוֹלוֹמְבִּיָאנִית (נ)
Colombiaans (bn)	kolom'byani	קוֹלוֹמְבִּיָאנִי
Cuba (het)	'kuba	קוּבָּה (ז)

213

Cubaan (de)	ku'bani	קוּבָּנִי (ז)
Cubaanse (de)	ku'banit	קוּבָּנִית (נ)
Cubaans (bn)	ku'bani	קוּבָּנִי

Chili (het)	'tʃile	צִ'ילָה (נ)
Chileen (de)	tʃili''ani	צִ'ילִיאָנִי (ז)
Chileense (de)	tʃili''anit	צִ'ילִיאָנִית (נ)
Chileens (bn)	tʃili''ani	צִ'ילִיאָנִי

Bolivia (het)	bo'livya	בּוֹלִיבִיָה (נ)
Venezuela (het)	venetsu''ela	וֶנֶצוּאֶלָה (נ)
Paraguay (het)	paragvai	פָּרַגוּוַאי (נ)
Peru (het)	peru	פֶּרוּ (נ)
Suriname (het)	surinam	סוּרִינָאם (נ)
Uruguay (het)	urugvai	אוּרוּגוַאי (נ)
Ecuador (het)	ekvador	אֶקוָדוֹר (נ)

Bahama's (mv.)	iyey ba'hama	אִיֵי בָּהָאמָה (ז״ר)
Haïti (het)	ha''iti	הָאִיטִי (נ)
Dominicaanse Republiek (de)	hare'publika hadomeni'kanit	הָרֶפּוּבּלִיקָה הַדוֹמִינִיקָנִית (נ)
Panama (het)	pa'nama	פָּנָמָה (נ)
Jamaica (het)	dʒa'maika	גָ'מַייקָה (נ)

240. Afrika

Egypte (het)	mits'rayim	מִצרַיִם (נ)
Egyptenaar (de)	mitsri	מִצרִי (ז)
Egyptische (de)	mitsriya	מִצרִיָה (נ)
Egyptisch (bn)	mitsri	מִצרִי

Marokko (het)	ma'roko	מָרוֹקוֹ (נ)
Marokkaan (de)	maro'ka'i	מָרוֹקָאִי (ז)
Marokkaanse (de)	maro'ka'it	מָרוֹקָאִית (נ)
Marokkaans (bn)	maro'ka'i	מָרוֹקָאִי

Tunesië (het)	tu'nisya	טוּנִיסיָה (נ)
Tunesiër (de)	tuni'sa'i	טוּנִיסָאִי (ז)
Tunesische (de)	tuni'sa'it	טוּנִיסָאִית (נ)
Tunesisch (bn)	tuni'sa'i	טוּנִיסָאִי

Ghana (het)	'gana	גָאנָה (נ)
Zanzibar (het)	zanzibar	זַנזִיבָּר (נ)
Kenia (het)	'kenya	קֶניָה (נ)
Libië (het)	luv	לוּב (נ)
Madagaskar (het)	madagaskar	מָדָגַסקַר (ז)

Namibië (het)	na'mibya	נָמִיבִּיָה (נ)
Senegal (het)	senegal	סֶנֶגָל (נ)
Tanzania (het)	tan'zanya	טַנזַניָה (נ)
Zuid-Afrika (het)	drom 'afrika	דרוֹם אַפרִיקָה (נ)

Afrikaan (de)	afri'ka'i	אַפרִיקָאִי (ז)
Afrikaanse (de)	afri'ka'it	אַפרִיקָאִית (נ)
Afrikaans (bn)	afri'ka'i	אַפרִיקָאִי

241. Australië. Oceanië

Australië (het)	ost'ralya	אוֹסְטְרַלְיָה (נ)
Australiër (de)	ost'rali	אוֹסְטְרַלִי (ז)
Australische (de)	ost'ralit	אוֹסְטְרַלִית (נ)
Australisch (bn)	ost'rali	אוֹסְטְרַלִי

Nieuw-Zeeland (het)	nyu 'ziland	נְיוּ זִילַנְד (נ)
Nieuw-Zeelander (de)	nyu zi'landi	נְיוּ זִילַנְדִי (ז)
Nieuw-Zeelandse (de)	nyu zi'landit	נְיוּ זִילַנְדִית (נ)
Nieuw-Zeelands (bn)	nyu zi'landi	נְיוּ זִילַנְדִי

| Tasmanië (het) | tas'manya | טַסְמַנְיָה (נ) |
| Frans-Polynesië | poli'nezya hatsarfatit | פּוֹלִינֶזְיָה הַצָּרְפָתִית (נ) |

242. Steden

Amsterdam	'amsterdam	אַמְסְטֶרְדָם (נ)
Ankara	ankara	אַנְקָרָה (נ)
Athene	a'tuna	אָתוּנָה (נ)
Bagdad	bagdad	בַּגְדָד (נ)
Bangkok	bangkok	בַּנְגקוֹק (נ)

Barcelona	bartse'lona	בַּרְצֶלוֹנָה (נ)
Beiroet	beirut	בֵּירוּת (נ)
Berlijn	berlin	בֶּרְלִין (נ)
Boedapest	'budapeʃt	בּוּדַפֶּשׁט (נ)
Boekarest	'bukareʃt	בּוּקָרֶשׁט (נ)

Bombay, Mumbai	bombei	בּוֹמְבֵּי (נ)
Bonn	bon	בּוֹן (נ)
Bordeaux	bordo	בּוֹרְדוֹ (נ)
Bratislava	bratis'lava	בְּרָטִיסְלָאבָה (נ)
Brussel	brisel	בְּרִיסֶל (נ)

Caïro	kahir	קָהִיר (נ)
Calcutta	kol'kata	קוֹלְקָטָה (נ)
Chicago	ʃi'kago	שִׁיקָאגוֹ (נ)
Dar Es Salaam	dar e salam	דָאר אֶ־סָלָאם (נ)
Delhi	'delhi	דֶלְהִי (נ)

Den Haag	hag	הָאג (נ)
Dubai	dubai	דוּבַּאי (נ)
Dublin	'dablin	דַבְּלִין (נ)
Düsseldorf	'diseldorf	דִיסֶלְדוֹרְף (נ)
Florence	fi'rentse	פִינֶנְצָה (נ)

Frankfort	'frankfurt	פְרַנְקְפוֹרְט (נ)
Genève	dʒe'neva	גֶ'נֶבָה (נ)
Hamburg	'hamburg	הַמְבּוּרְג (נ)
Hanoi	hanoi	הָאנוֹי (נ)
Havana	ha'vana	הַוָואנָה (נ)
Helsinki	'helsinki	הֶלְסִינְקִי (נ)

Hiroshima	hiro'ʃima	הִירוֹשִׁימָה (נ)
Hongkong	hong kong	הוֹנג קוֹנג (נ)
Istanbul	istanbul	אִיסטַנבּוּל (נ)
Jeruzalem	yeruʃa'layim	יְרוּשָׁלַיִם (נ)
Kiev	'kiyev	קִייֶב (נ)

Kopenhagen	kopen'hagen	קוֹפֶּנהָגֶן (נ)
Kuala Lumpur	ku''ala lumpur	קוּאָלָה לוּמפּוּר (נ)
Lissabon	lisbon	לִיסבּוֹן (נ)
Londen	'london	לוֹנדוֹן (נ)
Los Angeles	los 'andʒeles	לוֹס אַנגֶ'לֶס (נ)

Lyon	li'on	לִיאוֹן (נ)
Madrid	madrid	מַדרִיד (נ)
Marseille	marsei	מַרסֵי (נ)
Mexico-Stad	'meksiko 'siti	מֶקסִיקוֹ סִיטִי (נ)
Miami	ma'yami	מָיאַמִי (נ)

Montreal	montri'ol	מוֹנטרִיאוֹל (נ)
Moskou	'moskva	מוֹסקבָה (נ)
München	'minχen	מִינכֶן (נ)
Nairobi	nai'robi	נַיירוֹבִּי (נ)
Napels	'napoli	נָפּוֹלִי (נ)

New York	nyu york	נִיוּ יוֹרק (נ)
Nice	nis	נִיס (נ)
Oslo	'oslo	אוֹסלוֹ (נ)
Ottawa	'otava	אוֹטָוָוה (נ)
Parijs	pariz	פָּרִיז (נ)

Peking	beidʒing	בֵּייגִ'ינג (נ)
Praag	prag	פּרָאג (נ)
Rio de Janeiro	'riyo de ʒa'nero	רִיוֹ דָה זָ'נֶרוֹ (נ)
Rome	'roma	רוֹמָא (נ)
Seoel	se'ul	סָאוּל (נ)
Singapore	singapur	סִינגָפּוּר (נ)

Sint-Petersburg	sant 'petersburg	סָנט פֶּטֶרסבּוּרג (נ)
Sjanghai	ʃanχai	שָׁנחַאי (נ)
Stockholm	'stokholm	סטוֹקהוֹלם (נ)
Sydney	'sidni	סִידנִי (נ)
Taipei	taipe	טַייפֶּה (נ)
Tokio	'tokyo	טוֹקִיוֹ (נ)

Toronto	to'ronto	טוֹרוֹנטוֹ (נ)
Venetië	ve'netsya	וֶנֶציָה (נ)
Warschau	'varʃa	וַרשָׁה (נ)
Washington	'voʃington	וֹושִינגטוֹן (נ)
Wenen	'vina	וִינָה (נ)

243. Politiek. Overheid. Deel 1

| politiek (de) | po'litika | פּוֹלִיטִיקָה (נ) |
| politiek (bn) | po'liti | פּוֹלִיטִי |

politicus (de)	politikai	פּוֹלִיטִיקַאי (ז)
staat (land)	medina	מְדִינָה (נ)
burger (de)	ezraχ	אֶזְרָח (ז)
staatsburgerschap (het)	ezraχut	אֶזְרָחוּת (נ)

nationaal wapen (het)	'semel le'umi	סֶמֶל לְאוּמִי (ז)
volkslied (het)	himnon le'umi	הִמְנוֹן לְאוּמִי (ז)

regering (de)	memʃala	מֶמְשָׁלָה (נ)
staatshoofd (het)	roʃ medina	רֹאשׁ מְדִינָה (ז)
parlement (het)	parlament	פַּרְלָמֶנְט (ז)
partij (de)	miflaga	מִפְלָגָה (נ)

kapitalisme (het)	kapitalizm	קָפִּיטָלִיזְם (ז)
kapitalistisch (bn)	kapita'listi	קָפִּיטָלִיסְטִי

socialisme (het)	sotsyalizm	סוֹצִיאָלִיזְם (ז)
socialistisch (bn)	sotsya'listi	סוֹצִיאָלִיסְטִי

communisme (het)	komunizm	קוֹמוּנִיזְם (ז)
communistisch (bn)	komu'nisti	קוֹמוּנִיסְטִי
communist (de)	komunist	קוֹמוּנִיסְט (ז)

democratie (de)	demo'kratya	דֶמוֹקְרַטְיָה (נ)
democraat (de)	demokrat	דֶמוֹקְרָט (ז)
democratisch (bn)	demo'krati	דֶמוֹקְרָטִי
democratische partij (de)	miflaga demo'kratit	מִפְלָגָה דֶמוֹקְרָטִית (נ)

liberaal (de)	libe'rali	לִיבֶּרָלִי (ז)
liberaal (bn)	libe'rali	לִיבֶּרָלִי
conservator (de)	ʃamran	שַׁמְרָן (ז)
conservatief (bn)	ʃamrani	שַׁמְרָנִי

republiek (de)	re'publika	רֶפּוּבְּלִיקָה (נ)
republikein (de)	republi'kani	רֶפּוּבְּלִיקָנִי (ז)
Republikeinse Partij (de)	miflaga republi'kanit	מִפְלָגָה רֶפּוּבְּלִיקָנִית (נ)

verkiezing (de)	bχirot	בְּחִירוֹת (נ"ר)
kiezen (ww)	livχor	לִבְחוֹר
kiezer (de)	mats'bi'a	מַצְבִּיעַ (ז)
verkiezingscampagne (de)	masa bχirot	מַסָע בְּחִירוֹת (ז)

stemming (de)	hatsba'a	הַצְבָּעָה (נ)
stemmen (ww)	lehats'bi'a	לְהַצְבִּיעַ
stemrecht (het)	zχut hatsba'a	זְכוּת הַצְבָּעָה (נ)

kandidaat (de)	mu'amad	מוּעֲמָד (ז)
zich kandideren	lehatsig mu'amadut	לְהַצִיג מוּעֲמָדוּת
campagne (de)	masa	מַסָע (ז)

oppositie- (abn)	opozitsyoni	אוֹפּוֹזִיצְיוֹנִי
oppositie (de)	opo'zitsya	אוֹפּוֹזִיצְיָה (נ)

bezoek (het)	bikur	בִּיקוּר (ז)
officieel bezoek (het)	bikur riʃmi	בִּיקוּר רִשְׁמִי (ז)
internationaal (bn)	benle'umi	בֵּינְלְאוּמִי

217

| onderhandelingen (mv.) | masa umatan | מַשָׂא וּמַתָּן (ז) |
| onderhandelen (ww) | laset velatet | לָשֵׂאת וְלָתֵת |

244. Politiek. Overheid. Deel 2

maatschappij (de)	χevra	חֶבְרָה (נ)
grondwet (de)	χuka	חוּקָה (נ)
macht (politieke ~)	ʃilton	שִׁלְטוֹן (ז)
corruptie (de)	ʃχitut	שְׁחִיתוּת (נ)

| wet (de) | χok | חוֹק (ז) |
| wettelijk (bn) | χuki | חוּקִי |

| rechtvaardigheid (de) | 'tsedek | צֶדֶק (ז) |
| rechtvaardig (bn) | tsodek | צוֹדֵק |

comité (het)	'va'ad	וַעַד (ז)
wetsvoorstel (het)	hatsa'at χok	הַצָעַת חוֹק (נ)
begroting (de)	taktsiv	תַּקְצִיב (ז)
beleid (het)	mediniyut	מְדִינִיּוּת (נ)
hervorming (de)	re'forma	רֶפוֹרְמָה (נ)
radicaal (bn)	radi'kali	רָדִיקָלִי

macht (vermogen)	otsma	עוֹצְמָה (נ)
machtig (bn)	rav 'koaχ	רַב-כּוֹחַ
aanhanger (de)	tomeχ	תּוֹמֵךְ (ז)
invloed (de)	haʃpa'a	הַשְׁפָּעָה (נ)

regime (het)	miʃtar	מִשְׁטָר (ז)
conflict (het)	siχsuχ	סִכְסוּךְ (ז)
samenzwering (de)	'keʃer	קֶשֶׁר (ז)
provocatie (de)	provo'katsya, hitgarut	פְּרוֹבוֹקַצְיָה, הִתְגָּרוּת (נ)

omverwerpen (ww)	leha'diaχ	לְהַדִּיחַ
omverwerping (de)	hadaχa mikes malχut	הַדָחָה מִכֵּס מַלְכוּת (נ)
revolutie (de)	mahapeχa	מַהְפֵּכָה (נ)

| staatsgreep (de) | hafiχa | הֲפִיכָה (נ) |
| militaire coup (de) | mahapaχ tsva'i | מַהֲפָּךְ צְבָאִי (ז) |

crisis (de)	maʃber	מַשְׁבֵּר (ז)
economische recessie (de)	mitun kalkali	מִיתוּן כַּלְכָּלִי (ז)
betoger (de)	mafgin	מַפְגִּין (ז)
betoging (de)	hafgana	הַפְגָּנָה (נ)
krijgswet (de)	miʃtar tsva'i	מִשְׁטָר צְבָאִי (ז)
militaire basis (de)	basis tsva'i	בָּסִיס צְבָאִי (ז)

| stabiliteit (de) | yatsivut | יַצִּיבוּת (נ) |
| stabiel (bn) | yatsiv | יַצִּיב |

uitbuiting (de)	nitsul	נִיצּוּל (ז)
uitbuiten (ww)	lenatsel	לְנַצֵּל
racisme (het)	giz'anut	גִּזְעָנוּת (נ)
racist (de)	giz'ani	גִּזְעָנִי (ז)

| fascisme (het) | faʃizm | פָשִיזם (ז) |
| fascist (de) | faʃist | פָשִיסט (ז) |

245. Landen. Diversen

vreemdeling (de)	zar	זָר (ז)
buitenlands (bn)	zar	זָר
in het buitenland (bw)	beχul	בְּחוּ"ל

emigrant (de)	mehager	מְהַגֵר (ז)
emigratie (de)	hagira	הַגִירָה (נ)
emigreren (ww)	lehager	לְהַגֵר

Westen (het)	ma'arav	מַעֲרָב (ז)
Oosten (het)	mizraχ	מִזְרָח (ז)
Verre Oosten (het)	hamizraχ haraχok	הַמִזְרָח הָרָחוֹק (ז)

beschaving (de)	tsivili'zatsya	צִיבִּילִיזַצְיָה (נ)
mensheid (de)	enoʃut	אֱנוֹשוּת (נ)
wereld (de)	olam	עוֹלָם (ז)
vrede (de)	ʃalom	שָלוֹם (ז)
wereld- (abn)	olami	עוֹלָמִי

vaderland (het)	mo'ledet	מוֹלֶדֶת (נ)
volk (het)	am	עַם (ז)
bevolking (de)	oχlusiya	אוֹכְלוּסִיָה (נ)
mensen (mv.)	anaʃim	אֲנָשִים (ז"ר)
natie (de)	uma	אוּמָה (נ)
generatie (de)	dor	דוֹר (ז)
gebied (bijv. bezette ~en)	'ʃetaχ	שֶטַח (ז)
regio, streek (de)	ezor	אֵזוֹר (ז)
deelstaat (de)	medina	מְדִינָה (נ)

traditie (de)	ma'soret	מָסוֹרֶת (נ)
gewoonte (de)	minhag	מִנהָג (ז)
ecologie (de)	eko'logya	אֶקוֹלוֹגִיָה (נ)

Indiaan (de)	ind'yani	אִינדְיָאנִי (ז)
zigeuner (de)	tso'ani	צוֹעֲנִי (ז)
zigeunerin (de)	tso'aniya	צוֹעֲנִיָה (נ)
zigeuner- (abn)	tso'ani	צוֹעֲנִי

rijk (het)	im'perya	אִימפֶּרְיָה (נ)
kolonie (de)	ko'lonya	קוֹלוֹנִיָה (נ)
slavernij (de)	avdut	עַבדוּת (נ)
invasie (de)	pliʃa	פְּלִישָה (נ)
hongersnood (de)	'ra'av	רָעָב (ז)

246. Grote religieuze groepen. Bekentenissen

| religie (de) | dat | דָת (נ) |
| religieus (bn) | dati | דָתִי |

geloof (het)	emuna	אֱמוּנָה (נ)
geloven (ww)	leha'amin	לְהַאֲמִין
gelovige (de)	ma'amin	מַאֲמִין

| atheïsme (het) | ate'izm | אָתֵאִיזם (ז) |
| atheïst (de) | ate'ist | אָתֵאִיסט (ז) |

christendom (het)	natsrut	נַצְרוּת (נ)
christen (de)	notsri	נוֹצְרִי (ז)
christelijk (bn)	notsri	נוֹצְרִי

katholicisme (het)	ka'toliyut	קָתוֹלִיוּת (נ)
katholiek (de)	ka'toli	קָתוֹלִי (ז)
katholiek (bn)	ka'toli	קָתוֹלִי

protestantisme (het)	protes'tantiyut	פְּרוֹטֶסְטַנְטִיוּת (נ)
Protestante Kerk (de)	knesiya protes'tantit	כְּנֵסִיָּה פְּרוֹטֶסְטַנְטִית (נ)
protestant (de)	protestant	פְּרוֹטֶסְטַנט (ז)

orthodoxie (de)	natsrut orto'doksit	נַצְרוּת אוֹרתוֹדוֹקסִית (נ)
Orthodoxe Kerk (de)	knesiya orto'doksit	כְּנֵסִיָּה אוֹרתוֹדוֹקסִית (נ)
orthodox	orto'doksi	אוֹרתוֹדוֹקסִי

presbyterianisme (het)	presbiteryanizm	פְּרֶסבִּיטֶרְיָאנִיזם (ז)
Presbyteriaanse Kerk (de)	knesiya presviteri''anit	כְּנֵסִיָּה פְּרֶסבִּיטֶרְיָאנִית (נ)
presbyteriaan (de)	presbiter'yani	פְּרֶסבִּיטֶרְיָאנִי (ז)

| lutheranisme (het) | knesiya lute'ranit | כְּנֵסִיָּה לוּתֶרָנִית (נ) |
| lutheraan (de) | lute'rani | לוּתֶרָנִי (ז) |

| baptisme (het) | knesiya bap'tistit | כְּנֵסִיָּה בַּפּטִיסטִית (נ) |
| baptist (de) | baptist | בַּפּטִיסט (ז) |

Anglicaanse Kerk (de)	knesiya angli'kanit	כְּנֵסִיָּה אַנגלִיקָנִית (נ)
anglicaan (de)	angli'kani	אַנגלִיקָנִי (ז)
mormonisme (het)	mor'monim	מוֹרמוֹנִים (ז)
mormoon (de)	mormon	מוֹרמוֹן (ז)

| Jodendom (het) | yahadut | יַהֲדוּת (נ) |
| jood (aanhanger van het Jodendom) | yehudi, yehudiya | יְהוּדִי (ז), יְהוּדִיָּה (נ) |

| boeddhisme (het) | budhizm | בּוּדהִיזם (ז) |
| boeddhist (de) | budhist | בּוּדהִיסט (ז) |

| hindoeïsme (het) | hindu'izm | הִינדוּאִיזם (ז) |
| hindoe (de) | 'hindi | הִינדִי (ז) |

islam (de)	islam	אִיסלָאם (ז)
islamiet (de)	'muslemi	מוּסלְמִי (ז)
islamitisch (bn)	'muslemi	מוּסלְמִי

sjiisme (het)	islam 'ʃi'i	אִסלָאם שִיעִי (ז)
sjiiet (de)	'ʃi'i	שִיעִי (ז)
soennisme (het)	islam 'suni	אִסלָאם סוּנִי (ז)
soenniet (de)	'suni	סוּנִי (ז)

247. Religies. Priesters

priester (de)	'komer	פּוֹמֶר (ז)
paus (de)	apifyor	אַפִּיפְיוֹר (ז)
monnik (de)	nazir	נָזִיר (ז)
non (de)	nazira	נְזִירָה (נ)
pastoor (de)	'komer	פּוֹמֶר (ז)
abt (de)	roʃ minzar	רֹאשׁ מִנְזָר (ז)
vicaris (de)	'komer hakehila	פּוֹמֶר הַקְּהִילָה (ז)
bisschop (de)	'biʃof	בִּישׁוֹף (ז)
kardinaal (de)	χaʃman	חַשְׁמָן (ז)
predikant (de)	matif	מַטִּיף (ז)
preek (de)	hatafa, draʃa	הַטָּפָה, דְּרָשָׁה (נ)
kerkgangers (mv.)	χaver kehila	חֲבֵר קְהִילָה (ז)
gelovige (de)	ma'amin	מַאֲמִין (ז)
atheïst (de)	ate'ist	אָתֵאִיסְט (ז)

248. Geloof. Christendom. Islam

Adam	adam	אָדָם
Eva	χava	חַוָּה
God (de)	elohim	אֱלוֹהִים
Heer (de)	adonai	אֲדוֹנָי
Almachtige (de)	kol yaχol	כָּל יָכוֹל
zonde (de)	χet	חֵטְא (ז)
zondigen (ww)	laχato	לַחֲטוֹא
zondaar (de)	χote	חוֹטֵא (ז)
zondares (de)	χo'ta'at	חוֹטֵאת (נ)
hel (de)	gehinom	גֵּיהִנּוֹם (ז)
paradijs (het)	gan 'eden	גַּן עֵדֶן (ז)
Jezus	'yeʃu	יֵשׁוּ
Jezus Christus	'yeʃu hanotsri	יֵשׁוּ הַנּוֹצְרִי
Heilige Geest (de)	'ruaχ ha'kodeʃ	רוּחַ הַקּוֹדֶשׁ (נ)
Verlosser (de)	mo'ʃi'a	מוֹשִׁיעַ (ז)
Maagd Maria (de)	'miryam hakdoʃa	מִרְיָם הַקְּדוֹשָׁה
duivel (de)	satan	שָׂטָן (ז)
duivels (bn)	stani	שְׂטָנִי
Satan	satan	שָׂטָן (ז)
satanisch (bn)	stani	שְׂטָנִי
engel (de)	mal'aχ	מַלְאָךְ (ז)
beschermengel (de)	mal'aχ ʃomer	מַלְאָךְ שׁוֹמֵר (ז)
engelachtig (bn)	mal'aχi	מַלְאָכִי

apostel (de)	ʃa'liaχ	שָׁלִיחַ (ז)
aartsengel (de)	arχimalaχ	אַרְכִימַלְאָךְ (ז)
antichrist (de)	an'tikrist	אַנְטִיכְּרִיסְט (ז)

Kerk (de)	knesiya	כְּנֵסִיָּה (נ)
bijbel (de)	tanaχ	תַּנַ"ךְ (ז)
bijbels (bn)	tanaχi	תַּנַ"כִי

Oude Testament (het)	habrit hayeʃana	הַבְּרִית הַיְשָׁנָה (נ)
Nieuwe Testament (het)	habrit haχadaʃa	הַבְּרִית הַחֲדָשָׁה (נ)
evangelie (het)	evangelyon	אֱוַונְגֶלְיוֹן (ז)
Heilige Schrift (de)	kitvei ha'kodeʃ	כִּתְבֵי הַקּוֹדֶשׁ (ז"ר)
Hemel, Hemelrijk (de)	malχut ʃa'mayim, gan 'eden	מַלְכוּת שָׁמַיִם (נ), גַּן עֵדֶן (ז)

gebod (het)	mitsva	מִצְוָוה (נ)
profeet (de)	navi	נָבִיא (ז)
profetie (de)	nevu'a	נְבוּאָה (נ)

Allah	'alla	אַלְלָה
Mohammed	mu'χamad	מוּחַמַד
Koran (de)	kur'an	קוּרְאָן (ז)

moskee (de)	misgad	מִסְגָּד (ז)
moellah (de)	'mula	מוּלָא (ז)
gebed (het)	tfila	תְּפִילָה (נ)
bidden (ww)	lehitpalel	לְהִתְפַּלֵל

pelgrimstocht (de)	aliya le'regel	עֲלִיָּה לְרֶגֶל (נ)
pelgrim (de)	tsalyan	צַלְיָן (ז)
Mekka	'meka	מֶכָּה (נ)

kerk (de)	knesiya	כְּנֵסִיָּה (נ)
tempel (de)	mikdaʃ	מִקְדָשׁ (ז)
kathedraal (de)	kated'rala	קָתֶדְרָלָה (נ)
gotisch (bn)	'goti	גוֹתִי
synagoge (de)	beit 'kneset	בֵּית כְּנֶסֶת (ז)
moskee (de)	misgad	מִסְגָּד (ז)

kapel (de)	beit tfila	בֵּית תְּפִילָה (ז)
abdij (de)	minzar	מִנְזָר (ז)
nonnenklooster (het)	minzar	מִנְזָר (ז)
mannenklooster (het)	minzar	מִנְזָר (ז)

klok (de)	pa'amon	פַּעֲמוֹן (ז)
klokkentoren (de)	migdal pa'amonim	מִגְדַל פַּעֲמוֹנִים (ז)
luiden (klokken)	letsaltsel	לְצַלְצֵל

kruis (het)	tslav	צְלָב (ז)
koepel (de)	kipa	כִּיפָּה (נ)
icoon (de)	ikonin	אִיקוֹנִין (ז)

ziel (de)	neʃama	נְשָׁמָה (נ)
lot, noodlot (het)	goral	גוֹרָל (ז)
kwaad (het)	'ro'a	רוֹעַ (ז)
goed (het)	tuv	טוּב (ז)
vampier (de)	arpad	עַרְפָּד (ז)

heks (de)	maxʃefa	מְכַשֵּׁפָה (נ)
demoon (de)	ʃed	שֵׁד (ז)
geest (de)	'ruax	רוּחַ (נ)

| verzoeningsleer (de) | kapara | כַּפָּרָה (נ) |
| vrijkopen (ww) | lexaper al | לְכַפֵּר עַל |

mis (de)	'misa	מִיסָה (נ)
de mis opdragen	la'arox 'misa	לַעֲרוֹך מִיסָה
biecht (de)	vidui	וִידוּי (ז)
biechten (ww)	lehitvadot	לְהִתְוַדּוֹת

heilige (de)	kadoʃ	קָדוֹשׁ (ז)
heilig (bn)	mekudaʃ	מְקוּדָשׁ
wijwater (het)	'mayim kdoʃim	מַיִם קְדוֹשִׁים (ז״ר)

ritueel (het)	'tekes	טֶקֶס (ז)
ritueel (bn)	ʃel 'tekes	שֶׁל טֶקֶס
offerande (de)	korban	קוֹרְבָּן (ז)

bijgeloof (het)	emuna tfela	אֱמוּנָה תְּפֵלָה (נ)
bijgelovig (bn)	ma'amin emunot tfelot	מַאֲמִין אֱמוּנוֹת תְּפֵלוֹת
hiernamaals (het)	ha'olam haba	הָעוֹלָם הַבָּא (ז)
eeuwige leven (het)	xayei olam, xayei 'netsax	חַיֵּי עוֹלָם (ז״ר), חַיֵּי נֶצַח (ז״ר)

DIVERSEN

249. Diverse nuttige woorden

achtergrond (de)	'reka	רֶקַע (ז)
balans (de)	izun	אִיזוּן (ז)
basis (de)	basis	בָּסִיס (ז)
begin (het)	hatχala	הַתְחָלָה (נ)
beurt (wie is aan de ~?)	tor	תּוֹר (ז)
categorie (de)	kate'gorya	קָטֶגוֹרְיָה (נ)
comfortabel (~ bed, enz.)	'noaχ	נוֹחַ
compensatie (de)	pitsui	פִּיצוּי (ז)
deel (gedeelte)	'χelek	חֵלֶק (ז)
deeltje (het)	χelkik	חֶלְקִיק (ז)
ding (object, voorwerp)	'χefets	חֵפֶץ (ז)
dringend (bn, urgent)	daχuf	דָחוּף
dringend (bw, met spoed)	bidχifut	בִּדְחִיפוּת
effect (het)	efekt	אֶפֶקְט (ז)
eigenschap (kwaliteit)	tχuna, sgula	תְכוּנָה, סְגוּלָה (נ)
einde (het)	sof	סוֹף (ז)
element (het)	element	אֶלֶמֶנְט (ז)
feit (het)	uvda	עוּבְדָה (נ)
fout (de)	ta'ut	טָעוּת (נ)
geheim (het)	sod	סוֹד (ז)
graad (mate)	darga	דַרְגָה (נ)
groei (ontwikkeling)	gidul	גִידוּל (ז)
hindernis (de)	miχſol	מִכְשׁוֹל (ז)
hinderpaal (de)	maχsom	מַחְסוֹם (ז)
hulp (de)	ezra	עֶזְרָה (נ)
ideaal (het)	ide'al	אִידִיאָל (ז)
inspanning (de)	ma'amats	מַאֲמָץ (ז)
keuze (een grote ~)	bχina	בְּחִינָה (נ)
labyrint (het)	mavoχ	מָבוֹךְ (ז)
manier (de)	'ofen	אוֹפֶן (ז)
moment (het)	'rega	רֶגַע (ז)
nut (bruikbaarheid)	to''elet	תּוֹעֶלֶת (נ)
onderscheid (het)	'ſoni	שׁוֹנִי (ז)
ontwikkeling (de)	hitpatχut	הִתְפַּתְּחוּת (נ)
oplossing (de)	pitaron	פִּיתָרוֹן (ז)
origineel (het)	makor	מָקוֹר (ז)
pauze (de)	hafuga	הָפוּגָה (נ)
positie (de)	emda	עֶמְדָה (נ)
principe (het)	ikaron	עִיקָרוֹן (ז)

probleem (het)	be'aya	בְּעָיָה (נ)
proces (het)	tahaliҳ	תַּהֲלִיך (ז)
reactie (de)	tguva	תְּגוּבָה (נ)

reden (om ~ van)	siba	סִיבָּה (נ)
risico (het)	sikun	סִיכּוּן (ז)
samenvallen (het)	hat'ama	הַתְאָמָה (נ)
serie (de)	sidra	סִדְרָה (נ)

situatie (de)	matsav	מַצָּב (ז)
soort (bijv. ~ sport)	sug	סוּג (ז)
standaard (bn)	tikni	תִּקְנִי
standaard (de)	'teken	תָּקֶן (ז)
stijl (de)	signon	סִגְנוֹן (ז)

stop (korte onderbreking)	hafsaka	הַפְסָקָה (נ)
systeem (het)	ʃita	שִׁיטָה (נ)
tabel (bijv. ~ van Mendelejev)	tavla	טַבְלָה (נ)
tempo (langzaam ~)	'ketsev	קֶצֶב (ז)
term (medische ~en)	musag	מוּשָׂג (ז)

type (soort)	min	מִין (ז)
variant (de)	girsa	גִּירְסָה (נ)
veelvuldig (bn)	tadir	תָּדִיר
vergelijking (de)	haʃva'a	הַשְׁוָואָה (נ)
voorbeeld (het goede ~)	dugma	דּוּגְמָה (נ)

voortgang (de)	kidma	קִדְמָה (נ)
voorwerp (ding)	'etsem	עֶצֶם (ז)
vorm (uiterlijke ~)	tsura	צוּרָה (נ)
waarheid (de)	emet	אֱמֶת (נ)
zone (de)	ezor	אֵזוֹר (ז)

250. Beperkende bijwoorden. Bijvoeglijke naamwoorden. Deel 1

accuraat (uurwerk, enz.)	kapdani	קַפְּדָנִי
achter- (abn)	aҳorani	אֲחוֹרָנִי
additioneel (bn)	nosaf	נוֹסָף
anders (bn)	ʃone	שׁוֹנֶה

arm (bijv. ~e landen)	ani	עָנִי
begrijpelijk (bn)	barur	בָּרוּר
belangrijk (bn)	ҳaʃuv	חָשׁוּב
belangrijkst (bn)	haҳaʃuv beyoter	הֶחָשׁוּב בְּיוֹתֵר

beleefd (bn)	menumas	מְנוּמָס
beperkt (bn)	mugbal	מוּגְבָּל
betekenisvol (bn)	ҳaʃuv	חָשׁוּב
bijziend (bn)	ktsar re'iya	קְצַר רְאִיָה
binnen- (abn)	pnimi	פְּנִימִי

bitter (bn)	marir	מָרִיר
blind (bn)	iver	עִיוֵור
breed (een ~e straat)	raҳav	רָחָב

breekbaar (porselein, glas)	ʃavir	שָׁבִיר
buiten- (abn)	χitsoni	חִיצוֹנִי

buitenlands (bn)	zar	זָר
burgerlijk (bn)	ezraχi	אֶזְרָחִי
centraal (bn)	merkazi	מֶרְכָּזִי
dankbaar (bn)	asir toda	אָסִיר תּוֹדָה
dicht (~e mist)	tsafuf	צָפוּף

dicht (bijv. ~e mist)	samuχ	סָמוּךְ
dicht (in de ruimte)	karov	קָרוֹב
dichtbij (bn)	karov	קָרוֹב
dichtstbijzijnd (bn)	hakarov beyoter	הַקָרוֹב בְּיוֹתֵר

diepvries (~product)	kafu	קָפוּא
dik (bijv. muur)	ave	עָבֶה
dof (~ licht)	amum	עָמוּם
dom (dwaas)	tipeʃ	טִיפֵּשׁ

donker (bijv. ~e kamer)	χaʃuχ	חָשׁוּךְ
dood (bn)	met	מֵת
doorzichtig (bn)	ʃakuf	שָׁקוּף
droevig (~ blik)	atsuv	עָצוּב
droog (bn)	yaveʃ	יָבֵשׁ

dun (persoon)	raze	רָזֶה
duur (bn)	yakar	יָקָר
eender (bn)	zehe	זֶהֶה
eenvoudig (bn)	kal	קַל
eenvoudig (bn)	paʃut	פָּשׁוּט

eeuwenoude (~ beschaving)	atik	עַתִיק
enorm (bn)	anaki	עֲנָקִי
geboorte- (stad, land)	ʃel mo'ledet	שֶׁל מוֹלֶדֶת
gebruind (bn)	ʃazuf	שָׁזוּף

gelijkend (bn)	dome	דוֹמֶה
gelukkig (bn)	me'uʃar	מְאוּשָׁר
gesloten (bn)	sagur	סָגוּר
getaand (bn)	ʃaχum	שָׁחוּם

gevaarlijk (bn)	mesukan	מְסוּכָּן
gewoon (bn)	ragil	רָגִיל
gezamenlijk (~ besluit)	meʃutaf	מְשׁוּתָף
glad (~ oppervlak)	χalak	חָלָק
glad (~ oppervlak)	χalak	חָלָק

goed (bn)	tov	טוֹב
goedkoop (bn)	zol	זוֹל
gratis (bn)	χinam	חִינָם
groot (bn)	gadol	גָּדוֹל

hard (niet zacht)	kaʃe	קָשֶׁה
heel (volledig)	ʃalem	שָׁלֵם
heet (bn)	χam	חַם
hongerig (bn)	ra'ev	רָעֵב

hoofd- (abn)	raʃi	רָאשִׁי
hoogste (bn)	haga'voha beyoter	הַגָּבוֹהַ בְּיוֹתֵר
huidig (courant)	noχeχi	נוֹכְחִי
jong (bn)	tsa'ir	צָעִיר

juist, correct (bn)	naχon	נָכוֹן
kalm (bn)	ʃaket	שָׁקֵט
kinder- (abn)	yaldi	יַלְדִי
klein (bn)	katan	קָטָן
koel (~ weer)	karir	קָרִיר

kort (kortstondig)	katsar	קָצָר
kort (niet lang)	katsar	קָצָר
koud (~ water, weer)	kar	קַר
kunstmatig (bn)	melaχuti	מְלָאכוּתִי

laatst (bn)	aχaron	אַחֲרוֹן
lang (een ~ verhaal)	aroχ	אָרוֹךְ
langdurig (bn)	memuʃaχ	מְמוּשָׁךְ
lastig (~ probleem)	mesubaχ	מְסוּבָּךְ

leeg (glas, kamer)	rek	רֵיק
lekker (bn)	ta'im	טָעִים
licht (kleur)	bahir	בָּהִיר
licht (niet veel weegt)	kal	קַל

linker (bn)	smali	שְׂמָאלִי
luid (bijv. ~e stem)	ram	רָם
mager (bn)	raze	רָזֶה
mat (bijv. ~ verf)	mat	מַט
moe (bn)	ayef	עָיֵף

moeilijk (~ besluit)	kaʃe	קָשֶׁה
mogelijk (bn)	efʃari	אֶפְשָׁרִי
mooi (bn)	yafe	יָפֶה
mysterieus (bn)	mistori	מִסְתּוֹרִי

naburig (bn)	samuχ	סָמוּךְ
nalatig (bn)	meruʃal	מְרוּשָׁל
nat (~te kleding)	ratuv	רָטוּב
nerveus (bn)	atsbani	עַצְבָּנִי
niet groot (bn)	lo gadol	לֹא גָּדוֹל

niet moeilijk (bn)	lo kaʃe	לֹא קָשֶׁה
nieuw (bn)	χadaʃ	חָדָשׁ
nodig (bn)	daruʃ	דָּרוּשׁ
normaal (bn)	nor'mali	נוֹרְמָלִי

251. Beperkende bijwoorden. Bijvoeglijke naamwoorden. Deel 2

onbegrijpelijk (bn)	'bilti muvan	בִּלְתִּי מוּבָן
onbelangrijk (bn)	χasar χaʃivut	חֲסַר חֲשִׁיבוּת
onbeweeglijk (bn)	χasar tnu'a	חֲסַר תְּנוּעָה
onbewolkt (bn)	lelo ananim	לְלֹא עֲנָנִים

ondergronds (geheim)	maχtarti	מַחתַרתִי
ondiep (bn)	radud	רָדוּד
onduidelijk (bn)	lo barur	לֹא בָּרוּר
onervaren (bn)	χasar nisayon	חֲסַר נִיסָיוֹן
onmogelijk (bn)	'bilti efʃari	בִּלתִי אֶפשָרִי
onontbeerlijk (bn)	naχuʦ	נָחוּץ
onophoudelijk (bn)	mitmaʃeχ	מִתמַשֵך
ontkennend (bn)	ʃlili	שלִילִי
open (bn)	pa'tuaχ	פָּתוּחַ
openbaar (bn)	ʦiburi	צִיבּוּרִי
origineel (ongewoon)	mekori	מְקוֹרִי
oud (~ huis)	yaʃan	יָשָן
overdreven (bn)	meyutar	מְיוּתָר
passend (bn)	mat'im	מַתאִים
permanent (bn)	ka'vuʿa	קָבוּעַ
persoonlijk (bn)	prati	פּרָטִי
plat (bijv. ~ scherm)	ʃa'tuaχ	שָטוּחַ
prachtig (~ paleis, enz.)	mefo'ar	מְפוֹאָר
precies (bn)	meduyak	מְדוּיָק
prettig (bn)	na'im	נָעִים
privé (bn)	iʃi	אִישִי
punctueel (bn)	daikan	דַייקָן
rauw (niet gekookt)	χai	חַי
recht (weg, straat)	yaʃar	יָשָר
rechter (bn)	yemani	יְמָנִי
rijp (fruit)	baʃel	בָּשֵל
riskant (bn)	mesukan	מְסוּכָּן
ruim (een ~ huis)	meruvaχ	מְרוּוָח
rustig (bn)	ʃalev	שָלֵו
scherp (bijv. ~ mes)	χad	חַד
schoon (niet vies)	naki	נָקִי
slecht (bn)	ra	רַע
slim (verstandig)	pi'keaχ	פִּיקֵחַ
smal (~le weg)	ʦar	צַר
snel (vlug)	mahir	מָהִיר
somber (bn)	koder	קוֹדֵר
speciaal (bn)	meyuχad	מְיוּחָד
sterk (bn)	χazak	חָזָק
stevig (bn)	muʦak	מוּצָק
straatarm (bn)	ani	עָנִי
strak (schoenen, enz.)	ʦar	צַר
teder (liefderijk)	raχ	רַך
tegenovergesteld (bn)	negdi	נֶגדִי
tevreden (bn)	meruʦe	מְרוּצֶה
tevreden (klant, enz.)	mesupak	מְסוּפָּק
treurig (bn)	aʦuv	עָצוּב
tweedehands (bn)	meʃumaʃ	מְשוּמָש
uitstekend (bn)	meʦuyan	מְצוּיָן

uitstekend (bn)	metsuyan	מְצוּיָן
uniek (bn)	meyuχad bemino	מְיוּחָד בְּמִינוֹ
veilig (niet gevaarlijk)	ba'tuaχ	בָּטוּחַ
ver (in de ruimte)	raχok	רָחוֹק

verenigbaar (bn)	to'em	תּוֹאֵם
vermoeiend (bn)	me'ayef	מְעַיֵּף
verplicht (bn)	heχreχi	הֶכְרֵחִי
vers (~ brood)	tari	טָרִי
verschillende (bn)	kol minei	כָּל מִינֵי

verst (meest afgelegen)	raχok	רָחוֹק
vettig (voedsel)	ʃamen	שָׁמֵן
vijandig (bn)	oyen	עוֹיֵן
vloeibaar (bn)	nozli	נוֹזְלִי
vochtig (bn)	laχ	לַח
vol (helemaal gevuld)	male	מָלֵא

volgend (~ jaar)	haba	הַבָּא
voorbij (bn)	ʃe'avar	שֶׁעָבַר
voornaamste (bn)	ikari	עִיקָרִי
vorig (~ jaar)	ʃe'avar	שֶׁעָבַר
vorig (bijv. ~e baas)	kodem	קוֹדֵם

vriendelijk (aardig)	neχmad	נֶחְמָד
vriendelijk (goedhartig)	tov	טוֹב
vrij (bn)	χofʃi	חוֹפְשִׁי
vrolijk (bn)	sa'meaχ	שָׂמֵחַ
vruchtbaar (~ land)	pore	פּוֹרֶה

vuil (niet schoon)	meluχlaχ	מְלוּכְלָךְ
waarschijnlijk (bn)	efʃari	אֶפְשָׁרִי
warm (bn)	χamim	חָמִים
wettelijk (bn)	χuki	חוּקִי
zacht (bijv. ~ kussen)	raχ	רַךְ

zacht (bn)	ʃaket	שָׁקֵט
zeldzaam (bn)	nadir	נָדִיר
ziek (bn)	χole	חוֹלֶה
zoet (~ water)	metukim	מְתוּקִים
zoet (bn)	matok	מָתוֹק

zonnig (~e dag)	ʃimʃi	שִׁמְשִׁי
zorgzaam (bn)	do'eg	דּוֹאֵג
zout (de soep is ~)	ma'luaχ	מָלוּחַ
zuur (smaak)	χamuts	חָמוּץ
zwaar (~ voorwerp)	kaved	כָּבֵד

DE 500 BELANGRIJKSTE WERKWOORDEN

252. Werkwoorden A-C

aaien (bijv. een konijn ~)	lelatef	לְלַטֵף
aanbevelen (ww)	lehamlits	לְהַמְלִיץ
aandringen (ww)	lehit'akeʃ	לְהִתְעַקֵּשׁ
aankomen (ov. de treinen)	leha'gi'a	לְהַגִּיעַ
aanleggen (bijv. bij de pier)	la'agon	לַעֲגוֹן
aanraken (met de hand)	lin'go'a	לִנְגוֹעַ
aansteken (kampvuur, enz.)	lehadlik	לְהַדְלִיק
aanstellen (in functie plaatsen)	lemanot	לְמַנּוֹת
aanvallen (mil.)	litkof	לִתְקוֹף
aanvoelen (gevaar ~)	laχuʃ	לָחוּשׁ
aanvoeren (leiden)	la'amod beroʃ	לַעֲמוֹד בְּרֹאשׁ
aanwijzen (de weg ~)	lenatev	לְנַתֵּב
aanzetten (computer, enz.)	lehadlik	לְהַדְלִיק
ademen (ww)	linʃom	לִנְשׁוֹם
adverteren (ww)	lefarsem	לְפַרְסֵם
adviseren (ww)	leya'ets	לְיָיֵץ
afdalen (on.ww.)	la'redet	לָרֶדֶת
afgunstig zijn (ww)	lekane	לְקַנֵּא
afhakken (ww)	liχrot	לִכְרוֹת
afhangen van ...	lihyot talui be...	לִהְיוֹת תָּלוּי בְּ...
afluisteren (ww)	leha'azin be'seter	לְהַאֲזִין בְּסֵתֶר
afnemen (verwijderen)	lehorid	לְהוֹרִיד
afrukken (ww)	litloʃ	לִתְלוֹשׁ
afslaan (naar rechts ~)	lifnot	לִפְנוֹת
afsnijden (ww)	laχtoχ	לַחְתּוֹךְ
afzeggen (ww)	levatel	לְבַטֵּל
amputeren (ww)	lik'to'a	לִקְטוֹעַ
amuseren (ww)	levader	לְבַדֵּר
antwoorden (ww)	la'anot	לַעֲנוֹת
applaudisseren (ww)	limχo ka'payim	לִמְחוֹא כַּפַּיִם
aspireren (iets willen worden)	liʃof	לִשְׁאוֹף
assisteren (ww)	la'azor	לַעֲזוֹר
bang zijn (ww)	lefaχed	לְפַחֵד
barsten (plafond, enz.)	lehisadek	לְהִיסָּדֵק
bedienen (in restaurant)	leʃaret	לְשָׁרֵת
bedreigen (bijv. met een pistool)	le'ayem	לְאַיֵּם

bedriegen (ww)	leramot	לְרַמּוֹת
beduiden (betekenen)	lomar	לוֹמַר
bedwingen (ww)	lerasen	לְרַסֵּן
beëindigen (ww)	lesayem	לְסַיֵּם
begeleiden (vergezellen)	lelavot	לְלַוּוֹת
begieten (water geven)	lehaʃkot	לְהַשְׁקוֹת
beginnen (ww)	lehatχil	לְהַתְחִיל
begrijpen (ww)	lehavin	לְהָבִין
behandelen (patiënt, ziekte)	letapel be...	לְטַפֵּל בְּ...
beheren (managen)	lenahel	לְנַהֵל
beïnvloeden (ww)	lehaʃpi'a	לְהַשְׁפִּיעַ
bekennen (misdadiger)	lehodot be...	לְהוֹדוֹת בְּ...
beledigen (met scheldwoorden)	leha'aliv	לְהַעֲלִיב
beledigen (ww)	lif'go'a	לִפְגּוֹעַ
beloven (ww)	lehav'tiaχ	לְהַבְטִיחַ
beperken (de uitgaven ~)	lehagbil	לְהַגְבִּיל
bereiken (doel ~, enz.)	lehasig	לְהַשִּׂיג
bereiken (plaats van bestemming ~)	lehasig	לְהַשִּׂיג
beschermen (bijv. de natuur ~)	liʃmor	לִשְׁמוֹר
beschuldigen (ww)	leha'aʃim	לְהַאֲשִׁים
beslissen (~ iets te doen)	lehaχlit	לְהַחְלִיט
besmet worden (met ...)	lehibadek	לְהִידָּבֵק
besmetten (ziekte overbrengen)	lehadbik	לְהַדְבִּיק
bespreken (spreken over)	ladun	לָדוּן
bestaan (een ~ voeren)	liχyot	לִחְיוֹת
bestellen (eten ~)	lehazmin	לְהַזְמִין
bestraffen (een stout kind ~)	leha'aniʃ	לְהַעֲנִישׁ
betalen (ww)	leʃalem	לְשַׁלֵּם
betekenen (beduiden)	lomar	לוֹמַר
betreuren (ww)	lehitsta'er	לְהִצְטַעֵר
bevallen (prettig vinden)	limtso χen be'ei'nayim	לִמְצֹא חֵן בְּעֵינַיִים
bevelen (mil.)	lifkod	לִפְקוֹד
bevredigen (ww)	lesapek	לְסַפֵּק
bevrijden (stad, enz.)	leʃaχrer	לְשַׁחְרֵר
bewaren (oude brieven, enz.)	liʃmor	לִשְׁמוֹר
bewaren (vrede, leven)	leʃamer	לְשַׁמֵּר
bewijzen (ww)	leho'χiaχ	לְהוֹכִיחַ
bewonderen (ww)	lehitpa'el	לְהִתְפָּעֵל
bezitten (ww)	lihyot 'ba'al ʃel	לִהְיוֹת בַּעַל שֶׁל
bezorgd zijn (ww)	lid'og	לִדְאוֹג
bezorgd zijn (ww)	lid'og	לִדְאוֹג
bidden (praten met God)	lehitpalel	לְהִתְפַּלֵּל
bijvoegen (ww)	lehosif	לְהוֹסִיף

binden (ww)	likʃor	לִקְשׁוֹר
binnengaan (een kamer ~)	lehikanes	לְהִיכָּנֵס
blazen (ww)	linʃov	לִנְשׁוֹב
blozen (zich schamen)	lehasmik	לְהַסְמִיק
blussen (brand ~)	leχabot	לְכַבּוֹת
boos maken (ww)	lehargiz	לְהַרְגִּיז
boos zijn (ww)	lehitragez	לְהִתְרַגֵּז
breken	lehikara	לְהִיקָּרַע
(on.ww., van een touw)		
breken (speelgoed, enz.)	liʃbor	לִשְׁבּוֹר
brengen (iets ergens ~)	lehavi	לְהָבִיא
charmeren (ww)	lehaksim	לְהַקְסִים
citeren (ww)	letsatet	לְצַטֵּט
compenseren (ww)	lefatsot	לְפַצּוֹת
compliceren (ww)	lesabeχ	לְסַבֵּךְ
componeren (muziek ~)	lehalχin	לְהַלְחִין
compromitteren (ww)	lehav'iʃ et reχo	לְהַבְאִישׁ אֶת רֵיחוֹ
concurreren (ww)	lehitχarot	לְהִתְחָרוֹת
controleren (ww)	liʃlot	לִשְׁלוֹט
coöpereren (samenwerken)	leʃatef pe'ula	לְשַׁתֵּף פְּעוּלָה
coördineren (ww)	leta'em	לְתָאֵם
corrigeren (fouten ~)	letaken	לְתַקֵּן
creëren (ww)	litsor	לִיצוֹר

253. Werkwoorden D-K

danken (ww)	lehodot	לְהוֹדוֹת
de was doen	leχabes	לְכַבֵּס
de weg wijzen	leχaven	לְכַוֵּון
deelnemen (ww)	lehiʃtatef	לְהִשְׁתַּתֵּף
delen (wisk.)	leχalek	לְחַלֵּק
denken (ww)	laχʃov	לַחְשׁוֹב
doden (ww)	laharog	לַהֲרוֹג
doen (ww)	la'asot	לַעֲשׂוֹת
dresseren (ww)	le'alef	לְאַלֵּף
drinken (ww)	liʃtot	לִשְׁתּוֹת
drogen (klederen, haar)	leyabeʃ	לְיַבֵּשׁ
dromen (in de slaap)	laχalom	לַחֲלוֹם
dromen (over vakantie ~)	laχalom	לַחֲלוֹם
duiken (ww)	litslol	לִצְלוֹל
durven (ww)	leha'ez	לְהָעֵז
duwen (ww)	lidχof	לִדְחוֹף
een auto besturen	linhog	לִנְהוֹג
een bad geven	lirχots	לִרְחוֹץ
een bad nemen	lehitraχets	לְהִתְרַחֵץ
een conclusie trekken	lehasik	לְהַסִּיק

een foto maken (ww)	letsalem	לְצַלֵם
eisen (met klem vragen)	lidroʃ	לִדְרוֹש
erkennen (schuld)	lehakir be...	...בְּ לְהַכִּיר
erven (ww)	la'refet	לָרֶשֶׁת
eten (ww)	le'eχol	לֶאֱכוֹל
excuseren (vergeven)	lis'loaχ	לִסְלוֹחַ
existeren (bestaan)	lehitkayem	לְהִתְקַיֵּם
feliciteren (ww)	levareχ	לְבָרֵךְ
gaan (te voet)	la'leχet	לָלֶכֶת
gaan slapen	liʃkav liʃon	לִשְׁכַּב לִישׁוֹן
gaan zitten (ww)	lehityaʃev	לְהִתְיַשֵּׁב
gaan zwemmen	lehitraχets	לְהִתְרַחֵץ
garanderen (garantie geven)	lehav'tiaχ	לְהַבְטִיחַ
gebruiken (bijv. een potlood ~)	lehiʃtameʃ be...	...בְּ לְהִשְׁתַּמֵּשׁ
gebruiken (woord, uitdrukking)	lehiʃtameʃ be...	...בְּ לְהִשְׁתַּמֵּשׁ
geconserveerd zijn (ww)	lehiʃtamer	לְהִשְׁתַּמֵּר
gedateerd zijn (ww)	leta'areχ	לְתַאֲרֵךְ
gehoorzamen (ww)	letsayet	לְצַיֵּת
gelijken (op elkaar lijken)	lihyot dome	לִהְיוֹת דּוֹמֶה
geloven (vinden)	leha'amin	לְהַאֲמִין
genoeg zijn (ww)	lehasmik	לְהַסְמִיק
geven (ww)	latet	לָתֵת
gieten (in een beker ~)	limzog	לִמְזוֹג
glimlachen (ww)	leχayeχ	לְחַיֵּךְ
glimmen (glanzen)	lizhor	לִזְהוֹר
gluren (ww)	lehatsits	לְהָצִיץ
goed raden (ww)	lenaχeʃ	לְנַחֵשׁ
gooien (een steen, enz.)	lizrok	לִזְרוֹק
grappen maken (ww)	lehitba'deaχ	לְהִתְבַּדֵּחַ
graven (tunnel, enz.)	laχpor	לַחְפּוֹר
haasten (iemand ~)	lezarez	לְזָרֵז
hebben (ww)	lehaχzik	לְהַחֲזִיק
helpen (hulp geven)	la'azor	לַעֲזוֹר
herhalen (opnieuw zeggen)	laχazor al	לַחֲזוֹר עַל
herinneren (ww)	lizkor	לִזְכּוֹר
herinneren aan ... (afspraak, opdracht)	lehazkir	לְהַזְכִּיר
herkennen (identificeren)	lezahot	לְזַהוֹת
herstellen (repareren)	letaken	לְתַקֵּן
het haar kammen	lehistarek	לְהִסְתָּרֵק
hopen (ww)	lekavot	לְקַוּוֹת
horen (waarnemen met het oor)	liʃmo'a	לִשְׁמוֹעַ
houden van (muziek, enz.)	le'ehov	לֶאֱהוֹב
huilen (wenen)	livkot	לִבְכּוֹת
huiveren (ww)	lir'od	לִרְעוֹד

233

huren (een boot ~)	liskor	לִשְׂכֹּר
huren (huis, kamer)	liskor	לִשְׂכֹּר
huren (personeel)	leha'asik	לְהַעֲסִיק
imiteren (ww)	leχakot	לְחַקּוֹת

importeren (ww)	leyabe	לְיַבֵּא
inenten (vaccineren)	leχasen	לְחַסֵּן
informeren (informatie geven)	leho'dia	לְהוֹדִיעַ
informeren naar ... (navraag doen)	levarer	לְבָרֵר
inlassen (invoegen)	lehaχnis	לְהַכְנִיס

inpakken (in papier)	le'eroz	לֶאֱרֹז
inspireren (ww)	lehalhiv	לְהַלְהִיב
instemmen (akkoord gaan)	lehaskim	לְהַסְכִּים
interesseren (ww)	le'anyen	לְעַנְיֵן

irriteren (ww)	le'atsben	לְעַצְבֵּן
isoleren (ww)	levoded	לְבוֹדֵד
jagen (ww)	latsud	לָצוּד
kalmeren (kalm maken)	lehar'gi'a	לְהַרְגִּיעַ

kennen (kennis hebben van iemand)	lehakir et	לְהַכִּיר אֶת
kennismaken (met ...)	lehakir	לְהַכִּיר
kiezen (ww)	livχor	לִבְחוֹר
kijken (ww)	lehistakel	לְהִסְתַּכֵּל

klaarmaken (een plan ~)	lehaχin	לְהָכִין
klaarmaken (het eten ~)	levaʃel	לְבַשֵּׁל
klagen (ww)	lehitlonen	לְהִתְלוֹנֵן
kloppen (aan een deur)	lidfok	לִדְפֹּק

kopen (ww)	liknot	לִקְנוֹת
kopieën maken	leʃaχpel	לְשַׁכְפֵּל
kosten (ww)	la'alot	לַעֲלוֹת
kunnen (ww)	yaχol	יָכוֹל
kweken (planten ~)	legadel	לְגַדֵּל

254. Werkwoorden L-R

lachen (ww)	litsχok	לִצְחוֹק
laden (geweer, kanon)	lit'on	לִטְעוֹן
laden (vrachtwagen)	leha'amis	לְהַעֲמִיס
laten vallen (ww)	lehapil	לְהַפִּיל

lenen (geld ~)	lilvot	לִלְווֹת
leren (lesgeven)	lelamed	לְלַמֵּד
leven (bijv. in Frankrijk ~)	lagur	לָגוּר
lezen (een boek ~)	likro	לִקְרוֹא

lid worden (ww)	lehitstaref	לְהִצְטָרֵף
liefhebben (ww)	le'ehov	לֶאֱהֹב
liegen (ww)	leʃaker	לְשַׁקֵּר

liggen (op de tafel ~)	lihyot munaχ	לִהְיוֹת מוּנָח
liggen (persoon)	liʃkav	לִשְׁכַּב
lijden (pijn voelen)	lisbol	לִסְבּוֹל
losbinden (ww)	lehatir 'keʃer	לְהַתִּיר קֶשֶׁר
luisteren (ww)	lehakʃiv	לְהַקְשִׁיב
lunchen (ww)	le'eχol aruχat tsaha'rayim	לָאֱכוֹל אֲרוּחַת צָהֳרַיִם
markeren (op de kaart, enz.)	lesamen	לְסַמֵּן
melden (nieuws ~)	leya'de'a	לְיַידֵעַ
memoriseren (ww)	lizkor	לִזְכּוֹר
mengen (ww)	le'arbev	לְעַרְבֵּב
mikken op (ww)	leχaven	לְכַוֵּון
minachten (ww)	lezalzel be...	לְזַלְזֵל בְּ...
moeten (ww)	lihyot χayav	לִהְיוֹת חַיָּיב
morsen (koffie, enz.)	liʃpoχ	לִשְׁפּוֹךְ
naderen (dichterbij komen)	lehitkarev	לְהִתְקָרֵב
neerlaten (ww)	lehorid	לְהוֹרִיד
nemen (ww)	la'kaχat	לָקַחַת
nodig zijn (ww)	lehidareʃ	לְהִידָרֵשׁ
noemen (ww)	likro	לִקְרוֹא
noteren (opschrijven)	lesamen	לְסַמֵּן
omhelzen (ww)	leχabek	לְחַבֵּק
omkeren (steen, voorwerp)	lahafoχ	לַהֲפוֹךְ
onderhandelen (ww)	laset velatet	לָשֵׂאת וְלָתֵת
ondernemen (ww)	linkot	לִנְקוֹט
onderschatten (ww)	leham'it be"ereχ	לְהַמְעִיט בְּעֵרֶךְ
onderscheiden (een ereteken geven)	leha'anik	לְהַעֲנִיק
onderstrepen (ww)	lehadgiʃ	לְהַדְגִּישׁ
ondertekenen (ww)	laχtom	לַחְתּוֹם
onderwijzen (ww)	lehadriχ	לְהַדְרִיךְ
onderzoeken (alle feiten, enz.)	livχon	לִבְחוֹן
ongerust maken (ww)	lehad'ig	לְהַדְאִיג
onmisbaar zijn (ww)	lehidareʃ	לְהֵידָרֵשׁ
ontbijten (ww)	le'eχol aruχat 'boker	לָאֱכוֹל אֲרוּחַת בּוֹקֶר
ontdekken (bijv. nieuw land)	legalot	לְגַלּוֹת
ontkennen (ww)	liʃlol	לִשְׁלוֹל
ontlopen (gevaar, taak)	lehimana	לְהִימָנַע
ontnemen (ww)	liʃlol	לִשְׁלוֹל
ontwerpen (machine, enz.)	letaχnen	לְתַכְנֵן
oorlog voeren (ww)	lehilaχem	לְהִילָחֵם
op orde brengen	lesader	לְסַדֵּר
opbergen (in de kast, enz.)	lefanot	לְפַנּוֹת
opduiken (ov. een duikboot)	latsuf	לָצוּף
openen (ww)	lif'toaχ	לִפְתּוֹחַ
ophangen (bijv. gordijnen ~)	litlot	לִתְלוֹת

ophouden (ww)	lehafsik	לְהַפְסִיק
oplossen (een probleem ~)	liftor	לִפְתוֹר
opmerken (zien)	lasim lev	לָשִׂים לֵב
opmerken (zien)	lir'ot	לִרְאוֹת
opscheppen (ww)	lehitravrev	לְהִתְרַבְרֵב
opschrijven (op een lijst)	lehosif	לְהוֹסִיף
opschrijven (ww)	lirʃom	לִרְשׁוֹם
opstaan (uit je bed)	lakum	לָקוּם
opstarten (project, enz.)	lehaf'il	לְהַפְעִיל
opstijgen (vliegtuig)	lehamri	לְהַמְרִיא
optreden (resoluut ~)	lif'ol	לִפְעוֹל
organiseren (concert, feest)	le'argen	לְאַרְגֵּן
overdoen (ww)	la'asot meχadaʃ	לַעֲשׂוֹת מֵחָדָשׁ
overheersen (dominant zijn)	ligbor	לִגְבּוֹר
overschatten (ww)	leha'ariχ 'yeter al hamida	לְהַעֲרִיךְ יָתֵר עַל הַמִּידָה
overtuigd worden (ww)	lehiʃtaχ'ne'a	לְהִשְׁתַּכְנֵעַ
overtuigen (ww)	leʃaχ'ne'a	לְשַׁכְנֵעַ
passen (jurk, broek)	lehat'im	לְהַתְאִים
passeren	la'avor	לַעֲבוֹר
(~ mooie dorpjes, enz.)		
peinzen (lang nadenken)	liʃko'a bemaχʃavot	לִשְׁקוֹעַ בְּמַחֲשָׁבוֹת
penetreren (ww)	laχdor	לַחְדּוֹר
plaatsen (ww)	lasim	לָשִׂים
plaatsen (zetten)	la'aroχ	לַעֲרוֹךְ
plannen (ww)	letaχnen	לְתַכְנֵן
plezier hebben (ww)	lehanot	לֵיהָנוֹת
plukken (bloemen ~)	liktof	לִקְטוֹף
prefereren (verkiezen)	leha'adif	לְהַעֲדִיף
proberen (trachten)	lenasot	לְנַסּוֹת
proberen (trachten)	lenasot	לְנַסּוֹת
protesteren (ww)	limχot	לִמְחוֹת
provoceren (uitdagen)	lehitgarot	לְהִתְגָּרוֹת
raadplegen (dokter, enz.)	lehitya'ets im	לְהִתְיָיעֵץ עִם
rapporteren (ww)	leda'veaχ	לְדַוֵּוחַ
redden (ww)	lehatsil	לְהַצִּיל
regelen (conflict)	lesader	לְסַדֵּר
reinigen (schoonmaken)	lenakot	לְנַקּוֹת
rekenen op ...	lismoχ al	לִסְמוֹךְ עַל
rennen (ww)	laruts	לָרוּץ
reserveren	leʃaryen	לְשַׁרְיֵין
(een hotelkamer ~)		
rijden (per auto, enz.)	lin'so'a	לִנְסוֹעַ
rillen (ov. de kou)	lir'od	לִרְעוֹד
riskeren (ww)	la'kaχat sikun	לָקַחַת סִיכּוּן
roepen (met je stem)	likro le...	לִקְרוֹא לְ...
roepen (om hulp)	likro	לִקְרוֹא

ruiken (bepaalde geur verspreiden)	leha'riaχ	לְהָרִים
ruiken (rozen)	leha'riaχ	לְהָרִים
rusten (verpozen)	la'nuaχ	לָנוּחַ

255. Verbs S-V

samenstellen, maken (een lijst ~)	lena'seaχ, la'aroχ	לְנַסֵּחַ, לַעֲרֹךְ
schieten (ww)	lirot	לִירוֹת
schoonmaken (bijv. schoenen ~)	lenakot	לְנַקּוֹת
schoonmaken (ww)	lesader	לְסַדֵּר
schrammen (ww)	lisrot	לִשְׂרֹט
schreeuwen (ww)	lits'ok	לִצְעוֹק
schrijven (ww)	liχtov	לִכְתּוֹב
schudden (ww)	lena'er	לְנַעֵר
selecteren (ww)	livχor	לִבְחוֹר
simplificeren (ww)	lefaʃet	לְפַשֵּׁט
slaan (een hond ~)	lehakot	לְהַכּוֹת
sluiten (ww)	lisgor	לִסְגּוֹר
smeken (bijv. om hulp ~)	lehitχanen	לְהִתְחַנֵּן
souperen (ww)	le'eχol aruχat 'erev	לֶאֱכֹל אֲרוּחַת עֶרֶב
spelen (bijv. filmacteur)	lesaχek	לְשַׂחֵק
spelen (kinderen, enz.)	lesaχek	לְשַׂחֵק
spreken met ...	ledaber	לְדַבֵּר
spuwen (ww)	lirok	לִירוֹק
stelen (ww)	lignov	לִגְנוֹב
stemmen (verkiezing)	lehats'bi'a	לְהַצְבִּיעַ
steunen (een goed doel, enz.)	litmoχ be...	לִתְמֹךְ בְּ...
stoppen (pauzeren)	la'atsor	לַעֲצוֹר
storen (lastigvallen)	lehatrid	לְהַטְרִיד
strijden (tegen een vijand)	lehilaχem	לְהִילָחֵם
strijden (ww)	lehilaχem	לְהִילָחֵם
strijken (met een strijkbout)	legahets	לְגַהֵץ
studeren (bijv. wiskunde ~)	lilmod	לִלְמוֹד
sturen (zenden)	liʃ'loaχ	לִשְׁלוֹחַ
tellen (bijv. geld ~)	lispor	לִסְפּוֹר
terugkeren (ww)	laʃuv	לָשׁוּב
terugsturen (ww)	liʃ'loaχ baχazara	לִשְׁלוֹחַ בַּחֲזָרָה
toebehoren aan ...	lehiʃtayeχ	לְהִשְׁתַּיֵּךְ
toegeven (zwichten)	levater	לְוַתֵּר
toenemen (on. ww)	ligdol	לִגְדּוֹל
toespreken (zich tot iemand richten)	lifnot el	לִפְנוֹת אֶל

237

toestaan (goedkeuren)	leharʃot	לְהַרְשׁוֹת
toestaan (ww)	leharʃot	לְהַרְשׁוֹת

toewijden (boek, enz.)	lehakdiʃ	לְהַקְדִּישׁ
tonen (uitstallen, laten zien)	lehar'ot	לְהַרְאוֹת
trainen (ww)	le'amen	לְאַמֵּן
transformeren (ww)	leʃanot tsura	לְשַׁנּוֹת צוּרָה

trekken (touw)	limʃoχ	לִמְשׁוֹךְ
trouwen (ww)	lehitχaten	לְהִתְחַתֵּן
tussenbeide komen (ww)	lehit'arev	לְהִתְעָרֵב
twijfelen (onzeker zijn)	lefakpek	לְפַקְפֵּק

uitdelen (pamfletten ~)	leχalek	לְחַלֵּק
uitdoen (licht)	leχabot	לְכַבּוֹת
uitdrukken (opinie, gevoel)	levate	לְבַטֵּא
uitgaan (om te dineren, enz.)	latset	לָצֵאת
uitlachen (bespotten)	lil'og	לִלְעוֹג

uitnodigen (ww)	lehazmin	לְהַזְמִין
uitrusten (ww)	letsayed	לְצַיֵּד
uitsluiten (wegsturen)	lesalek	לְסַלֵּק
uitspreken (ww)	levate	לְבַטֵּא

uittorenen (boven ...)	lehitromem	לְהִתְרוֹמֵם
uitvaren tegen (ww)	linzof	לִנְזוֹף
uitvinden (machine, enz.)	lehamtsi	לְהַמְצִיא
uitwissen (ww)	limχok	לִמְחוֹק

vangen (ww)	litfos	לִתְפּוֹס
vastbinden aan ...	likʃor	לִקְשׁוֹר
vechten (ww)	lehitkotet	לְהִתְקוֹטֵט
veranderen (bijv. mening ~)	leʃanot	לְשַׁנּוֹת

verbaasd zijn (ww)	lehitpale	לְהִתְפַּלֵּא
verbazen (verwonderen)	lehaf'ti'a	לְהַפְתִּיעַ
verbergen (ww)	lehastir	לְהַסְתִּיר
verbieden (ww)	le'esor	לֶאֱסוֹר

verblinden (andere chauffeurs)	lisanver	לְסַנְוֵר
verbouwereerd zijn (ww)	lit'moha	לִתְמוֹהַ
verbranden (bijv. papieren ~)	lisrof	לִשְׂרוֹף
verdedigen (je land ~)	lehagen	לְהָגֵן

verdenken (ww)	laχʃod	לַחְשׁוֹד
verdienen (een complimentje, enz.)	lihyot ra'ui	לִהְיוֹת רָאוּי
verdragen (tandpijn, enz.)	lisbol	לִסְבּוֹל
verdrinken (in het water omkomen)	lit'bo'a	לִטְבּוֹעַ

verdubbelen (ww)	lehaχpil	לְהַכְפִּיל
verdwijnen (ww)	lehe'alem	לְהֵיעָלֵם
verenigen (ww)	le'aχed	לְאַחֵד
vergelijken (ww)	lehaʃvot	לְהַשְׁווֹת

vergeten (achterlaten)	lehaſir	לְהַשְׁאִיר
vergeten (ww)	liſ'koaχ	לִשְׁכּוֹחַ
vergeven (ww)	lis'loaχ	לִסְלוֹחַ
vergroten (groter maken)	lehagdil	לְהַגְדִיל
verklaren (uitleggen)	lehasbir	לְהַסְבִּיר

verklaren (volhouden)	lit'on	לִטְעוֹן
verklikken (ww)	lehalſim	לְהַלְשִׁין
verkopen (per stuk ~)	limkor	לִמְכּוֹר
verlaten (echtgenoot, enz.)	la'azov	לַעֲזוֹב
verlichten (gebouw, straat)	leha'ir	לְהָאִיר

verlichten (gemakkelijker maken)	lehakel al	לְהָקֵל עַל
verliefd worden (ww)	lehit'ahev	לְהִתְאַהֵב
verliezen (bagage, enz.)	le'abed	לְאַבֵּד
vermelden (praten over)	lehazkir	לְהַזְכִּיר

vermenigvuldigen (wisk.)	lehaχpil	לְהַכְפִּיל
verminderen (ww)	lehaktin	לְהַקְטִין
vermoeid raken (ww)	lehit'ayef	לְהִתְעַיֵּף
vermoeien (ww)	le'ayef	לְעַיֵּף

256. Verbs V-Z

vernietigen (documenten, enz.)	leχasel	לְחַסֵל
veronderstellen (ww)	leſa'er	לְשַׁעֵר
verontwaardigd zijn (ww)	lehitra'em	לְהִתְרַעֵם
veroordelen (in een rechtszaak)	ligzor din	לִגְזוֹר דִּין

veroorzaken ... (oorzaak zijn van ...)	ligrom le...	לִגְרוֹם לְ...
verplaatsen (ww)	lehaziz	לְהָזִיז
verpletteren (een insect, enz.)	lirmos	לִרְמוֹס
verplichten (ww)	lehaχ'riaχ	לְהַכְרִיחַ
verschijnen (bijv. boek)	laſset le'or	לָצֵאת לְאוֹר

verschijnen (in zicht komen)	leho'fi'a	לְהוֹפִיעַ
verschillen (~ van iets anders)	lehibadel	לְהִיבָּדֵל
versieren (decoreren)	lekaſet	לְקַשֵּׁט
verspreiden (pamfletten, enz.)	lehafits	לְהָפִיץ

verspreiden (reuk, enz.)	lehafits	לְהָפִיץ
versterken (positie ~)	leχazek	לְחַזֵּק
verstommen (ww)	lehiſtatek	לְהִשְׁתַּתֵּק
vertalen (ww)	letargem	לְתַרְגֵּם
vertellen (verhaal ~)	lesaper	לְסַפֵּר
vertrekken (bijv. naar Mexico ~)	la'azov	לַעֲזוֹב

vertrouwen (ww)	liv'toaχ	לִבְטוֹחַ
vervolgen (ww)	lehamʃiχ	לְהַמְשִׁיךְ
verwachten (ww)	letsapot	לְצַפּוֹת

verwarmen (ww)	leχamem	לְחַמֵּם
verwarren (met elkaar ~)	lehitbalbel	לְהִתְבַּלְבֵּל
verwelkomen (ww)	lomar ʃalom	לוֹמַר שָׁלוֹם
verwezenlijken (ww)	lehagʃim	לְהַגְשִׁים

verwijderen (een obstakel)	lehasir	לְהָסִיר
verwijderen (een vlek ~)	lehasir	לְהָסִיר
verwijten (ww)	linzof	לִנְזוֹף
verwisselen (ww)	lehaχlif	לְהַחְלִיף
verzoeken (ww)	levakeʃ	לְבַקֵּשׁ

verzuimen (school, enz.)	lehaχsir	לְהַחְסִיר
vies worden (ww)	lehitlaχleχ	לְהִתְלַכְלֵךְ
vinden (denken)	lisbor	לִסְבּוֹר
vinden (ww)	limtso	לִמְצוֹא

vissen (ww)	ladug	לָדוּג
vleien (ww)	lehaχnif	לְהַחֲנִיף
vliegen (vogel, vliegtuig)	la'uf	לָעוּף
voederen	leha'aχil	לְהַאֲכִיל
(een dier voer geven)		

volgen (ww)	la'akov aχarei	לַעֲקוֹב אַחֲרֵי
voorstellen (introduceren)	lehatsig	לְהַצִּיג
voorstellen (Mag ik jullie ~)	lehatsig	לְהַצִּיג
voorstellen (ww)	leha'tsi'a	לְהַצִּיעַ

voorzien (verwachten)	laχazot	לַחֲזוֹת
vorderen (vooruitgaan)	lehitkadem	לְהִתְקַדֵּם
vormen (samenstellen)	le'atsev	לְעַצֵּב
vullen (glas, fles)	lemale	לְמַלֵּא

waarnemen (ww)	litspot, lehaʃkif	לִצְפּוֹת, לְהַשְׁקִיף
waarschuwen (ww)	lehazhir	לְהַזְהִיר
wachten (ww)	lehamtin	לְהַמְתִּין
wassen (ww)	liʃtof	לִשְׁטוֹף

weerspreken (ww)	lehitnaged	לְהִתְנַגֵּד
wegdraaien (ww)	lehafnot 'oref le...	לְהַפְנוֹת עוֹרֶף לְ...
wegdragen (ww)	lehotsi	לְהוֹצִיא
wegen (gewicht hebben)	liʃkol	לִשְׁקוֹל

wegjagen (ww)	legareʃ	לְגָרֵשׁ
weglaten (woord, zin)	lehaʃmit	לְהַשְׁמִיט
wegvaren	lehaflig	לְהַפְלִיג
(uit de haven vertrekken)		
weigeren (iemand ~)	lesarev	לְסָרֵב

wekken (ww)	leha'ir	לְהָעִיר
wensen (ww)	lirtsot	לִרְצוֹת
werken (ww)	la'avod	לַעֲבוֹד
weten (ww)	la'da'at	לָדַעַת

willen (verlangen)	lirtsot	לִרְצוֹת
wisselen (omruilen, iets ~)	lehitχalef	לְהִתְחַלֵּף
worden (bijv. oud ~)	lahafoχ le…	לַהֲפוֹךְ לְ…
worstelen (sport)	lehe'avek	לְהֵיאָבֵק
wreken (ww)	linkom	לִנְקוֹם

zaaien (zaad strooien)	liz'ro'a	לִזְרוֹעַ
zeggen (ww)	lomar	לוֹמַר
zich baseerd op	lehitbases	לְהִתְבַּסֵּס
zich bevrijden van … (afhelpen)	lehipater mi…	לְהִיפָּטֵר מִ…

zich concentreren (ww)	lehitrakez	לְהִתְרַכֵּז
zich ergeren (ww)	lehitragez	לְהִתְרַגֵּז
zich gedragen (ww)	lehitnaheg	לְהִתְנַהֵג
zich haasten (ww)	lemaher	לְמַהֵר
zich herinneren (ww)	lehizaχer	לְהִיזָכֵר

zich herstellen (ww)	lehaχlim	לְהַחְלִים
zich indenken (ww)	ledamyen	לְדַמְיֵין
zich interesseren voor …	lehit'anyen	לְהִתְעַנְיֵין
zich scheren (ww)	lehitga'leaχ	לְהִתְגַּלֵּחַ

zich trainen (ww)	lehit'amen	לְהִתְאַמֵּן
zich verdedigen (ww)	lehitgonen	לְהִתְגּוֹנֵן
zich vergissen (ww)	lit'ot	לִטְעוֹת
zich verontschuldigen	lehitnatsel	לְהִתְנַצֵּל

zich verspreiden (meel, suiker, enz.)	lehiʃapeχ	לְהִישָׁפֵךְ
zich vervelen (ww)	lehiʃta'amem	לְהִשְׁתַּעֲמֵם
zijn (ww)	lihyot	לִהְיוֹת

zinspelen (ww)	lirmoz	לִרְמוֹז
zitten (ww)	la'ʃevet	לָשֶׁבֶת
zoeken (ww)	leχapes	לְחַפֵּשׂ
zondigen (ww)	laχato	לַחֲטוֹא

zuchten (ww)	lehe'anaχ	לְהֵיאָנַח
zwaaien (met de hand)	lenafnef	לְנַפְנֵף
zwemmen (ww)	lisχot	לִשְׂחוֹת
zwijgen (ww)	liʃtok	לִשְׁתוֹק

www.ingramcontent.com/pod-product-compliance
Lightning Source LLC
Chambersburg PA
CBHW071330090426
42738CB00012B/2844